本书得到总装备部"1153"人才工程

军事装备采购管理
Military Equipment Acquisition Management

白凤凯　编著

国防工业出版社
·北京·

内容简介

本书阐述了装备采购管理的主要概念、装备采购管理理论基础和装备采购管理知识体系;装备采购组织、装备采购政策策略、装备需求管理、装备建设计划管理和装备预先研究管理;项目组织管理、项目系统工程管理、装备试验与评价管理、装备综合保障管理、装备全寿命费用管理、装备采购合同管理和装备采购风险管理;装备采购法规管理、装备采购人员管理和装备采购信息管理等。

本书可作为军事装备采购管理专业学员的培训教材,也可供从事军事装备工作、军事后勤工作、政府采购工作和具体承担装备研制生产任务的人员阅读。

图书在版编目(CIP)数据

军事装备采购管理/白凤凯编著. —北京:国防工业出版社,2012. 11
ISBN 978-7-118-08520-4

Ⅰ.①军… Ⅱ.①白… Ⅲ.①军事装备–采购管理 Ⅳ.①E117

中国版本图书馆 CIP 数据核字(2012)第 262081 号

※

*国防工业出版社*出版发行
(北京市海淀区紫竹院南路23号 邮政编码100048)
北京嘉恒彩色印刷有限责任公司
新华书店经售

*

开本710×960 1/16 印张17¾ 字数310千字
2012 年 11 月第 1 版第 1 次印刷 印数1—3000册 定价48.00 元

(本书如有印装错误,我社负责调换)

国防书店:(010)88540777   发行邮购:(010)88540776
发行传真:(010)88540755   发行业务:(010)88540717

前　言

　　军事装备采购是为满足军事需要,使用国防经费以订立合同的方式,选择购买军事装备的活动。2003 年以前,"装备采购"一词出现得并不多,多数情况下使用"装备订购"和"装备订货"来描述军队组织购买装备的过程,刻有明显的计划经济体制的烙印。2003 年 1 月,随着《中华人民共和国政府采购法》和《中国人民解放军装备采购条例》的颁布实施,装备采购才真正引起广泛关注,但这一时期的装备采购对象只是针对经过定型(鉴定)的装备和军选民用产品。2005 年 12 月,中央军委《关于深化装备采购制度改革若干问题的意见》下发执行,装备采购过程的涵盖范围得到了进一步扩展,向前延伸到装备科研阶段,向后涉及装备维修保障阶段,装备采购已涵盖了获取装备并形成初始作战能力的全部活动。

　　装备采购是一种特殊类型的采购,它不同于一般的个人和企业的采购,其经费来源于国家的财政支出,采购目的是为满足公共利益的需要。装备采购是政府采购的一部分,政府采购包括所有政府部门为实现公共利益而进行的采购,但装备采购明确指向军事需要,采购对象专用性强、保密要求高,管理方法也具有特殊性。装备采购是军事采购的一部分,军事采购包括对军事物资、军事建筑和军事服务等的采购,但装备采购对象的新技术含量更高,采购周期更长,管理的复杂程度也更高。

　　装备采购是将国防科技工业实力转化为军事能力的桥梁。军事能力是实现国家安全利益的重要保障,装备采购的重要地位不言而喻。世界主要军事强国无不对加强装备采购管理给予高度重视,致力于以合理的经费投入、更短的周期,采购质量更好的装备并尽快形成作战能力。从采购战略制定到采购过程控制,从制度建设到理论创新,从改进方法手段到开发工具技术,都在加大投入,以期全面提高装备采购管理水平。

　　当前,我军装备采购面临着新的形势,出现了许多新情况,迫切需要进行采购制度改革。要着眼于打赢一体化联合作战,明确装备采购制度改革与战斗力生成模式转变的关系,从采购装备转向采购能力,从"解决有无"转到"投入较少、效益较高",从粗放式指令转为精细化管理。要立足于体系建设和信息化集成,真正将全系统全寿命管理理念落实到具体措施上,对全军装备采购需求进行统筹规划,对信息系统采购进行顶层设计,对装备全寿命费用进行综合权衡。要适应市场经济的采购环境,通过经济手段而不是行政手段去获取装备,广泛采用竞争性方式进行采购,切实提高装备采购合同的法律地位,规范装备市场的运行秩序。要体现政府采购的"三公"原则,将装备采购置于公众的监督之下,健全相互制衡的采购组织,完善采购职业伦理的监督机制,畅通采购信息的发布渠道。

但是,装备采购制度改革是一项系统工程,涉及军事、政治、经济、技术和文化等诸多领域,需要协调的关系、解决的问题和处理的矛盾错综复杂。只有对装备采购的重要性和进行采购制度改革的必要性有了深刻认识,思想上达到了高度统一,才能做改革的倡导者、推动器,才能做到局部服从全局、当前利益服从长远利益。解决认识上的问题,迫切需要理论支撑。要想在改革中行得通,首先要在理论上讲得通。只有在理论上站得高,才能在实践中看得远。研究装备采购客观规律,学习装备采购基础理论,总结装备采购经验做法,对于推进装备采购制度改革、提高装备采购管理水平具有非常重要的意义。

本书正是在这样的现实急需下编撰而成。定位在导论和初级教程,只阐述装备采购管理的基本问题,包括基本概念、基本任务、基本要求、基本程序和基本方法等,不深入微观层面、不针对具体项目、不探究技术细节,重在宏观把握、总体架构、基础理论。据此,本书采用四篇结构:基础理论篇阐述装备采购的基础理论,包括基本概念、理论基础、理论体系,回答"装备采购管理是什么"的问题;战略规划篇阐述战略层装备采购管理,包括装备采购组织、装备采购政策策略、装备需求管理、装备建设计划管理和装备预先研究管理,回答"谁来采购和可以采购什么"的问题;项目管理篇阐述战术层装备采购管理,包括组织人事管理、技术管理和商务管理,回答"如何进行采购"的问题;基础建设篇阐述装备采购的使能过程,包括装备采购法规管理、装备采购人员管理和装备采购信息管理,回答"需要哪些基础条件支撑"的问题。

任何研究成果都是站在巨人的肩膀上取得的。通过编写此书,作者体会尤其深刻。正因作者长期从事"装备采办管理"课程的教学工作,才对装备采购管理理论研究更加关注,才对装备采购管理工作多了一些思考,也才有了一点粗浅认识。在 10 年教学工作中,作者研究学习了国内外专家学者的一百多本著作、数百项法律法规和军用标准,以及大量学位论文、研究报告和装备建设领域的文章。正是建立在国内外诸多专家学者研究成果的基础上,本书才能够得以完成,虽限于保密要求不能一一列出,但首先要向所有本书参阅文献的作者表示衷心感谢,并对你们在这一领域的研究成果表示由衷的敬意。

最后,作者特别强调:装备采购是事关国防建设的大事,国家和军队对装备采购工作都有一系列严格的规定和要求。本书的主旨是面向从事装备采购相关工作的人员,普及基本理论、掌握基本程序和学习基本方法之用,但书中内容切记不可作为工作依据,这一点请读者务必注意。虽然在编撰本书过程中,编者尽可能依据截稿时所能收集到的装备采购领域现行有效的法规、规章和标准,但是法规、规章和标准都有时效性要求,加之我军装备采购制度正处在改革之中,这种时效性会更强,因此读者在阅读本书时定要与最新的法规、规章和标准紧密结合起来,避免出现误导的现象。同时,本书也对国内外装备采购管理先进做法进行了搜集、分析和归纳,也融入了作者对装备采购管理的诸多学术观点,而这些做法不一定适用于所有具体的采购活动,作者本人的观点也定有偏颇甚至错误之处,这些都敬请读者加以甄别,并真诚欢迎批评指正。

作者联系方式(email):baifengkai@yahoo.com.cn。

白凤凯

2012 年 9 月

目　录

基础理论篇

战略规划篇

项目管理篇

基础建设篇

基础理论篇

- 绪论
- 装备采购管理理论基础
- 装备采购管理知识体系

第一章 绪 论

装备是军队建设的重要物质基础和军队战斗力水平的主要标志,更好、更快、更经济地获取装备,既是必然要求,更是众所期盼。装备采购作为当今时代获取装备的基本方式,其质量效益直接影响甚至决定着军队战斗力,其地位作用非常重要。研究和学习装备采购管理理论,了解装备采购管理的基本规律,掌握装备采购管理的内容、要求、程序和方法,是做好装备采购管理工作的前提和基础。

第一节 装 备

一、装备的定义

科学是经过整理的知识。任何科学都应该具备明确的概念和明确的理论,而理论是将相互依存的概念和原理或原则系统地组合起来,从而构成知识的基本框架。因此,任何一门科学的研究,都首先要研究概念。如果概念模糊不清,必然导致理论研究的根基不牢,甚至出现偏差和谬论。

"装备"这一概念,是开展装备采购管理理论研究首先要明确的概念,也是最重要的概念。

1997 年版《中国人民解放军军语》对"装备"的解释为:①军事装备的简称。②向部队或分队配发武器及其他制式军用物件的活动。

2000 年颁布的《中国人民解放军装备条例》(以下简称《装备条例》)对"装备"的解释为:实施和保障军事行动的武器、武器系统和军事技术器材等的统称。

2008 年中国军事百科全书(第二版)的《军事装备总论》对"装备"的解释为:①泛指各类军事装备、民用装备的统称。②军事装备的简称,即武装力量用于实施和保障军事行动的武器、武器系统、信息系统和保障装备及器材。③作为动词,意为"配备",即向部队或分队配发武器及其他制式军用物品的活动。同时,对"装备"又进一步解释为:武装力量用于实施和保障作战及其他军事行动的武器、武器系统、信息系统和保障装备及器材,通常包括战斗装备、电子信息装备和保障装备。

可见,目前对"装备"的定义并不完全一致。本书采用《装备条例》对"装备"的定义,即武装力量用于实施和保障军事行动的武器、武器系统和军事技术器材等的统称。

为了阐述方便,本书不对"军事装备"、"武器装备"和"装备"的内涵与外延进一步加以区分,视为同一概念。多数情况下,仅使用"装备"一词,但在不同语境中,亦使用"军事装备"和"武器装备",特别是引用文献,如《军事装备管理学》、《武器装备质量管理条例》等。

二、装备的属性

1. 装备的军事属性

装备首先是战争的工具,具有显著的军事特征,保证战争目的的实现是第一位的。装备存在的目的在于实施和保障军事行动,因此没有战争的威胁也就没有了装备。最初的武器如刀、枪等,主要用于直接杀死敌人。现代的装备门类繁多,但其根本目的还是用于消灭敌人或摧毁其战争能力。取得战争的胜利要靠军事实力做支撑,要想在实力上占优,必然不断提高装备性能并超过对手。因此,先进的技术首先应用在军事领域,无论是核技术还是航空航天技术都是如此。而且,需要对先进的技术进行防护,加以严格保密以防对手窃取。

2. 装备的商品属性

商品是用来交换、满足人们某种需要的劳动产品。装备是经过人们的劳动或生产而创造的,可以满足国家军事需要的商品。在市场经济条件下,装备也是国家或军队以订立合同的方式,通过支付装备承制单位经费而获取的。装备作为商品,同样具有价值和使用价值。装备的价值属性体现在凝结了人类的劳动,并以价格高低表示价值的大小,这一点与普通商品的价值没有本质区别。装备的使用价值属性体现在可以满足军事需要。但装备使用价值与普通商品的使用价值不同,主要体现在三个方面:①具有唯一性。装备的使用价值只体现在军事上的需要,军事上不需要就没有了使用价值。没有了战争需求就没有了装备,装备也就失去了使用价值。②具有对抗性。装备的使用价值只有战胜敌人或能与敌方对抗时才体现,否则就没有使用价值。③具有时效性。某型装备在某一时间点具有的使用价值,会随着时间的推移,由于技术出现进步、对手发生变化或者作战方式的转变而减少以至丧失。

3. 装备的公共属性

公共品是由公共部门提供,用来满足社会公共需要的商品和服务,具有不可分割性、非竞争性和非排他性。为了保证国家安全,提供安全服务,国家就需要进行装备建设。装备建设不是为了满足个体的需要而是国家的需要,具有明显的不可分割性。装备消费过程是实现全民国防利益的过程,每个国民都享受到装备消费所带来的安全利益,具有明显的非竞争性和非排他性。装备的公共属性决定了装备的生产和交易过程的特殊性。装备的采购要以服从于国防利益为基础,国家要对装备研制生产过程进行严格的管理。

三、装备寿命周期

与任何事物的发展过程一样,装备也要经历从"摇篮"到"坟墓"、从生到死的生命历程。装备所经历的全部过程称为装备的寿命周期。为了管理方便和加强控制的需要,通常将装备寿命周期划分为若干个阶段,在阶段之间设立里程碑,在里程碑对项目能否继续进行审查和决策。

装备寿命周期有多种划分方法,代表性的有以下几种:

(1)两阶段法。分为前半生和后半生,前半生是指由军事需求和技术能力物化为装备,后半生是指通过部队训练和使用保障转化为部队战斗力。

(2)三阶段法。分为科研阶段、生产阶段和使用阶段。将前半生细分为科研阶段和生产阶段,科研阶段是将军事需求和技术能力物化为可以投入生产的样机及成套定型文件,生产阶段则是根据批准的定型文件要求生产装备并交付部队。

(3)多阶段法。根据装备发展过程技术表现形态、管理任务和管理主体的不同,划分若干的阶段。美国将装备寿命周期划分为装备方案分析阶段、技术开发阶段、工程与制造开发阶段、生产与部署阶段和使用与保障阶段等五个阶段。英国将其划分为方案阶段、评估阶段、演示阶段、生产阶段、服役阶段和退役阶段等六个阶段。法国则将其划分为准备阶段、设计阶段、实现阶段和使用阶段等四个阶段,并将设计阶段细分为可行性阶段和定义阶段,实现阶段又细分研制/工业化阶段和生产阶段。美、英、法等国都对装备寿命周期阶段以法规的形式,做出了明确规定,并对各阶段的工作提出了具体的要求。我军目前的相关装备法规中并没有对装备寿命周期阶段划分做出明确规定。

下面结合相关文献,对我军装备寿命周期中各个阶段及主要活动进行归纳。

1. 提出需求阶段

本阶段的主要任务是编制装备建设中长期规划和装备体制方案。目前,我军尚未建立系统全面的需求管理机制,装备需求主要体现在装备建设中长期规划和装备体制中。《装备条例》规定:"装备建设中长期计划主要包括装备发展战略、装备建设十年规划和装备建设五年计划。装备体制主要规范军队已列编和拟列编装备的种类、型号、作战使命、主要性能指标、编配对象、配套和替代关系等内容。装备体制是装备科研立项、编制装备建设计划,指导装备的通用化、系列化、组合化,以及编配部队装备和组织配套建设的主要依据。"

总装备部拟制全军装备建设中长期计划方案,提出经费指标分配意见和有关要求。总部分管有关装备的部门和军兵种装备部,根据全军装备建设中长期计划方案,拟制分管装备的中长期计划。总装备部对各单位上报的装备建设中长期计划进行审核,编制全军装备建设中长期计划,报中央军委批准后实施。

装备体制方案中也包含了装备需求,起着对装备发展进行规划设计的作用。总部分管有关装备的部门和军兵种装备部,拟制分管装备的装备体制方案。总装备部对各单位上报的装备体制方案进行审核,编制全军装备体制。战斗装备体制由中央军委颁发。保障装备体制由总装备部颁发。

2. 装备预先研究阶段

装备预先研究的任务是为研制新型装备提供技术支撑,为改进现役装备的性能提供实用的技术成果,为国防科学技术和装备发展提供技术储备。装备预先研究阶段又细分为应用基础研究、应用研究和先期技术开发阶段。

应用基础研究以军事应用为目的,通过开展探索新思想、新概念、新原理等研究活动,为探索新型装备提供理论依据和基本知识。

应用研究运用应用基础研究或其他科学研究的成果,研究新思想、新概念、新原理应用于装备的可行性与实用性,确定其主要参数,为研究新型装备提供技术储备。

先期技术开发利用应用基础研究、应用研究的成果,通过部件或分系统原型进行综合集成,演示验证关键技术的可行性和实用性,为研制新型装备和改进现役装备提供实用的技术成果。

3. 装备研制阶段

1995 年 8 月,当时的总参谋部、国防科工委、国家计委和财政部,联合下发了《常规武器装备研制程序》、《战略武器装备研制程序》和《人造卫星研制程序》。常规武器装备研制项目一般划分为论证阶段、方案阶段、工程研制阶段、设计定型阶段和生产定型阶段。战略武器装备研制项目一般划分为论证阶段、方案阶段、工程研制阶段、定型阶段。人造卫星研制项目一般划分为论证阶段、方案阶段、初样研制阶段、正样研制阶段和使用改进阶段。本书以常规武器装备研制程序为例,分别介绍论证阶段、方案阶段、工程研制阶段、设计定型阶段和生产定型阶段的主要工作。

1) 论证阶段

论证阶段也称立项阶段,其主要任务是对装备研制立项进行综合论证,提出装备主要作战使用性能要求,编制装备立项综合论证报告。装备研制立项的综合论证应当贯彻体系建设和系统配套的要求,注重军事需求和研制必要性分析,加强作战使用和全寿命费用研究。按照竞争择优的原则,综合分析技术能力和研制生产条件,提出承制单位预选方案。需要安排配套引进的,还应当进行引进必要性、可行性分析及经费测算。

2）方案阶段

方案阶段的主要任务是对装备研制总要求进行综合论证,拟制装备研制总要求,并编写研制总要求综合论证报告。装备研制总要求的综合论证根据批准的装备主要作战使用性能,提出完整、可行的战术技术指标和科研、定型等大型试验的方案。测算批生产试制费、装备购置价格和全寿命费用。对配套引进的关键电子元器件,还应当分析提出国内保障方案。

3）工程研制阶段

工程研制阶段的主要任务是根据批准的装备研制总要求和装备研制合同进行装备设计、试制和试验工作。研制单位负责装备的设计、试制及科研试验。除飞机、舰船等大型装备平台外,一般进行初样机和正样机两轮研制。完成初样机试制后,由研制主管部门或研制单位会同使用部门组织鉴定性试验和评审,证明基本达到装备研制总要求规定的战术技术指标要求,试制、试验中暴露的技术问题已经解决或有切实可行的解决措施,方可进行正样机的研制。正样机研制应加强质量管理,提高样机的质量和可靠性、维修性。正样机完成后,由研制主管部门会同使用部门组织鉴定,具备设计定型试验条件后,向定型委员会提出设计定型试验申请报告。

4）设计定型阶段

设计定型阶段的主要任务是进行设计定型试验和设计定型审查。经必要的试验证明装备的关键技术问题已经解决、经试验或检验证明装备性能能够达到研制总要求、设计图样和相关的文件资料齐全、满足设计定型试验的需要的情况下,由承研单位会同军事代表机构或军队其他有关单位提出设计定型试验申请。经审查批准后,进行设计定型试验。

设计定型试验包括试验基地(含试验场、试验中心以及其他试验单位)试验和部队试验。试验基地试验主要考核装备战术技术指标。部队试验主要考核装备作战使用性能和部队适用性(含编配方案、训练要求等)。部队试验通常在试验基地试验合格后进行。

试验单位根据装备研制总要求和有关标准,拟制设计定型试验大纲,经征求研制总要求论证单位和承研单位的意见后,报定委审批。定委组织有关单位对设计定型试验大纲进行审查,达到规定要求的,予以批准。设计定型试验必须严格按照设计定型试验大纲组织实施。

设计定型试验完成后,试验单位将设计定型试验报告报定委,并抄送承研单位和有关部门。

对完成设计定型试验且符合设计定型要求的装备,承研单位会同军事代表机构或军队其他有关单位向定委提出设计定型申请。定委组织其成员单位和承研单位、试验单位、军事代表机构的有关人员和相关领域的专家,对申请设计定型的装备进行审查,并出具装备设计定型审查意见书。

5)生产定型阶段

生产定型阶段的主要任务是进行小批量试生产,组织部队试用,并进行生产定型审查。需要进行生产定型的装备,承制单位应当先进行小批量试生产。在小批量试生产过程中,要按照生产定型的标准和要求,对承制单位试生产的装备和生产条件进行考核、鉴定,并办理有关手续。小批量试生产后组织部队试用,必要时进行生产定型试验。

经部队试用的装备,符合规定的标准和要求的,由承制单位会同军事代表机构或军队其他有关单位向定委提出生产定型申请。定委组织其成员单位和承制单位、试验单位、试用部队的有关人员以及相关领域的专家,对申请生产定型的装备进行审查,并出具装备生产定型审查意见书。

4. 装备购置(生产)阶段

装备购置(生产)阶段的主要任务是按照装备采购(即购置,下同)计划确定的品种、数量、时限,以合理的价格,采购符合战术技术指标和配套状态合格的装备。

装备采购实行三年滚动计划,包括当年装备采购计划、第二年装备采购草案计划和第三年装备采购预告计划。当年采购计划、第二年草案计划和第三年预告计划同时编制,依次递进,逐年滚动。依据装备采购计划,由军队授权的单位与具备条件的装备承制单位订立装备采购合同,通常按照年度订立,必要时也可以跨年度订立。

装备采购合同生效后,由装备采购部门组织驻厂军事代表按照国家和军队的有关规定,对装备生产过程中的质量、进度进行监督,对产品进行验收。

装备采购部门接到军事代表机构报送的装备出厂申请计划后,组织有关单位到指定的地点接收装备。按照有关规定和合同的要求,督促装备承制单位制定装备技术服务计划,健全售后服务保障机制,做好技术服务工作。

5. 装备使用阶段

装备使用阶段的主要任务包括装备调配保障、装备日常管理和装备技术保障。

1)装备调配保障

　　装备调配保障包括装备的申请、补充、调拨供应、换装、调整、交接、退役、报废和储备等内容。有下列情形之一的装备予以退役：①达不到规定战术技术指标的。②型号技术落后的。③因其他原因不宜继续服役的。有下列情形之一的装备予以报废：①已达到总寿命规定，但没有延寿、修复、使用价值的。②未达到总寿命规定，但已不具有使用、修复价值的。③超过储存年限并影响使用、储存安全的弹药。

　　2）装备日常管理

　　装备日常管理包括装备的动用、使用、保养、保管、封存、启封、定级、登记、统计、点验、配套设施建设、爱装管装教育、安全管理、检查、评比与总结等内容。装备日常管理实行科学化、制度化、经常化管理，以保证装备达到规定的完好率（在航率），始终保持应有的配备水平和良好的技术状态，保障部队随时执行各项任务。部队按照装备的编配用途、技术性能、操作规程、安全规定和保养规则，正确使用与保养装备，以保持装备的良好状况，延长装备的使用寿命。

　　3）装备技术保障

　　装备技术保障包括装备的维护与修理、技术检查、维修器材筹措与供应和设备建设等内容。装备技术保障的主要任务是运用现代科学技术和有效的保障方式、手段，对装备实施全系统、全寿命的技术服务和管理，使装备经常处于良好的技术状态，保障部队随时遂行各项任务，保持部队的作战能力。装备维护包括试运转维护、等级（定时、定程）维护、特殊环境下的维护、换季维护和保管、封存维护等内容。装备修理应当按照规定的装备修理级别，采取军队修理与地方修理、部队修理与军队工厂修理、划区修理与建制修理相结合的方法，由相应的装备修理机构组织实施。装备技术检查分为定期检查和不定期检查，判明装备技术状况，提出装备使用、维护、修理和转级的处理意见。装备维修器材的筹措实行集中筹措与分散筹措相结合，以集中筹措为主，通过国内订货、军内生产和境外进口等方式组织实施。装备维修器材的供应，采取计划分配与临时请领、实物供应与经费保障相结合的方法组织实施。设备建设包括为装备技术保障机构配置必要的技术保障设备，进行技术保障设备的技术改造与补充、更新，对技术保障设备的进行管理等。

　　按照装备发展自身规律和装备项目管理的过程，本书认为装备寿命周期应划分为六个阶段比较合适，分别是论证、方案、工程研制、生产、使用和退役阶段。各个阶段的主要活动是：论证阶段根据批准的初始装备需求，论证装备的作战性能指标、全寿命费用、交付部队的时间和装备综合保障要求。方案阶段根据批准的作战性能，论证装备的技术指标、研制方案（包括承制单位选择方案和技术方案）、装备采购价格和装备综合保障方案。工程研制阶段根据批准的装备战术技术指标和研制方案,开展装备研制,进行试验考核,固定装备技术状态。生产阶段按照批准的装备技术条件组织生产,交付部队并形成初始作战能力。使用阶段对装备进行维护、修理、改进。退役阶段对装备进行非军事化或报废处理,确保不发生安全、保密和污染问题。

从技术实现过程的角度可将论证阶段、方案阶段、工程研制阶段统称为研制阶段;从军方的角度可将生产阶段称为购置阶段;从装备形成战斗力过程的角度可将使用阶段和退役阶段称为保障阶段。

本书认为,装备寿命周期阶段应始于装备使用部门批准的初始装备需求,装备预先研究只是为装备研制做技术准备,不应作为装备寿命周期中的一个阶段。装备定型是对装备研制是否达到要求的考核,虽然对于保证装备质量非常重要,但只是工程研制工作的一部分,也不应作为装备寿命周期的一个阶段。

第二节　装备采购

一、装备采购的定义

装备采购是指为满足国防需要,国家或军队使用国防经费以订立合同的方式获取装备的活动。

深入理解装备采购的定义,要注意把握以下几点:

(1)装备采购的主体是国家,通常由军队的装备部门具体实施。

(2)采购经费来源于财政性支出中的国防支出。

(3)采购的对象是装备,通常不能直接从国防市场中购买到,特别是大型复杂武器系统,需要经历提出需求、设计、研制、生产直到交付部队形成初始战斗力等过程。

(4)采购手段是通过订立合同的方式进行选择购买。

二、相关概念辨析

1. 政府采购与军事采购

《中华人民共和国政府采购法》(以下简称《政府采购法》)对政府采购的定义是:各级国家机关、事业单位和团体组织,使用财政性资金依法制定的集中采购目录以内的或采购限额标准以上的货物、工程和服务的行为。其中,政府集中采购目录和采购限额标准依照该法规定的权限制定;采购是指以合同方式有偿取得货物、工程和服务的行为,包括购买、租赁、委托、雇用等;货物是指各种形态和种类的物品,包括原材料、燃料、设备、产品等;工程是指建设工程,包括建筑物和构筑物的新建、改建、扩建、装修、拆除、修缮等;服务是指除货物和工程以外的其他政府采购对象。

《政府采购法》的第八十六条规定:军事采购法规由中央军事委员会另行制定。可见,军事采购是政府采购的一部分,都是使用财政经费支出,满足公共利益的需要。军事采购的对象包括军用物品、军事建筑和军事劳务,军事采购的采购主体是军队,使用的是国防经费,采购目的是满足国防需要。

2. 军事采购与装备采购

装备采购是军事采购的一部分,是对军用物品中的装备进行采购。在我国,装备是在总装备部的集中领导下,由总部分管有关装备的部门、军兵种装备部具体组织实施。军用物品中的后勤物资和军事建筑是在总后勤部集中领导下,由军队的后勤部门具体组织实施。我军对于军事劳务的采购并没有明确集中统管的部门,通常由装备、后勤物资和军事建筑的采购部门管理和实施。

在美国、英国等国家,军事采购也称国防采办(Defense Acquisition)。美国的国防采办是指:为满足军事用途或保障军事任务的需要,对武器和其他系统、物品或服务(包括建筑)从形成概念(Conceptualization)、启动(Initiation)、设计、开发、试验、订立合同、生产、部署、后勤保障、改进直到退役处置的过程。英国的国防采办是指:军方与工业部门为了满足部队当前和未来需求,共同努力提供必需的军事能力的活动,具体包括:

(1)确定需求。

(2)为满足确定的需求,选择、开发解决方案并加以实现。

(3)交付使用并在全寿命周期中对装备或需要的其他能力组成部分提供保障。

(4)采用合适的方式进行退役处置。

3. 装备采购与装备订货、装备订购、装备购置

在我国装备采购的发展过程中,也曾经使用过"装备订货"、"装备订购"和"装备购置"等术语。"装备订货"、"装备订购"是在 2003 年 1 月我军颁布实施《装备采购条例》以前,用于描述装备购买活动(不包括科研)的术语,该条例实施后已被"装备采购"所取代。但是《装备采购条例》中的"装备采购"也仅指装备购买活动,不包括装备科研活动。

在中央军委 2005 年 12 月下发的《关于深化装备采购制度改革若干问题的意见》中首次提出:装备采购涉及装备科研、购置、维修保障等一系列活动。此时,装备采购贯穿了装备科研、装备购置和装备维修保障的全寿命周期,其中"装备购置"特指装备购买活动。虽然该文件没有对"装备采购"做出明确定义,但首次提出了装备采购活动涉及的范围,体现了装备全寿命管理的思想。

本书的"装备采购"从装备寿命周期过程来讲,包括了从提出发展装备的方案,到设计、研制和生产装备,最后协助装备使用部队形成军事能力的过程。装备采购是获取装备的活动,核心是"购买",使用的是国防科研试制费和装备购置费,而装备交付部队以后的装备调配保障、装备日常管理和装备技术保障等活动,核心是"使用"装备,使用的是装备维修管理费,不是"装备采购"活动。当装备使用阶段的工作需要以合同的方式由军队外部的单位实施时,则这些活动应作为"装备采购"看待。

4. 装备采购与个人采购

装备采购与个人采购的差别显而易见。装备采购是国家行为,个人采购是个人行为。装备采购完成以后,直接进入军事消费,而个人采购可能是直接用于消费,也可能是用于再生产后卖出去而赚取收益。但通过深入剖析,二者在采购理念上和采购效益上存在更为深刻的差别。装备采购是由装备采购机构的人员,代表国家为实现公共的国防利益而开展的活动。采购人员不是使用自己个人的经费为自己办事,存在着既不节俭、装备质量也得不到保证的可能。而个人采购时,作为一个理性的人,都自然会追求少花钱办好事。因此,装备采购要通过规范化、制度化和法治化建设来保证装备采购的廉洁、公正和高效。

装备采购相关概念的关系见图1-1。

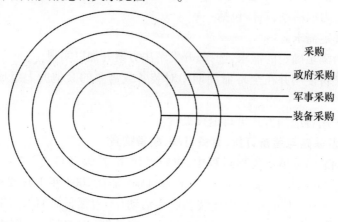

图1-1 装备采购相关概念的关系

三、装备采购的属性

1. 装备采购是军事活动

没有国防需求就不需要装备,当然也就不需要采购装备。正是由于要维护国家安全,才需要建设军队,才需要开展装备建设。因此,装备采购首先是一项军事活动,由军队代表国家去采购装备。装备采购始终把满足军事上的需要放在首位,采购的装备如果军事上不需要或不能达成军事目的,则无任何效益可言。装备采购由军队组织实施,自然具有军事行动的特点,具有一定的强制性和保密性。强制性体现在军方在装备采购中具有指挥权,可以基于国防利益的需要对装备承制单位提出强制要求,必要时可单方面修改或中止采购合同。保密性体现在装备采购活动上,对装备采购合同的甲乙双方都有保密要求,都要承担相应的保密责任。

2. 装备采购是商务活动

装备采购是以订立合同的方式,从国民经济生产的各部门获取装备。订立合同以及后续合同履行的管理是一个复杂的商务过程,包括选择承制单位、招标或谈判、订立合同、履行合同、合同验收、经费支付和技术服务等活动。装备也是一种商品,市场经济条件下的价值规律、竞争规律和供求规律同样作用于装备采购过程。军方在采购中追求的是在规定的时间内,以合理的价格采购到满足要求的装备,希望"投入较少,收益较高",即投入较少的人力、财力,获得物有所值的装备。承制单位作为独立的经济主体,追求的是通过承担装备合同获得最高的经济效益,虽然也是"投入较少,收益较高",但"收益较高"指的是获得更多的利润。因此,做好装备采购工作,成为"精明的买主",需要全面掌握和科学运用商务技能。

3. 装备采购是管理活动

装备由装备承制单位研制、生产。军方采用订立合同的方式,通过支付经费从承制单位购买装备。因此,军方是通过需求管理、计划管理、项目管理、合同管理等一系列的管理活动,最终实现采购目的。军方对采购的管理通过两个渠道进行:①军方内部的管理,主要是对采购机构、采购人员和采购程序的管理。②对承制单位,主要是围绕着承制单位履行采购合同的管理,而且由于装备的特殊性,直接介入到装备研制生产过程。因此,军方开展装备采购工作,也可直接称为开展装备采购管理工作,都要通过计划、组织、领导、控制和协调等一系列管理职能的发挥,只是这种职能的发挥因装备采购管理层次的不同而有所侧重而已。

第三节 装备采购管理

一、装备采购管理的定义

1. 管理

管理是人类各种活动中最重要的活动之一,但对"管理"下一个准确的定义并非易事。

本书采用美国著名的管理学家哈罗德·孔茨对于"管理"的定义,即管理是设计并保持一种良好环境,使人在群体里高效率地完成既定目标的过程。这一定义展开为:①作为管理人员,需完成计划、组织、人事、领导、控制等管理职能。②管理适用于任何一个组织机构。③管理适用于各级组织的管理人员。④所有管理人员都有一个共同的目标,即创造盈余。⑤管理关系到生产率,意指效益和效率。

"计划、组织、人事、领导、控制"通称为管理的五大职能。计划工作的职能是选择任务、目标和完成计划的行动。组织工作的职能是建立经过策划的角色结构,分配给机构中的每一个成员。人事工作的职能是组织机构设置的编制、配备人员和保持满员。领导工作的职能是对工作人员施加影响,使他们对组织和集体的目标做出贡献。控制工作的职能是衡量和纠正下属人员的各种活动,从而保证事态的发展符合计划要求。

对于"协调",哈罗德·孔茨认为不宜作为管理的一项单独职能,而作为管理的核心,每一项职能都是为了促进协调。

2. 装备采购管理

关于"装备采购管理"目前也没有一个统一的定义。美军在《国防采办管理简介》中,对系统(注:包括装备)采办管理的定义是:为完成特定项目所要求开展的一系列工作,由系统、采办活动和管理职能组合而成。美军系统采办管理的定义详见表1-1。

表1-1 美军系统采办管理的定义

系 统	采 办	管 理
硬件	设计与开发	计划
软件	试验	组织
后勤保障	生产	人事
操作手册	部署	控制
设施	保障	领导
人事	改进或替代	
训练	处置	
配件		

以此为借鉴,本书认为装备采购管理是装备采购组织为实现国防利益,对装备采购主体的采购行为、采购过程和采购装备所开展的计划、组织、人事、控制和领导等活动。装备采购管理既包括对采购组织和人员的管理,也包括对装备的

设计与开发、试验、生产、部署、保障、改进或替代和处置等采购过程及其结果的管理。各级装备采购人员,通过发挥管理的计划、组织、人事、控制和领导等职能,作用于装备采购各项活动,从而获取国防所需要的装备,实现装备采购目的。

二、装备采购管理的要素

与其他管理活动一样,装备采购管理活动也同样包含管理者、管理对象、管理目标和管理环境四大要素。

1. 管理者

装备采购管理者也称装备采购管理主体。装备采购管理主体既可指装备采购人员,也可指装备采购组织。装备采购人员又分为专职的装备采购管理人员和装备采购执行人员。装备采购管理人员通常是指处于领导位置对下属具有指挥、指导和监督职能的人员,同时对装备采购活动具有一定的决策权,如总部机关的领导、主管参谋。装备采购执行人员通常是指具体实施某项采购活动的人员,对于上级部门属于被管理者,但对于具体采购活动仍然具有管理职能,如军事代表、项目工程师。装备采购组织就管理权限而言,也通常分为两种类型:①处于管理层次的顶层或上层,对下级装备采购单位具有管理职能,如装备采购机关、装备采购监督部门等。②处于管理层次较低的基层组织,具体负责对装备采购项目某一过程的管理,如军事代表室、军队的研究室和试验场站等。

2. 管理对象

装备采购的管理对象也称装备采购管理客体。装备采购客体可以从不同的角度加以界定。从普遍意义来讲,装备采购的管理对象包括装备采购人员、装备采购经费、装备采购设施设备、装备采购信息和装备采购时间。从装备采购标的物来讲,装备采购的管理对象包括采购的装备和装备承制单位。从装备采购过程来讲,装备采购的管理对象包括装备科研过程管理、装备生产过程管理和装备使用过程(需要以订立合同方式由承制单位提供的维修、保障支持)。从装备采购组织或人员承担的具体职能来讲,又可以细分多种管理对象,包括装备采购项目管理、装备采购合同管理、装备试验管理和装备综合保障管理等。

3. 管理目标

不同的装备采购管理部门存在着不同的装备采购管理目标。就整个国家而言,装备采购管理的目标是获取维护国家安全利益的所需的装备并形成军事实力,平时能够威慑敌人,战时可以保护自己或消灭敌人。就装备采购管理高层管理部门而言,装备采购管理的目标是在规定的时间内,以合理的价格获取部队所需的装备。就具体的装备采购实施部门而言,因所承担的管理任务的不同而设立不同的装备采购管理目标,如试验管理部门的目标通常是确保在规定的时间内,以合理的试验资源完成试验任务,确保试验数据的真实和准确。合同履行监督管理部门的目标通常是确保及时发现、报告和协调解决合同履行过程中出现的问题,促使合同如期完成。

4. 管理环境

管理环境是管理的约束条件,通常分为外部环境和内部环境。作为外部环境,管理主体通常只能去认识环境和适应环境,在一定程度上也可以利用自身管理工作去影响外部环境,但作用甚微。作为内部环境,管理者除了要分析环境外,更主要的是要设计并保持一种良好的内部环境。装备采购管理环境也分为外部环境和内部环境。装备采购管理的外部环境也称宏观环境,主要包括自然环境、安全环境、政治环境、经济环境、技术环境、文化环境和法制环境等。装备采购管理的内部环境也称为任务环境,主要包括装备采购组织文化、装备采购资源状况、装备采购市场发展等。

三、装备采购管理的基本要求

装备采购管理水平直接决定着装备建设的质量和效益,进而影响着一个国家的军事实力。装备采购管理是一项非常复杂的系统性工作,涉及面广,影响范围也大。做好装备采购管理工作,必须吃透装备采购产生和发展的客观规律,树立先进的管理理念,积极采用科学的管理方法,才能真正实现以管理水平的提高促进装备水平的提升。

1. 按客观规律办事

要按照装备采购的客观规律办事,从保证装备采购军事效益和提高装备采购经济效益出发,确立和采用科学的管理思想、理论、方式、方法和手段。按客观规律办事是科学管理的基础,装备采购管理有其不以人的主观意志为转移的客观规律,违背了客观规律必然导致不好的管理效果。

2. 加强制度建设

装备采购部门不是装备的最终用户,装备采购经费是公共财政支出,没有法律、法规、规章和严格的制度做保证,装备经费的使用效益就会大打折扣,装备质量也很难经得起战场的检验。因此,在采购组织的设计上,要突出监督制衡。在重大问题的决策上,要突出利益相关方的广泛参与。在采购项目的管理过程上,要突出按程序要求规范行事。采购管理的核心是采购组织和人员,各部门职责权限必须清晰,责任要落实到具体人,特别是要明确装备全寿命管理的责任人。要建立装备用户、采购部门和承制单位三者之间的权力、义务和职责的刚性接口。要用数据说话,要靠证据决策,要切实从实现整个国防利益的大局出发做决策、抓落实、评绩效。

3. 坚持持续改进

没有任何一种最好的方法可以适用于所有采购管理活动。采购部门要能够根据环境的变化,具有一定的快速反应能力,及时调整和改进管理的方式方法。要克服官僚作风,防止推诿扯皮。对战略环境变化的不确定性要有清醒的认识,要能够对变化的军事需求做出及时反应,以适应将来对装备的更新换代和改进。要将这种灵活性体现在装备建设计划过程、装备采购管理方式和构建与装备承制单位关系等一系列活动之中。不仅要关注短期的花费,也要善于从可能带来的全寿命效益的角度,看待一切可以改进的机会。要善于捕捉技术进步所带来的机遇,不断提高采购效率。要注重持续改进,坚持改革创新,始终保持采购组织的生机和活力。

第二章　装备采购管理理论基础

装备采购管理理论基础是装备采购管理理论产生和发展的起点,在装备采购管理研究中起重要的基石作用。研究装备采购管理理论和开展装备采购管理工作,都需要了解一些装备采购管理理论基础。根据装备采购活动的特点,即军事属性、商务属性和管理属性,装备采购管理的理论基础应包括军事学、经济学、管理学和法学的理论基础。

第一节　概　　述

一、装备采购管理理论基础的作用

装备采购管理理论基础是在特定条件下,通过有关理论和学科研究,转化为装备采购管理理论和支撑装备采购管理理论体系形成的根基与起点。通过对装备采购管理理论基础的研究,衍生提炼出装备采购管理理论,这是一个必经过程。反过来,装备采购管理理论的成长与发展又促进装备采购管理理论基础的发展与完善,又是一个不断促进、融合和提升的过程。深入理解装备采购管理理论基础的作用,需要把握好与装备采购管理实践、装备采购管理理论逻辑起点和装备采购管理基础理论的关系。

1. 装备采购管理理论基础与装备采购管理实践

认识的根本任务是由感性认识上升到理性认识,透过现象抓住事物的本质和规律。理论的形成需要通过理性的思维发现并提炼实践中存在着的有规律的东西,只有使感性认识上升到理性认识,才能最终形成理论。装备采购管理实践活动是装备采购管理理论的基础和来源,正是装备采购管理实践的不断丰富推动着装备采购管理理论的不断发展。因此,装备采购管理理论基础更多地表现为一种思想,它体现了装备采购管理的本质,并不断地引导和推动装备采购管理实践活动的发展,促成装备采购管理理论的形成,从而为整个装备采购管理理论体系的构建提供了一个支撑点。

2. 装备采购管理理论基础与装备采购管理理论逻辑起点

装备采购管理理论体系是装备采购管理理论各组成要素之间按一定逻辑关

系组成的有机整体。装备采购管理理论体系的逻辑起点是装备采购管理理论思维的初始点,属于装备采购管理理论最基础的部分。装备采购领域的理论研究要确定其研究的逻辑起点,形成各研究要素,由此层层演绎出整个理论体系。正确认识装备采购管理逻辑起点对构建完整的装备采购管理理论体系起着至关重要的作用。装备采购管理理论基础与装备采购管理理论体系的逻辑起点是两个根本不同的概念。装备采购管理通过理论基础的研究产生逻辑起点,并通过逻辑起点的继续研究形成各种基本要素,再对这些基本要素加以组合形成理论体系。

3. 装备采购管理理论基础与装备采购管理基础理论

装备采购管理基础理论是指适用于任何独立的装备采购管理活动、具有普遍指导性的理论。装备采购管理基础理论是装备采购管理理论的重要组成部分,装备采购管理理论基础则是支撑装备采购管理理论的根基。严格地说,装备采购管理理论基础并不属于装备采购管理理论。

二、装备采购管理理论基础的特点

1. 独立性

装备采购管理理论基础虽然是装备采购管理理论的根基,支撑着装备采购管理理论,但它并不像装备采购基础理论那样属于装备采购管理理论体系的组成部分。它虽然可以通过渗透、借用、移植等多种方式对装备采购的产生与发展发挥重要作用,但它不是装备采购管理理论结构的组成部分,也不可能成为装备采购管理理论结构研究的逻辑起点。虽然装备采购管理理论体系的形成和发展离不开装备采购管理理论基础,但它处于相对独立的位置,其发展并不受制于装备采购管理理论的现状。

2. 动态性

一切事物都处于不断发展运动的状态中。运动是绝对的,静止是相对的。装备采购管理理论基础也会随着时代的变迁和环境的变化而变化。每一个新学科的诞生,都丰富了理论基础的内容。装备采购管理理论基础的动态性特征,也决定了装备采购管理理论处于不断发展和完善的过程中,但装备采购管理理论基础在动态发展的同时也具有相对的稳定性。

3. 多样性

世界上任何事物都不可能独立存在,联系是普遍的。作为其他学科向装备采购管理理论转化的根基和起点,装备采购管理理论基础本身就是诸多相关学科相互渗透的结果。在相关学科理论中,与装备采购存在本质相关性的部分构成装备采购管理理论基础,而该理论基础或其中一部分又同时构成其他相近学科的理论基础。可见,同一学科理论中可能包含着几个不同分支学科的理论基础,而某一学科的理论基础又是多个相关学科相互渗透的结果,装备采购管理理论基础就具有明显的多样性特征。换言之,装备采购管理理论具有宽厚的理论基础,这也是装备采购管理理论不断发展的重要原因。

第二节 军事学的理论

军事学是军事科学的简称。军事学是关于战争与战争指导规律、战争准备与实施的知识体系。战争是国家、民族、阶级和政治集团之间为了达成一定的政治、经济目的而进行的武装斗争。军事是有关军队和战争的事情或事务。按照2001 年 2 月中央军委批准的军事科学院《中国军事科学体系》,军事科学包括14 个一级学科、74 个二级学科,其中一级学科分别是:军事思想、军事历史、战略学、战役学、战术学、军队领导学、国防建设学、军队军事建设学、军队政治工作学、军事后勤学、军事装备学、军事法学、军事技术学和国际军事学。

装备采购是因军事需要而产生和发展的,是军队使用装备经费获取装备的活动,最终目标是保持和提高军队作战能力。因此,军事学中的很多理论都对装备采购管理理论提供重要的支撑。本章主要介绍国防建设学、军队军事建设学和军事装备学的相关理论。

一、国防建设学的理论

国防建设学是研究国防建设理论及其指导规律的学科,主要研究国防建设的特点、规律、原则和方法。国防建设学共设武装力量建设学、国防动员学、国防经济学、国防科技学、国防教育学、边防学、人防学、内卫学等 8 个二级学科。下面,重点介绍国防经济学的有关理论。

国防经济学是研究国防与经济相互关系及其运动规律的科学,其目的是实现国防资源的优化配置和合理利用。国防经济学大致分为三个理论层次:①研究国防与经济的关系及其运动发展变化的规律性。②研究国防经济与国民经济之间的关系及其运动变化的规律性。③研究国防经济内部关系及其运动变化的规律性,如国防工业企业之间的经济利益、国防工业企业与武器装备使用部门的关系和军队中的各种经济关系等。

国防经济学的理论非常丰富,其应用理论中的国防经济的运行与管理、国防经济潜力和实力理论、国防经济结构理论、国防资源配置理论、国民经济动员理论、军费经济理论等,对于开展装备采购理论研究和从事装备采购实际工作都有重要的借鉴意义。

二、军队军事建设学的理论

军队军事建设学是研究军队军事建设理论及其指导规律的学科,主要研究军队军事建设的特点、规律、原则和方法。军队军事建设学共设战备学、军事训练学、军队管理学、军制学、军事科研学、军事保密学等 6 个二级学科。下面,重点介绍军制学的有关理论。

军制是军事制度的简称,是国家在一定历史条件下,为满足建设和运用军事力量需要所确定的调整军事领域各种社会关系及相应军事行动的规范体系。军制学主要研究国家军事制度和军队组织体制,以及陆军军制、海军军制、空军军制和战略导弹部队军制等问题,其基本任务是揭示军事制度的发展规律,阐明军事制度的原理、原则,为军事制度的制定、改革与实施提供理论依据。

军制学研究的具体内容非常广泛,主要包括:

(1)军事领导体制,主要研究军事领导体制组织系统的构成、相互关系、职能、特点、运行方式及其发展变化规律等。

(2)武装力量体制,主要研究国家武装力量的总体构成形式,各种武装力量的地位作用及相互间的联系,武装力量体制的主要类型及其特点,影响武装力量体制的主要因素等。

(3)军队编制体制,主要研究军队的总体规模和结构,军队的领导指挥体制,军兵种的构成,部队的编组方式及编制配制配系,军队编制体制发展变化的一般规律等。

(4)军队各项工作制度。

(5)后备力量建设制度。

(6)兵役制度。

(7)国防教育制度。

(8)民防制度。

(9)战争动员制度。

(10)军事法律制度。

装备采购是由军方的装备采购部门以国家代理人的形式进行的,因此装备采购管理必须与军事制度相适应,装备采购管理理论研究必须接受军制学理论的指导。军制学关于军制的决定与制约因素的研究成果,为装备采购管理理论深刻认识并建立装备采购制度的变迁规律提供一般性的理论指导。

三、军事装备学的理论

军事装备学是研究装备活动规律及其指导规律的军事科学,是关于武装力量装备体系建设与保障实践的知识体系。

按照 2001 年 2 月中央军委批准的军事科学院《中国军事科学体系》,军事装备学共设军事装备发展学、军事装备管理学和军事装备保障学 3 个二级学科。军事装备发展学主要研究军事装备规划、军事装备研制、军事装备试验、军事装备采购(注:此处指购置)和军事装备监造等问题。军事装备保障学主要研究陆军装备保障、海军装备保障、空军装备保障、第二炮兵装备保障、武警装备保障、战略装备保障、战役装备保障和战术装备保障等问题。军事装备管理学主要研究军事装备管理制度、管理方法和管理效益等问题。

装备采购管理是贯穿于装备全寿命过程的一类活动,是从管理角度研究装备采购问题,其根本目的是使军队获得性能先进的装备的同时,降低装备全寿命费用,缩短装备形成战斗力的进程。从军事装备学的学科设置可以看出,装备采购管理理论与军事装备发展学的理论关系最为直接,与军事装备管理学中装备交付部队以前的管理理论直接相关,而且军事装备保障学中的相关理论对装备研制生产过程中如何进行装备综合保障管理也具有直接的指导作用。总之,军事装备学的理论是装备采购管理最重要的理论基础,研究装备采购管理需要全面掌握军事装备学理论。关于军事装备采购管理与军事装备学及其下属的二级学科和三级学科的关系,本书暂不做深入探讨。

第三节　经济学的理论

经济学是研究如何利用稀缺资源生产有价值的物品和劳务,并将它们在不同的人之间进行分配的科学。经济学分析的前提是资源的稀缺性,经济学分析的对象是选择行为,经济学分析的核心目标是资源的有效配置。经济学的主要分支包括发展经济学、经济制度、新制度经济学、环境经济学、金融经济学、博弈论、信息经济学、劳动经济学、法律经济学、管理经济学、公共经济学、福利经济学、国际经济学、社会经济学、货币经济学、政治经济学、房地产经济学等。本节主要阐述新制度经济学、信息经济学和公共经济学的相关理论。

一、新制度经济学的理论

新制度经济学(New Institutional Economics)是从经济学的视角解释制度并检查它的结果,为改变制度以增强经济效率服务。任何经济活动都有交易成本,如果不存在任何妨碍交易的障碍,资源的利用都会是有效率的,货币及各种经济制度也不会出现。制度的存在虽然与市场完全竞争的条件相悖,但是其目的正是为了降低交易费用,促进市场运作。新制度经济学研究的内容非常广泛,下面主要介绍其中的产权理论、交易费用理论和制度变迁理论。

1. 产权理论

产权理论的研究内容主要是产权、激励与经济行为之间的关系。社会稀缺资源的配置就是对使用资源权利的分配，这些权利包括使用权、收益权和转让权。商品的买卖实质上是权利的交换，资源配置中的外部性问题主要是产权界定不清所致。在交易成本为正的情况下，产权组织制度对资源配置有着重要影响。在产权给定的情况下，资源配置的方式可以采用企业制度、市场制度和政府管制制度，采取何种形式取决于产权的清晰程度。产权制度的主要功能是节约交易费用，不同的产权有不同的交易费用，集体产权比个人产权有更高的交易费用，而公共产权则完全不可交易即交易费用无穷大，因此不可能通过市场机制来实现公共资源的优化配置。政府的作用是保护产权、降低产权界定和转让中的交易费用，而政府的过多干预则会造成所有权的残缺，降低产权制度的效率。

我军装备采购过程许多问题的产生，也与知识产权不明晰有着一定的关系。产权理论要求保护人们在资源配置过程中的相互关系，而不论产权是私有的还是公有的。装备采购中要充分发挥各种经济主体的积极性，就必须完善产权保护措施，加大对产权的保护力度。

2. 交易费用理论

交易费用是制度运行费用的总和，主要包括度量界定和保证产权的费用、发现交易对象和交易价格的费用、讨价还价订立交易合同的费用、执行交易与监督违约行为的费用以及维护交易秩序的费用等。交易费用的概念应用于广泛的领域，如代理关系、寻租活动、企业内部考核和外部性问题等。

装备采购也是一种交易行为，军方通过订立合同的方式从装备承制单位获得所需的装备。完全的市场化会造成交易费用的剧增，而协调统一的计划调节会节约交易费用。因此，装备采购通常需要将计划手段与运用市场机制有机地结合起来，保证在达成装备采购目的的前提下，尽可能地降低交易费用。

3. 制度变迁理论

制度变迁理论的研究内容涉及制度变迁的原因、起源、动力、过程、模型和路径依赖等。制度是用来规范人类行为的规则，这些规则涉及人类的社会、政治及经济行为。制度的功能在于降低交易费用。制度变迁是一个演进的过程，它包括制度的替代、转换过程和交换过程。对于制度变迁的动因，是由于新制度可以给人们带来额外的收益。根据制度变迁主体不同，可以分为诱致性制度变迁和强制性制度变迁两类代表性模型。

装备采购制度也是处在不断发展变化之中。研究制度变迁的基本动因、类型、过程等，对于认识装备采购制度，适应装备采购制度改革趋势，做装备采购改革的促进者具有重要的意义。

二、信息经济学的理论

信息经济学(Information Economics)是从不同侧面、不同角度对信息进行经济研究的综合性经济学科。信息经济学的研究成果有很多,下面着重介绍非对称信息理论。

信息经济学中,常常将拥有私人信息(交易一方拥有、他人难以观测或无法验证的一类信息)的一方称为代理人,另一方称为委托人。非对称信息是某些参与者拥有,但另一些参与者不拥有的信息。从内容上看,它可能是某些市场参与者的行动,也可能是知识。不可观测的行动称为隐藏行动,不可观测的信息(知识)称为隐藏信息(知识)。从时间看,它可能发生在当事人签约之前,也可能发生在当事人签约之后,分别称为事前非对称信息和事后非对称信息。对事前隐藏信息的研究形成了逆向选择、信号传递和信息甄别理论。对事后隐藏信息和隐藏行动的研究形成了道德风险理论。

逆向选择的存在可能导致市场完全失灵,即使市场只是部分失灵,其中被交易的商品也往往是低质量的。在解决逆向选择问题的可能途径中,信号传递和信号甄别属于委托人和代理人各自主动采用的解决机制。委托人可以选择某种信号作为媒介,向代理人传递关于交易的某种信息,消除信息非对称的状况,从而规避逆向选择风险。委托人可以提供若干个交易合同,供代理方选择。代理方根据自己的私人信息选择最适合于自己的合同。委托方可以通过调整合同选择代理方。

道德风险是指在签约时,交易双方的信息是对称的。在签约后,由于非对称信息,代理人在促进自身利益最大化的过程中,会做出不利于委托人的行动,而委托人又不能观测到会给自己带来风险的代理人的这种行动。根据引致因素的不同,可以将道德风险划分为隐藏信息道德风险和隐藏行动道德风险两种类型。道德风险理论的核心在于激励机制设计,机制设计是一类特殊的不完全信息对策。委托人在设计任何一个激励机制时,要保证提供足够的激励,使得代理人参与该机制所确定的经济活动时得到的效用相比拒绝时所得到的效用要大,促使代理人有足够的动力参与该机制所确定的经济活动。在隐藏信息条件下,激励机制必须提供足够的激励,使得代理人"说实话"时得到的效用,比"不说实话"时得到的效用要大,以此消除委托人和代理人之间信息非对称的状况。在隐藏行动条件下,激励机制必须提供足够的激励,使得代理人在采取委托人所希望的行动时得到的效用,比采取其他行动时得到的效用要大,以此促使代理人按照委托人所希望的行动行事,从而消除隐藏行动所导致的风险。

信息的不完全、非对称是装备采购过程的重要特性,在现实生活中存在的逆向选择和道德风险也是导致装备采购效率不高的重要原因,信息经济学为装备采购管理理论提供了重要的理论基础,其理论和方法都可以为装备采购加以借鉴。

三、公共经济学的理论

公共经济学(Public Economics)的公共选择理论对装备采购管理理论具有重要的支撑作用。

公共选择理论研究的是公共选择问题。公共选择是指人们通过民主政治过程决定公共物品的需求、供给与产量,是把个人选择转化为集体选择的一种过程或机制,是对资源配置的非市场决策。公共选择理论主要研究经济政策的制定过程,进而分析经济问题。公共选择理论认为经济问题的根源不在于经济领域而在于政治过程,正是制度本身的缺陷直接或间接产生了各种经济问题。

在公共选择中个人的利益和偏好、利益集团的利益和偏好都会以某种形式来影响公共选择。一项公共选择应当是全体一致通过的才是真正反映社会全体成员利益的,但在多数情况下,人们是采用绝对多数规则或过半数规则。但是,对这一规则过度简单地应用,将会产生有害的效果。官僚是一种政治体制最基本和最重要的载体,其行为动机和行为方式直接决定着制度的运作过程和运作结果。当把政府官员作为经济人看待时,他们也一样在追求自己的私利。国家并不是人们习惯认为的那样是代表社会和集体利益的,它总是根据自己对公共利益的理解来制定政策。在此情况下,政府失灵就不可避免了。

公共部门在提供公共物品时趋向于浪费和滥用资源,致使公共支出规模过大或效率降低,政府的活动并不总像应该的那样或向理论上所说的那样"有效"。主要表现有:

(1) 政府政策的低效率。政府执行的政策不能确保资源的最佳配置,政府决策并不总是处于最佳点。从部门领导人角度来看,这些部门的政治家们会有意或无意地被自身的"经济人"动机所左右,以至于根据自己获得的信息和个人效用最大化原则来决策。

(2) 政府工作机构的低效率。政府机构执行政策的效率不高,官僚主义作风严重。缺乏竞争压力,政府行为趋于资源浪费,信息监督不完备。

(3) 政府的寻租活动。利益集团通过各种合法或非法的努力,促使政府帮助自己建立垄断地位,以获取高额垄断利润。寻租者所得到的利润并非是生产的结果,而是对现有生产成果的一种再分配。因此寻租的前提是政府权利对市场交易活动的介入,政府权利的介入导致资源的无效配置和分配格局的扭曲,从而产生大量的社会成本。

在装备采购过程中,决策失误是最大的失误。无论是个人还是装备采购部门作为"经济人"都有自身的利益,应从制度入手研究如何约束"经济人"行为。

第四节　管理学的理论

管理学是系统研究管理活动的基本规律和一般方法的科学。管理学是适应现代社会化大生产的需要产生的,它的目的是研究在现有的条件下,如何通过合理的组织和配置人、财、物等因素,提高生产力的水平。管理学是一门综合性的交叉学科,研究对象是管理活动和管理过程。管理学研究的对象就是人、机、料、法、环、资源以及各种关系,而研究的内容就是探索将这些研究对象进行某种组合后的发展规律,加以管理,用以完成组织预先设定的目标。

管理学的理论非常丰富,可以有多种划分方法。根据管理学的学科体系,可划分为工商管理、公共管理、农村经济管理、文献信息管理和管理科学与工程等。根据管理学的发展路径,可以有三种细分方式。按组织理论路径,可划分为古典组织理论、组织行为理论、领导科学和组织文化理论等。按管理方式方法路径,可划分为科学管理理论、行为科学理论、管理科学理论、决策理论、生产管理理论和信息管理理论等。按经营理论路径,可划分为厂商理论、产业组织理论、市场理论、消费者理论和战略管理等。根据管理学的理论基础,也可以有三种细分方式。以科学文化为基础,可划分为社会系统理论、管理过程理论、系统管理理论、管理科学理论和决策管理理论等。以现代人性为基础,可划分为个体行为理论、团体行为理论、组织行为理论和管理伦理理论等。以文化模式为基础,可划分为组织文化理论、战略管理理论、变革管理理论和知识管理理论等。

由于装备采购管理以装备采购活动为管理对象,因此管理学中的大部分理论通常都可以为装备采购提供借鉴。限于篇幅,本节只对公共管理理论和组织行为理论加以简要介绍。

一、公共管理理论

公共管理是指政府及其他公共机构,为推进社会整体协调发展、增进社会共同利益实现,根据市场经济的要求,对涉及公众利益的各种公共事务所实施的有效管理。作为人类管理活动的一个独特领域,公共管理理论主要研究的是对公共事务进行管理的规律和过程,它的目的是促使公共组织尤其是政府组织更有效地提供公共物品。

公共管理理论从现代经济学中寻找诸多的理论依据,认为政府应以市场或顾客为导向,提高服务效率、质量和有效性。要加强对公共管理的绩效目标进行界定、测量和评估。要对产出和结果高度重视,而不是只管投入,不管产出。人事管理上实行灵活的合同雇佣制和绩效工资制,而不是一经录用,永久任职。

装备采购管理的重要内容之一是建立装备采购管理体制,无论是从管理主体、管理客体、还是从管理目的来看,装备采购管理都具有公共管理的属性。因此,公共管理理论的研究结论和有关成果是从事装备采购管理研究的基础,公共管理理论的研究视角和分析问题的方法也是装备采购管理研究的基本方法之一。

二、组织行为理论

组织行为学是研究组织中的个体行为、群体行为和整个组织行为的科学。组织行为学中的组织理论和激励理论对于装备采购管理具有重要的借鉴意义。

1. 组织理论

组织理论的主要内容包括:

（1）有效组织必须兼具效能与效率,它取决于组织对外部环境的能动适应、组织及其成员的激励相容、内外互动的综合效应。

（2）组织结构设计必须考虑工作专门化、部门化、命令链、控制跨度、集权与分权、正规化等六个关键因素,必须与外部环境、组织目标和策略、规模、科技及组织文化等配合。

（3）组织文化是组织内部成员之间认可的、可以通过符号手段等来沟通的一套价值观体系,优秀的组织文化有助于组织预测、适应环境的变化,对提高组织绩效有着重要的作用。

无论是装备采购部门还是企业都是以组织的形式存在于装备采购活动中,其组织建设情况直接影响到装备采购目标的实现。借鉴组织行为学的理论和方法,可以改进装备采购组织模式和运行方式。

2. 激励理论

激励理论认为,组织不仅可以通过激励将有才能的人吸引进来,而且可以使组织中的个体保持工作的有效性和高效率,大大提高工作绩效。

在激励机制设计中应注意:

（1）在搞好物质激励的同时,注重精神激励,引导被激励者提高精神需求层次。人不只有物质需求,还有被尊重等社会需求。

（2）高度重视各种激励目标的设置。激励问题研究是围绕目标的确定和实现展开的,因为工作的动机要靠目标来激发,工作的绩效要用目标来衡量,得到何种奖酬也要以实现目标的程度为依据。目标包含既相区别又相联系的工作目标和奖酬目标,只有两者设置得科学并合理相关,激励机制才能正常发挥作用。

(3) 围绕激励效果设置激励内容,优化激励过程。

激励内容的设置应注意:

(1) 树立效率观念,正确认识目的与手段、动机与效果的关系,真正把取得成效作为激励的目的,各种激励措施要紧紧围绕这一目的,力求在必要投入的基础上,取得高回报。

(2) 注意奖酬的公平性,着力使被激励方无论在纵向还是横向比较中都能感到自己的努力得到了明确承认和公正回报。

(3) 以正确认识各种激励因素和正确处理各个激励环节的相互关系为中心内容,根据具体情况,找出影响积极性的各种因素,探索提高激励效果的措施和方法。

在装备采购活动中,不仅存在装备采购部门内部人员的激励问题,而且包括装备采购部门对承制单位的激励问题。激励理论对建立装备采购人员和装备承制单位的激励机制具有重要的借鉴作用。

第五节　法学的理论

法学的研究对象首先是法,包括通常所说各种意义的法。从法的形式角度说,在我国主要包括宪法、法律、法规和规章等成文法。从法的体系角度说,包括宪法、行政法、民法、刑法、经济法、环境法、诉讼法和国际法等。法学还要研究各种"法的现象",即基于法产生的各种现象,如立法、守法、执法和司法,法律观念、法治思想、法律制度和法律事实等。法学中的理论非常丰富,本节只介绍行政法、民法和经济法的有关内容。

一、行政法的理论

行政法是关于行政权力的授予、行使,以及对行政权力进行监督和对其后果予以补救的法律规范的总称。从本质上说,行政法主要是对行政权力加以规范,对行政活动加以监督、约束的法律。行政法的调整对象主要包括行政组织关系、行政管理关系、内部行政关系、行政救济关系和监督行政关系。

行政法的功能主要有:

(1) 规范行政权力和行政行为,使其合法化、规范法和高效率,保护公共利益和社会秩序。

(2) 保护私人正当的权利和利益,对不法行为进行制裁和矫正。

(3) 为社会成员直接提供公共产品、服务和资助。

行政法确立了以下原则：

（1）行政法治原则。行政职权法定、法律保留和法律优先，遵守正当程序。

（2）效率原则。设立相应法律制度和程序保证行政权的高效性、快捷性和连续性，赋予行政机关必要的应急权力和优先权。行政机关必须站在便民利民的角度，尽量减少繁琐程序，及时履行职责。采用成本与效益平衡的方法检验行政行为的必要性和可行性。

（3）依赖保护原则。行政主体一经做出言论或者行为，除非因违法对社会公益或第三人利益造成重大影响，或者相对人有重大过错，否则不得撤销或变更。

行政法对装备采购管理具有直接的借鉴作用。装备采购管理机构具有行政管理机构的基本特征，国务院和中央军委联合颁发军事行政法规，国务院单独颁布的法规以及国务院各部委单独颁布的规章中也包括了针对装备研制生产管理的法规规章。装备采购法规与行政法具有很多相同或相似之处，行政法确立的原则也为装备采购法规的制定提供了基本遵循。

二、民法的理论

民法是指所有调整平等主体的自然人、法人、其他组织之间的人身关系和财产关系的法规规范的总称。法律在传统上分为公法和私法，民法属于私法。民法以民事主体间的平等和自决为基础，是市民社会的基本法。民法的基本原则主要包括平等原则、自愿原则、诚实信用原则和公序良俗原则。民法是一个非常庞大的体系，对装备采购具有重要借鉴意义的主要有：合同法、专利法和公司法等。下面重点介绍《中华人民共和国合同法》（以下简称《合同法》）的有关内容。

《合同法》是为了保护合同当事人的合法权益，维护社会经济秩序，促进社会主义现代化建设而制定的。明确合同是平等主体的自然人、法人、其他组织之间设立、变更、终止民事权利义务关系的协议。合同当事人的法律地位平等，一方不得将自己的意志强加给另一方。当事人依法享有自愿订立合同的权利，任何单位和个人不得非法干预。当事人应当遵循公平原则确定各方的权利和义务。当事人行使权利、履行义务应当遵循诚实信用原则。当事人订立、履行合同，应当遵守法律、行政法规，尊重社会公德，不得扰乱社会经济秩序，损害社会公共利益。依法成立的合同，对当事人具有法律约束力。当事人应当按照约定履行自己的义务，不得擅自变更或解除合同。依法成立的合同受法律保护。

《合同法》的第二章至第七章，分别规定了合同的订立、合同的效力、合同的履行、合同的变更和转让、合同的权利义务终止和违约责任处理，这些内容对装备采购合同同样适用,同时也是订立装备采购合同的基本要求。第九章至第二十三章,分别规定了买卖合同、技术合同、委托合同等多种类型的合同,对装备采购合同也具有一定的借鉴意义。

三、经济法的理论

经济法是指调整调制性经济关系的法律规范的总称。其中,调制性经济关系是指国家依据一定规则加以调节、控制的经济关系,包括国家与经济主体之间的调制性经济关系和经济主体之间受到国家强制性安排的经济关系。

现代意义上的经济法主要包括两大类,即宏观调控法和市场规制法。宏观调控法是指调整在宏观调控中发生的经济关系的法规规范的总称。宏观调控关系是指国家对国民经济总体活动进行调节和控制过程中发生的经济关系。宏观调控法主要包括计划法、产业法、投资法、财政法、税收法、金融法、价格法等。市场规制法是指调整在市场规制过程中发生的经济关系的法律规范的总称。市场规制是国家依据法律和相关规则对市场主体的自由竞争和交易行为进行的管理和干预。市场规制法主要包括反垄断法、反不当竞争法、消费者权益保护法等。

从经济法的分类和包括的法律部门来看,经济法对装备采购无疑具有非常重要的借鉴意义。特别是在市场经济条件下,装备采购市场的规制更需要国家依据一定规则加以调节、控制。军方在制定装备采购法规时,要遵守我国经济法所确立的基本原则,并与我国经济法的现状相适应。政府采购与装备采购的关系在本书第一章已阐述,研究该政府采购法的有关内容和要求,对做好装备采购工作具有非常重要的意义。

政府采购法属于宏观调控法中的财政法范畴,是调整政府采购行为的法律规范。2003 年 1 月 1 日《中华人民共和国政府采购法》(以下简称《政策采购法》)正式生效施行,凡在我国境内进行的政府采购都应遵守该法的规定。政府采购是指政府为了实现公共目的而按照法定的方式和程序,以购买者身份购进货物、工程和服务的行为。

《政府采购法》所称政府采购,是指各级国家机关、事业单位和团体组织,使用财政性资金采购依法制定的集中采购目录以内的或者采购限额标准以上的货物、工程和服务的行为。其中,采购是指以合同方式有偿取得货物、工程和服务的行为,包括购买、租赁、委托、雇用等。货物是指各种形态和种类的物品,包括原材料、燃料、设备、产品等。工程是指建设工程,包括建筑物和构筑物的新建、改建、扩建、装修、拆除、修缮等。服务是指除货物和工程以外的其他政府采购对象。政府集中采购目录和采购限额标准依照该法规定的权限制定。

《政府采购法》所称政府采购当事人,是指在政府采购活动中享有权利和承担义务的各类主体,包括采购人、供应商和采购代理机构等。采购人是指依法进行政府采购的国家机关、事业单位、团体组织。集中采购机构为采购代理机构。设区的市、自治州以上人民政府根据本级政府采购项目组织集中采购的需要设立集中采购机构。集中采购机构是非营利事业法人,根据采购人的委托办理采购事宜。供应商是指向采购人提供货物、工程或服务的法人、其他组织或自然人。

《政府采购法》明确要以订立合同的方式有偿取得货物、工程和服务,是该法的基石。政府要获得履行职能所需要的货物、工程和服务有多种办法,虽然可以有多种方式,但按照该法的规定,必须订立合同,而不能够用强制命令的方式。因此,该法的构架是以合同的订立和履行为中心设立的,并以合同的订立这主线加以展开的。该法的核心内容是第二章、第三章、第四章,主要规范合同订立过程,第五章明确了政府采购合同的法律适用。第六章和第七章规定了合同的保障,第六章是保障供应商的权利,第七章是保护公共利益。

《政府采购法》也确立了政府采购应遵循公开透明、公平竞争、公正和诚实信用的基本原则。

第三章 装备采购管理知识体系

装备采购管理是一项非常复杂的活动,涉及社会生活的多个方面、多个学科领域,相应的装备采购管理知识也是一个非常庞大的体系。了解装备采购管理知识体系,既可以对装备采购管理活动有个全面的认识,也可以把握各个装备采购管理具体知识之间的关系,有利于树立全面的观点来研究装备采购管理理论和开展装备采购管理工作。

第一节 装备采购管理知识架构

装备采购管理知识包括四个组成部分,分别是装备采购管理基础理论、装备采购战略层管理理论、装备采购战术层(项目层)管理理论和装备采购使能层(基础建设层)管理理论。基础理论主要包括基本概念、理论基础和学科理论等。战略层管理理论主要包括装备采购组织、装备采购政策策略、装备需求管理、装备建设计划管理和装备预先研究管理。战术层管理又细分为组织管理、技术管理和商务管理。组织管理是指装备采购项目管理负责人建立项目管理组织并领导和管理其运行的活动。技术管理是指为完成装备采购项目所进行的系统工程管理、试验与评价管理、装备综合保障管理和装备全寿命费用管理等活动。商务管理是指围绕着与装备承制单位订立装备采购合同并进行合同管理的活动,主要包括装备采购合同管理和装备采购风险管理。使能层管理主要包括装备采购法规管理、装备采购人员管理和装备采购信息管理。装备采购管理知识体系见图 3-1。

第二节 装备采购管理研究内容

装备采购管理研究的内容主要包括装备采购基础理论、装备采购战略规划、装备采购项目管理和装备采购基础建设。

一、装备采购基础理论

装备采购基础理论是对装备采购管理一般规律的研究,是从总体和宏观的

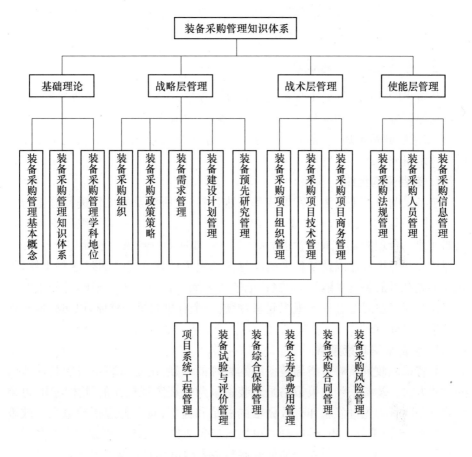

图 3-1　装备采购管理知识体系

角度对装备采购管理实践活动加以抽象和概括而得出来的共同规律,它对装备采购管理各种实践活动和各分支研究方向具有普遍指导作用。装备采购管理的基础理论包括装备采购管理基本概念、知识体系和学科地位。

1. 装备采购管理基本概念

装备采购管理基本概念是装备采购管理研究的基础,也是装备采购管理理论研究的起点。

2. 装备采购管理知识体系

装备采购管理知识体系是对装备采购管理知识的总括和基本描述,明确装备采购管理理论的研究对象,确定装备采购管理的研究内容。

3. 装备采购管理学科理论

装备采购管理学科理论主要研究装备采购管理理论的学科性质和学科地

位,明确研究的角度和层次,分析与其他相关学科的相互关系,建立既自成体系又与其他学科衔接配套的知识体系。

二、装备采购战略规划

装备采购战略规划处于装备采购管理的顶层,决定了"谁来负责采购、应坚持什么原则进行采购和能够采购什么装备"。战略规划过程包括装备采购组织、装备采购政策策略、装备需求管理、装备建设计划管理和装备预先研究国防科学技术研究管理。

1. 装备采购组织

装备采购组织是指为了实现装备采购目标,对所涉及的工作进行分工与合作,并建立不同层次的权利和责任制度的关系结构。装备采购组织理论主要研究如何建立合理的装备采购管理的组织机构,如何划分各级的职责与任务,如何合理选配和使用人才以及装备采购信息沟通渠道的建立等。通过这些工作,建立并形成有机的装备采购活动关系,把装备采购工作各要素和采购过程中的各环节在时间和空间上合理地组织起来,形成一个有机的统一整体,以更好地实现装备采购目标。

2. 装备采购政策策略

装备采购政策策略是指导装备采购管理的纲领,决定着装备采购具体活动的方式方法。装备采购政策策略是对装备采购管理客观规律的具体应用,也是对装备采购管理先进经验和有效做法的总结和提炼,具有普遍指导意义。政策与策略相比,政策处于更高的层面,更加宏观和抽象。策略则更偏向于途径和方式,低于装备采购政策,但对于如何开展装备采购也具有宏观指导作用。

3. 装备需求管理

军事需求牵引着装备发展。装备需求是军事需求在装备建设上的需要,是军事需求的一部分。军事需求包括人力、财力、物力等多个方面,而装备需求则特指为满足作战需要,装备需要达到的能力。装备需求管理是从需求提出、确定、变更直至需求转化为现实装备过程中一系列需求管理活动的总称。装备需求是装备采购的依据,在装备采购中具有非常重要的牵引作用。如果装备需求确定不合理、管理不科学,则采购过程只能是"把错误的事情做得更好"。

4. 装备建设计划管理

装备建设计划管理包括对装备建设计划的论证、执行、控制、评价等过程的一系列管理活动。装备建设计划是一个计划体系,包括装备发展战略、装备体制、装备建设规划和装备建设计划等。装备发展战略是国家和军队在一定时期内关于装备建设与发展的基本策略和全局谋略研究,是装备采购工作的先导,是必须首先要解决的问题。在发展战略理论指导下,制定装备体制,完成装备总体结构的顶层设计。依据装备发展战略和装备体制,制定装备建设规划和装备建设计划。装备建设规划和装备建设计划更加贴近于装备采购执行,是开展装备采购的基本依据。

5. 装备预先研究管理

某个装备采购项目的立项,并开展装备研制以及后续的生产,不仅在军事上需要,在财力上可支撑,还要有技术实现的能力。开展装备预先研究是一个长期性的工作,决定着采购装备的技术水平和性能水平。需要对国防科学技术的发展进行长期规划,需要从装备建设的大局出发,开发对装备采购具有决定作用的技术。

三、装备采购项目管理

装备采购项目管理始于批准的装备采购计划,贯穿于装备全部寿命周期。项目管理理论可细分为项目的组织管理、技术管理和商务管理。

1. 装备采购项目组织管理

装备采购项目组织管理是从管理的组织职能角度研究如何组织开展装备采购,主要内容包括项目管理组织结构的设计、项目团队建设、项目沟通管理、项目冲突管理和项目时间管理等。

2. 装备采购项目技术管理

装备采购项目技术管理是围绕着装备项目的技术实现而开展的管理工作,主要包括项目系统工程管理、试验与评价管理、装备综合保障管理和装备全寿命费用管理。

项目系统工程管理是从系统工程的角度,对装备项目中采用的技术进行管理。

试验与评价是对技术实现程度的测量,也是对采购结果的验证和确认。

装备综合保障是指从项目早期就将装备保障的要求进行综合考虑、并行设计、同步实施,确保装备交付部队以后,保障资源可用、保障方法可行、保障工作量最小、全寿命费用最低。

装备全寿命费用管理是军方和装备承制单位的共同工作,军方主要是提出装备全寿命费用要求,制定装备全寿命费用管理规划,对装备承制单位的研制、生产和需要的维修过程进行费用控制。装备承制单位要按照军方的要求,将装备全寿命费用控制的要求纳入装备设计中,并为军方提供装备全寿命费用评估提供数据。

3. 装备采购项目商务管理

装备采购项目商务管理是对与装备承制单位直接相关活动的管理,主要包括装备采购合同管理和装备采购风险管理。

装备采购合同管理主要是指军方为保证装备采购合同的科学订立和顺利履行而采取的一系列管理活动,包括装备采购合同管理的组织体系、合同订立管理和合同履行管理等。

装备采购风险是指装备采购过程中由于管理上、技术上、承制单位以及外部客观因素等的不确定性所引起的装备采购计划不能完成装备采购目标的情况,一般包括各种风险因素引起的性能风险、费用风险和进度风险。装备采购风险管理是运用系统工程思想,对采购项目中可能存在的风险进行分析、评估和处理,以达到采购项目目标的方法。在采购的过程控制与管理中,依靠强有力的风险管理组织,采用有效的风险评估、风险处理与监控手段,可以最大可能地降低采购风险,实现采购目标。

四、装备采购基础建设

装备采购管理基础建设也可视为装备采购的使能过程。所谓使能,简单来讲就是只有具备了这些条件,装备采购才能开展起来,开展得顺利,开展得更好。很明显,装备采购的法制建设、队伍建设和信息保证,对于装备采购管理工作至关重要。

1. 装备采购法规管理

装备采购法规管理是对装备采购管理所涉及的法律、法规、规章以及其实施过程的总称,既包括法规体系建设本身,也包括其实施过程。装备采购是国家行为,关系到国防利益,必然需要法律做保障。装备采购又是一种特殊的商业行为,要靠法治来规范采购行为,最大限度地发挥采购经费的作用效益。加强装备采购法治化建设,对于加强装备采购制度建设,实现装备采购目的具有根本性的作用。

2. 装备采购人员管理

装备采购人员是装备采购实施的主体,其水平决定了装备采购管理的水平。没有优秀的采购人员做保证,再好的要求也落不到实处,再先进的手段也不能发挥作用。装备采购人员既要有"立足战场、服务战斗力"的信念,也要有"面向市场、做精明买主"的能力,这样才能完成好装备采购任务。加强装备采购人员职业化建设,是改进装备采购人员管理的重要途径,也是提高装备采购管理水平的战略性工程。

3. 装备采购信息管理

信息是装备采购的重要资源,装备采购信息管理是装备采购制度建设的基础性、全面性和长期性工作。充分地获取信息,科学地管理信息,有效地应用信息,可以成为提高装备采购管理水平的倍增器和加速器。加强装备采购信息化建设,既是信息社会发展对装备采购管理的迫切要求,也是改进装备采购管理手段的重要举措。

第三节　装备采购管理的学科性质

装备采购管理是涉及军事学、管理学、经济学和法学等多学科内容的一个研究领域,其学科定位目前还存在争议。本书认为,装备采购管理应作为军事装备学的二级学科更为合适,但在管理学、经济学和法学学科门类下也可设立装备采购管理研究方向。

一、装备采购管理理论的特点

1. 注重多领域知识的综合

装备采购管理涉及军事学、管理学、经济学和法学等学科知识,并与这些学科的部分理论相交叉、相渗透,是一门集多种学科知识于一体的综合性知识体系。

2. 研究范围广泛

装备采购管理既要研究装备采购管理及其实践活动的一般规律,又要研究其在不同时期、各个阶段和各种组织的特殊规律;既要研究装备采购活动的总体指导规律,又要研究各项活动、各个方面和各个环节的具体方式方法。

3. 与工程技术紧密相关

装备采购管理理论作为一种专门用于获取军事斗争物质手段的理论,决定了其军事属性的本质。装备采购管理理论研究围绕着"装备获取"而展开,具体包括组织建设、政策策略制定、需求管理、规划计划管理、项目管理和基础建设等,基本上属于社会科学范畴的军事学科。同时,装备采购管理又区别于一般的军事学科,涉及并包含大量的工程技术理论,离不开各类装备的专业技术,具有与工程技术紧密结合在一起的特点。

4. 具有时代特征

不同时代的装备都代表了当时的科学技术及生产力发展水平,不同时期的管理理念也明显地带有时代的烙印。现代科学技术的快速发展,经济实力的不断增强,管理方式的日新月异,使得装备采购管理的研究具有很强的动态性。必须及时研究和充分反映当代装备采购实践活动的新特点、新规律,才能使装备采购管理理论始终站在装备采购管理实践的前沿,才能更好地指导装备采购工作。

二、装备采购管理的学科定位

2011 年,国务院学位委员会、教育部公布了新的《学位授予和人才培养学科目录(2011 年)》,明确提出我国的学科门类包括理学、工学、农学、医学、哲学、经济学、法学、教育学、文学、历史学、军事学、管理学和艺术学等 13 个门类。授权学位和培养研究生的学科专业目录按"学科门类"、"一级学科"、"二级学科(专业)"三个层次设置。

由于装备采购管理是研究装备采购活动一般规律和管理方法的科学,是以装备采购战略决策、装备采购项目管理和装备采购基础建设为主要研究对象,从装备的需求论证到装备部队形成初始作战能力划定研究范围。因此,就学科专业方向来说,在军事学、管理学、经济学和法学等学科门类的有关一级学科之下,应可以设立装备采购管理二级学科。或者在二级学科之下,设立装备采购管理研究方向。与此相对应,对于研究方向是装备采购管理的研究生来说,也应可以授予军事学、管理学、经济学和法学学位。

战略规划篇

- 装备采购组织
- 装备采购政策策略
- 装备需求管理
- 装备建设计划管理
- 装备预先研究管理

第四章　装备采购组织

　　装备采购组织过程是制定并保持一种装备采购职务体系,明确各级各类人员的职责、权限以及相互关系,并使每个采购人员能够为实现组织目标而高效地工作。装备采购组织是装备采购管理的主体,组织的结构决定着组织的功能。装备采购活动涉及众多部门和人员,只有做好组织工作,才能使采购工作得以顺利实施,保证采购管理目标的实现。

第一节　概　　述

一、基本概念

1. 组织

　　在管理学中,"组织"具有两方面的含义。作为实体本身的组织是人们为了一定目标的实现而进行合理的配置和协调,并具有一定边界的社会团体。作为涉及活动过程的组织是指为了实现组织目标对组织的人、财、物等资源进行有效的配置的过程。

　　组织的基本要素包括:

　　(1)组织目标。因为任何组织都是为目标而存在的,不论这种目标是明确的,还是隐含的,目标是组织存在的前提。

　　(2)分工与合作。这种关系是由组织目标限定的,组织内每个部门都专门从事一种特定的工作,各个部门又要相互配合。只有把分工与合作结合起来,才能产生较高的效率。

　　(3)权力、责任与利益制度。根据职能分工,赋予每个部门乃至每个人相应的权力和责任,以便实现组织的目标。要完成任何一种工作,都需要具有完成该项工作所必需的权力,同时又必须让其负有相应的责任。仅有权力而无责任,可能导致滥用权力而不利于组织目标的实现。权力和责任是达成组织目标的必要保证。

　　(4)保证组织正常和高效运行必需的物质条件,如办公设施、交通工具、通信工具和业务经费等。

　　组织是管理的一项重要职能,其目的是使人们能为实现目标而有效地工作,设计和维持一种职务结构。组织职能一方面是指为了实施计划而建立起来的一种结构,这种结构在很大程度上决定着计划能否顺利得以实现;另一方面是指为了实施计划目标所进行的组织过程。组织在实施决策和计划目标的过程中,要获得比各合作个体总和更大的力量、更高的效率,就应根据工作的要求与人员的特点,设计岗位,通过授权和分工,将适当的人员安排在适当的岗位上,用制度规定各个成员的职责和上下左右的相互关系,形成一个有机的组织结构,使整个组织协调地运转。

2. 装备采购组织

　　装备采购组织是从事装备采购工作的组织。装备采购组织工作是对部门与人员分工、明确权利与责任、分配经费与设备设施、处理各个部门和人员之间的关系的总称。具体而言,包括建立合理的组织机构和选配使用人才,建立信息沟通渠道;明确各单位、各级的职责与任务以及相互关系;对各级组织、各类人员进行培训、考核、奖惩等。通过这些工作建立并形成有机的装备采购活动关系,把装备采购工作各要素和采购过程中的各环节在时间和空间上合理地组织起来,形成一个有机统一的整体,以更好地实现装备采购目标。

　　开展装备采购工作,必然需要将装备采购活动的总体任务分配给各个部门去承担。因此,组织工作在装备采购管理中具有十分重要的作用。组织工作是落实计划任务的必要前提,是使各种要素形成工作能力的关键,也是统一组织成员行动的重要手段。因此,组织职能是发挥装备采购管理功能的基本保障,对实现装备采购管理目标是不可或缺的。装备采购管理的组织,必须建立在上下目标一致的基础之上。组织职能发挥得好,可以使上下级之间、各部门之间统一目标,统一意志,统一行动,保障装备采购工作的顺利进行。

3. 装备采购系统

　　装备采购系统是开展装备采购所需的人员和硬件、软件、材料、设施、数据等的综合体。装备采购系统的核心要素是人员,硬件、软件、材料、设施、数据等是装备采购系统运行的物质基础保障要素。

　　随着装备的日益高技术化和采购管理手段的现代化,设备和设施在装备采购系统中的作用也越来越重要。装备采购系统中的设备设施,不仅包括采购系统中各机构使用的办公设备、研制生产设备、技术保障设备、交通通信工具等,还包括采购系统各级人员的办公用房等工程设施、试验设施等。采用现代化手段改进设备设施,可以提高装备采购系统的工作质量和工作效率。

　　虽然从内涵上讲,装备采购系统的内涵要大于装备采购组织,但装备采购系统的结构也就是装备采购组织的结构,装备采购组织的运行也必然需要装备采购系统的诸要素,如硬件、软件、材料、设施、数据等做支撑。装备采购系统与装备采购组织只是因研究视角的不同而做出的不同界定,因此本书在后续章节中对装备采购组织和装备采购系统不做严格区分。

4. 装备采购管理体制

管理体制在内涵上接近于组织体系。从概念上讲,体系是指由一些具备独立运行特性的要素为了提供特定的能力相互联系、相互作用而构成的集合,而体制不仅强调组成,也强调相互之间的关系和秩序。

装备采购管理体制就是指装备采购机构的设置、职能以及机构之间的相互关系的总称。从体系的角度来看,装备采购管理体制具有以下特点:

(1)构成管理体制的每个机构都具备独立运行能力并且具备自身的特定目标和职能。

(2)体制内所有机构综合起来可以满足总体目标或使命任务。

(3)为了完成体制目标,构成体制的每个机构都是分别进行相对独立的管理。

深入理解装备采购管理体制的概念,需要把握以下方面:

(1)构成要素。装备采购管理体制的机构是按照装备采购的目标、任务、职责和要求而设立的从事装备采购工作的职能部门,各种具有不同子目标和具体功能的机构,构成了管理体制,是采购管理体制的“细胞”。机构存在和设立的合理性与科学性依据,在于其能否独立运行并承担某种特殊的职能,而这种职能又是整个管理体制中不可或缺的有机组成部分。如果不能满足要求,该机构应该予以撤销或合并。

(2)要素的职能。机构之间如果有交叉,则需要进行功能调整和协调。如果某个机构不是必不可少,则可以取消以提高整体效率。

(3)不同要素之间的关系。体制内的众多机构依靠层次与分工显示出管理体制的框架和脉络。装备采购管理体制,应该是纵向脉络清晰、横向分工明确的体制,即纵向上分层次、横向上按专业。层次管理主要强调立法、决策、管理和执行权力的分配,建立由上至下的级别划分,做到逐级授权、逐级负责。横向上设立完备的职能管理机构,将采购相关的职责分别由相应的专业化组织机构承担,实行专业化管理。横向实行专业化管理既提高了科学性,又能起到不同权利主体之间互相监督、互相制衡的效果。

二、装备采购组织的特征

1. 目标明确

装备采购组织是国家和军队根据装备采购的需要,通过规定的组织、制度、程序、方法等建立起来的将军事需求转化为装备的体系。装备采购组织的目的，就是通过合理的价格，实现物有所值的经济效益，在追求军事效益最大化的同时，从根本上实现以性能先进、质量优良和配套齐全的装备保障军队作战、训练和其他各项任务的完成。装备采购组织的各组成部分都是围绕这一目的进行功能设计和职责设定的。

2. 权力高度统一

集权化是现代装备建设客观规律的要求，是实现装备采购资源优化配置的重要手段，是保证装备建设健康、快速发展的重要保证。世界主要国家的装备采购组织基本上都经历了从分散到集中统一的过程。现代战争的体系对抗，对装备体系建设水平的要求日益增高，对资源的需求骤增，分散管理造成的体系不完善、系统不配套、资源消耗高等弊端，突出地显现出来，严重制约装备建设事业的发展。装备建设的新形势要求装备采购工作必须实施集中统一领导和系统谋划，以国家安全目标作为系统谋划的依据，以资源配置作为宏观调控的手段，通过统一制定装备建设规划计划和预算，系统协调装备科研、购置和保障等工作，从而实现装备建设的总体优化。

3. 结构层次分明

装备采购组织具有一定的层次性，最高层次的组织，在功能和结构上都处于支配地位，其下各级组织则处于从属地位。层次性使装备采购组织的各个组成部分协调工作，发挥组织的整体效能。

装备采购组织可以从组织功能、装备全寿命过程和装备采购活动特点等角度进行不同的层次划分。从组织功能角度，可以划分为决策层组织、管理层组织和实施层组织。从全寿命过程角度，可以划分为需求管理组织、计划管理组织、科研管理组织和购置管理组织等。从装备采购活动特点的角度，可划为需求管理组织、计划管理组织、项目管理组织、合同管理组织、试验管理组织、装备综合保障管理组织、装备采购人员培训管理组织等。

三、装备采购组织工作的地位

装备采购的组织工作在装备采购管理中具有重要的地位，是装备采购管理的重中之重。

1. 整合装备采购体系的基本纽带

组织结构决定组织功能，只有科学合理地进行组合与编配，才能使各种要素有机地结合起来，最大限度地发挥作用，达到最优的整体效能。组织建设不仅要解决组织内部的基本分工和组合问题，而且更重要的是从全局角度解决各种组织的整体优化组合和综合分工协调问题。因此，装备采购组织建设具有全局性和根本性的作用。

2. 确保各项采购工作有序进行的基本保证

组织模式构建完成,意味着各级组织的基本职能和权限的明确,组织活动的基本内容和范围也随着确定。同时,它固化了不同层次的各个机构在采购中的地位、作用和相互关系,为所有要素在总体目标指导下协调一致的行动奠定了基础。因此,组织建设是采购工作有序进行的保证,也具有长期性和稳定性的特点。

3. 提高装备采购整体水平的重要途径

人员水平的提高和装备性能的改进,不意味着整体能力的提升,机构组成、关系的理顺和编配组合等因素对整体效能有着重要影响。管理体制的优化设计,是在资源、时间等约束条件下提高装备采购工作效率和能力的重要手段,也是管理工作的关注重点和难点。

第二节　装备采购环境分析

装备采购环境是指存在于装备采购组织之外并对装备采购组织产生相互作用的外部事物和现象的总和,主要包括政治环境、军事环境、经济环境、科技环境、法制环境等。装备采购环境影响、制约着装备采购组织功能的发挥,对其进行深入研究、分析,用其所长,避其所短,有利于加强和改进装备采购组织建设。

一、环境对组织的影响

任何组织都是一个开放的系统,都是在一定的环境中生存和发展的。对环境有多种划分方法,以组织为边界,通常划分为组织的外部环境和组织的任务环境。外部环境也称社会环境、宏观环境和一般环境,通常包括政治环境、经济环境、科技环境、自然环境、文化环境等。任务环境也称特殊环境、具体环境和微观环境,通过是指与组织运行直接相关的更直接的外部因素。对于经营性企业而言,其所面对的任务环境主要包括客户、供应商、竞争者等。对于装备采购组织而言,其所面对的任务环境主要包括装备使用部队、国防科技工业管理部门和装备采购监督部门等。

环境对组织运行产生极大的影响。环境是组织生存的土壤,它既为组织运行提供条件,又对组织运行产生制约作用,对组织的产生、运行和发展产生直接和间接的影响。一方面,任何一个组织,都无法脱离外部环境而独立存在,组织的功能设定、组织运行、人员组成、体制编制、设施设备和信息资源的提供等都离不开外部环境的支持,都存在于或依附于一定的环境之中;另一方面,环境影响组织的结构、功能和运行,组织的功能设定、运行、人员组成、设施设备和信息资源的提供等也需要进行不断的调整,并与外部环境相适应,同时,环境变化也将引起组织的变化以使组织与变化了的环境相适应。

组织对外部环境有一定的反作用,组织在不断地利用和改变着环境。任何一个组织对其所依附的经济、科技、法律、文化等外部环境都会产生一定的调节、促进作用。科学合理的组织引导着资源的配置、人员的编配、人员职能的改善,并促使其朝着有利于组织稳定和发展的方向演化。否则,组织不仅会浪费环境资源,还对外部环境的改善和优化起到一定的延滞和阻碍作用。

二、政治环境

政治环境是装备采购组织外部的政治形势和状况,它涉及国家的政治体制和政治的稳定性等。国家的政治体制是指国家的基本制度以及国家为其有效运行而设立的一系列制度,包括国家的政治制度和行政管理体制、政府部门结构及公民对行政权力的监督制度等。政策的稳定性和政局的稳定性共同构成政治的稳定性。政治的稳定性包括政党的指导思想是否稳定,政府是否有权威、有实力。

"战争是政治的继续,政治是经济的集中"。战争、政治、经济三者密不可分,决定了装备采购管理也必然与政治、经济有着千丝万缕的联系。战争的重要物质基础是装备,装备要靠采购来获取。战争是政治斗争的最高体现,装备采购必然为政治服务,国家的政治体制决定着装备采购组织结构。政治体制是国家的根本政治和组织制度,政治体制决定其他一切体制,其他管理体制的制定和实施都必须与之相适应而不能矛盾或冲突。装备采购组织体系必须与国家的政治体制相适应,才能更好地为国家的政治服务,才能使装备建设健康、顺利地发展。装备采购组织体系如果不能与国家的政治体制相适应,势必会对国家全局产生不利影响,不但不能顺利运行,而且必然要受到强制性的调整。

稳定的政治环境是国家进行各项建设的重要保障,也是装备采购管理的重要基础,只有稳定的环境,才能保证装备采购管理各项工作顺利进行。稳定的政治环境是政策稳定、连续的基础,政策稳定是装备采购管理稳定和发展的重要保障。只有稳定连贯的方针政策,才能保证装备采购管理方针政策具有连贯性和稳定性,才能保障装备采购管理不断向前发展。

三、军事环境

军事环境是对装备采购产生最直接影响的环境,主要包括国防体制、国防政策和军队规模。

国防体制是国家或政治集团组织、管理、维持、储备和发展军事力量的体制。国防体制包括军事领导体制、武装力量体制、国防经济体制、国防动员体制、兵役制度、国防法制等诸多方面。装备采购组织体系由军事领导体制、武装力量体制、国防经济体制等多方面交叉而成，不能独立于国防体制的基本形式之外而自成体系。装备采购的管理体制与运行机制要受到国防体制的制约，不能与国防体制相违背。国防体制的改革必然要求装备采购组织体系进行改革，反之，装备采购管理的改革也会引起国防体制在某些方面的改革。装备采购管理机构设置与国家、军队的管理机构密不可分，当然必须与军队的领导体制相适应。军队领导体制是形成战斗力的组织保证，装备采购管理的科学有效运转是战斗力物质保证的基础，它作为军队领导体制的分支系统，必然要与之相适应，为形成战斗力创造有利条件。

国防政策是为保证国家安全和维护国家利益而制定的一系列政策战略等。国防政策直接决定了军队的职能，从而决定了装备采购的规模和重点，进而决定了装备采购的组织方式和运行模式。

军队规模的大小，直接决定着装备采购组织体系的复杂程度。军队规模的大小，在一定程度上也决定了装备规模的大小。军队所执行任务的范围，也决定了采购机构的分布。军队规模越大，装备采购规模也会越大，管理过程也会更加复杂，对管理效率要求也会越高。

四、经济环境

经济环境主要包括经济发展水平、经济体制和经济政策等。经济发展水平是指一个国家经济发展的规模、速度和达到的水准。经济体制是指国家经济组织的形式，规定了国家与企业、企业与企业、企业与各经济部门的关系，并通过一定的管理手段和方法，调控或影响社会经济流动的范围、内容和方式等。经济政策是指国家在一定时期内的经济发展目标、方针和原则，包括综合性的全国经济发展战略和产业政策、国民收入分配政策、价格政策、物资流通政策、金融货币政策、税收政策、劳动工资政策等。

经济发展水平决定了装备采购的规模和水平。国防和军队建设是以国家经济建设为依托的，经济实力是装备采购的物质基础，国家经济实力从根本上决定着装备采购的潜力，经济水平决定装备的发展水平，经济规模决定着装备采购的规模。经济实力强大，经济状况好，装备采购投入也会相应增加，装备采购管理方式也会随之发生变化，反之亦然。

经济体制是国家的根本经济制度，是国家生产关系的基本内容，与生产力的结合构成国家的经济基础,并且与上层建筑形成互动关系。装备采购组织体系属于上层建筑范畴,就必须受经济体制的制约,就要在经济体制的条件下活动,并与之相适应。装备采购管理也必然随着经济体制的不同而采用不同的管理模式。不同的经济体制具有不同的特点和规律,实行市场经济体制的国家与实行计划经济体制的国家,在选择装备采购管理方式时必须充分考虑到不同经济体制对装备采购的影响。

经济政策决定了装备采购方式。在经济运行的过程中,国家要通过各种经济手段和经济政策对社会生产活动进行宏观调控,以达到预设的经济目标。装备采购活动也是国家整个经济活动的一部分,也需要运用宏观和微观经济政策来调整装备采购活动的各种社会关系。装备是一种特殊的商品,国家对其研制、生产过程会进行比一般商品更为严格的控制,而且国家和军队投入装备发展的经费有限,要利用有限的经费保证装备发展的需求,对企业的利润有所限制。装备市场是国家控制的买方市场,价格并不完全受供求关系的影响,政府通过制定相关经济政策对装备研制生产的全过程实施宏观调控。

五、科技环境

科技的发展改变了人类的生产方式和生活方式,经济全球化、社会信息化使科学技术成为社会生产力中最活跃和最核心的部门。宏观的科技环境指的是整个国家的科技要素及与该要素直接相关的各种社会现象的集合,包括四个基本要素:科技水平、科技力量、国家科技体制、国家科技政策。

对装备采购而言,最重要的科技环境是国防科技及国防工业环境,也是装备采购所处的微观环境。

国防科技工业管理体制直接影响甚至决定着装备采购管理方式。国防科技工业是实行高度集权式管理,还是实行行业指导性管理,决定了从事装备研制生产单位的运营模式,进而影响到装备采购管理的方式。装备市场的准入制度的设计方式,也决定的装备竞争性采购的程度,进而影响到装备采购合同管理方式。

国防科技工业的规模对装备采购效益和采购方式具有重要影响。国防科技工业规模过大,将造成大量军品科研生产能力闲置,带来巨额的军品科研生产能力维持费用,从而挤占装备费用并削弱重点和核心装备的发展势头。而国防科技工业规模过小或结构严重失衡,将影响到装备建设,甚至影响到国家应付突发性军事冲突的能力。

国防科技工业的军民融合建设对于提高装备采购效益也具有重要影响。通过促进民用技术向军事应用的转移,可利用民用市场的规模经济和技术优势降低装备研制费用和生产成本。随着民用技术的先进性和效率的提高,部分民用技术已优于军用技术,充分利用民用工业,加强民用技术的改造,有助于保障并不断提高装备研制生产质量和技术服务水平。

六、法制环境

社会的法律思想和意识、法律文化、法律体系、执法、守法和司法情况等,共同构成了装备采购的法制环境。人们是否能够按照法律规定的行为模式行事,是否按照法律规范行使权力和履行义务,能否根据法律设定的法律后果追究法律责任等形成了装备采购管理外部法制环境。

对法律法规的认识不足,法律文化的欠缺,法律意识的淡薄,直接影响装备采购管理的执行和目标的实现,影响着装备采购的效率和效益。由于受过去长期计划经济的影响,军方和承制单位在装备采购中的法制观念不强,对履行装备合同的法律意识不强,造成"拖进度、降指标、涨费用"等种种违约现象。

国家法律体系的建设情况和完善程度是完善装备采购管理法规的基础和前提。装备采购管理法规是装备科研、购置和技术保障等各项管理活动的依据,而装备采购法规体系是国家法律体系的重要组成部分,它应与国家法律体系相协调、相一致。国家法律体系是否完善,关系到装备采购管理法规的完善程度,国家法律的执法情况、守法情况,法律责任追究情况,以及依法行政的落实情况,影响装备采购管理的规范化水平和法治化程度。

七、历史、外交和文化环境

一个国家发展历史及其长期形成的文化影响到社会生活的方方面面,装备采购管理也不例外。一种模式、一种文化形成以后,必然存在着一定的惯性,其影响是深远的,改变是困难的。美、英等国在第二次世界大战中的胜利对其装备采购组织体系产生深刻影响。美国人的竞争意识、法国人的独立自主都不同程度地带入到装备采购管理之中,体现在管理体制与管理方式的不同上。外交政策也影响着采购管理,特别是对装备市场的影响更为突出,决定着能否及如何与其他国家进行合作。此外,装备采购管理还受到本国利益集团、部门、主要决策者的意志,以及传统思想和习惯势力等诸多因素的制约。管理理论与管理思想也对装备采购管理的发展和变革具有重要先导作用,先进的管理思想和方法一旦被人们接受并运用,就会导致管理活动的相应变革。在装备采购领域广泛采用的项目管理、系统工程以及规划计划方法等无不是因管理理论的发展而发展的。

第三节　装备采购组织建设

装备采购机构及人员是装备采购运行最根本的要素,是装备采购活动的主体,也是采购活动的决策者、组织者和实施者。装备采购组织建设的基本任务是根据装备采购组织的目标,选择组织模式,设立相应的机构和岗位,明确相应的职责并编配人员。

一、组织结构设计概述

组织结构是一个组织内的构成要素之间确定的关系形式,或者说是一个组织内各要素的排列组合方式。组织结构设计是指对一个组织的结构进行规划、构造和创新,以便从组织的结构上确保组织目标的实现。

1. 影响组织结构设计的因素

组织结构的设计必须根据组织的复杂性、规范性和集权性程度,根据组织的目标和任务以及组织的规律和组织内外环境因素的变化来规划组织机构。只有这样,组织机构的功能和协调才能达到最优化程度,否则,组织内的各级机构就无法有效地运转,也就无法保证组织任务的完成和组织目标的实现。

2. 组织结构设计的原则

管理科学对于组织结构设计和建立原则的研究,经历了一个不断深化和发展的过程。尽管并没有适合所有组织的原则,但一般说来应该遵循的基本原则,即任务目标原则、统一指挥原则、管理幅度原则、权责一致原则、精干高效原则和分工协作原则。

3. 组织机构设计的内容

管理组织的设计包括横向和纵向两个方面。横向的分工是根据不同的标准,将组织活动分解成不同的岗位和部门的任务,横向分工的结果是部门的设置。纵向分工是根据管理幅度的限制,确定管理层次,并规定各层次管理人员的职责和权限,纵向分工的结果是管理权限的相对集中或分散。

二、装备采购组织建设的要求

装备采购组织模式和机构设置方式体现了对采购活动的认识程度,反映出对采购的重视程度。设置了一个部门并赋予其职责,自然就要开展相应的工作。没有对某项业务设置专门的机构,这项工作肯定就没有人负责,没有人去做,也就无法做好。因此,加强装备采购组织建设是装备采购管理的首要问题,也是保证和提高采购效益的重中之重。装备采购组织承担着特殊的使命任务,装备采购组织建设除了应遵循组织建设的一般原则以外,还应满足以下基本要求。

1. 与外部环境相适应

环境决定系统,系统影响环境。组织体系是采购体系的重要组成部分,组织体系的建立必须与采购环境相适应。一个国家的采购环境包括多个方面,如国家的政治环境、经济环境、法治环境以及自然环境等。适应采购环境的采购组织体系会有效地发挥其功能,并且得到健康发展。与环境不相适应的组织体系,其功能必然难以很好发挥出来,有些时候还必须进行强制改革。在信息技术高速发展的今天,传统组织体系设计已明显不能适应信息快速传递、知识不断更新的要求,需要建立基于信息网络的组织架构。随着一体化联合作战成为新的作战方式,传统的以军种为主导的装备采购组织体系也已不能适应军事能力综合集成的要求,需要建立以能力为主线的采购组织体系。

2. 正确处理集权与分权的关系

装备采购是国家行为,必须实行高度集中统一管理,才能始终确保站在国防利益上开展采购。没有集权做保障,各个采购部门各行其是,局限于各部门的目标和利益,必然导致效益低下。但是,如果权力统得过死,也会制约具体执行部门的积极性。再好的政策,再详细的计划,也需要组织的末端去落实。因此,要向下级部门或具体实施部门赋予履行其职能所需的权力。通常,实行高度集中统一管理有利于从全军角度统筹规划和安排装备采购工作,减少重复浪费。适当的将权力下放,则有利于决策计划部门摆脱具体业务,集中精力搞好宏观决策,有利于充分调动实施部门的积极性。处理好集权与分权问题,关键在于集哪些权,放哪些权。凡是体现整体效益的方面应该集权,如需求确定权、经费分配权、合同监督权、高层管理者任免权和重大项目阶段转移审批权。而对于采购项目管理的具体事务则应交由下级部门全权负责,不能过多干涉具体负责人的一线指挥权。

3. 机构设置要齐全

装备采购是非常复杂的活动,涉及与采购系统外部的接口关系,涉及内部的纵向指挥和横向协调,涉及作战、技术、商务等多个不同领域。因此,在组织机构设置上,必须能够充分体现这种复杂性,考虑到各方面的需要。例如,在处理与国防工业部门关系方面,要设立专门主管国防工业政策和处理军地关系的部门。在军事能力管理方面,要设立专门负责军事需求提出、审查和批准的部门。在提高指挥控制效果方面,要专门建立顺畅的指挥线和负责沟通协调的部门。在保证经费综合使用效益方面,要建立专门负责费用评估、审计和支付的部门。

4. 职责权限要明确

评价装备采购管理的水平高低,一看是否在规定的时间向部队交付了满足性能要求的装备,二看是否以最小的经费支出取得了最大的效益回报。但这两个指标并不是都能作为对具体工作的检验标准,必须逐级加以分解成更为具体的职责,对具体部门和具体人员提出明确要求和考核标准。在职权划分上,必须泾渭分明。应明确某个职位或某个部门领导的职责,而不仅仅是某个单位的职责。要明确组织成员对上向谁报告、对下指挥谁、与谁是沟通协调关系等。就全寿命管理而言,应明确在装备全寿命管理过程中每个部门和人员的具体职责,保证全寿命管理的要求得到落实。

5. 职能上要相互制衡

装备采购是一个个组织在使用公共开支经费,去实现更大的组织即国家的利益。显然,这一过程如果失去了监督与制衡,部门利益就会膨胀而得不到控制,个人发生腐败现象就会难以避免,整个国家和纳税人的利益就得不到保障。因此,在机构设置和责任分配上,必须要有一定的监督,要有一定的牵制。同时,也要设置对装备采购进行独立审计和监督的部门。

6. 要建立联合决策机制

装备采购既是一项军事活动,也是一项商务活动。军事特点体现在装备采购始于军事上的需要,落实到形成军事能力。商务特点体现在要通过合同的方式从国防市场中去经济有效地获取装备。装备采购过程必然需要作战部门、采购实施部门、装备使用部队、研究部门、财务部门和工业部门的广泛参与,需要集中各部门的意见形成最优的解决方式,需要各部门在决策执行过程中能够有效互动。在需求生成过程中,要通过联合决策机制,协调能力发展过程。军事能力需要由装备、训练、设施等多个方面,经过综合集成才能形成。如果在项目启动之初,不能集中各部门意见做出全面协调安排,军事能力建设很容易出现不协调的问题。在经费分配过程中,要通过联合决策机制,提高经费使用的合理性和透明度。在项目管理过程中,要通过联合决策机制,集中需求管理、工程技术、商务、试验与评价、综合后勤保障、财务等多部门或多领域专家的意见,做出统一部署,协调各方利益,同步加以落实。

三、装备采购组织的构成

装备采购组织是统一的、多专业、多层次、多目标的组织。装备采购组织在法律关系上表现为采购的主体,在装备采购过程中起着重要作用。采购主体在法律限定的范围内,行使有关采购活动的决策、计划、执行、监督管理等职能。

1. 国家立法机构

国家立法机构按照法定的程序,制定、认可、修改和废止规范性法律文件,通过法律对采购活动进行授权、约束和监督,对采购活动所有参与者都具有强制约束力。同时,立法机构还负责审批国防预算。在我国,国家立法机构是指全国人民代表大会及其常务委员会。

2. 决策层

决策层是装备采购管理的最高部门,主要负责对采购行为中具有战略性、全局性和长远性的内容做出决定,如基本方针政策、总体目标、长期规划、具有重大影响的项目审批等,并负责制定和发布装备采购法规。在我国,决策层主要是指国务院和中央军委。

3. 管理层

管理层主要是指装备采购管理机关,主要负责制定装备建设规划计划,对装备采购过程审查、监督和协调,并负责制定和发布装备采购规章。在我国,管理层主要是指总装备部、总部分管有关装备的部门和军兵种装备部。

管理层根据功能可以分为四个主要部分,规划计划制定部门、采购计划实施监管与协调部门、经费管理(财务)部门以及监督检查部门。

计划规划制定部门主要是进行装备建设中长期规划和年度计划的论证与制定,具体工作包括计划编制的基础性建设和先期准备、论证和拟制各种计划方案、计划审批与下发执行等。

计划实施监管与协调部门主要负责计划的落实与实施,主要工作包括按部门进行计划落实、宏观调控和监督检查,适时进行计划调整,进行计划滚动研究等。

经费管理部门主要是根据采购计划进行预算、决算编制,按规定要求进行经费使用和管理。

监督检查部门是为了采购工作规范有序进行而设立的专职或兼职机构,可综合运用法律、行政、纪检、审计等手段,对装备采购活动中的法规制度和政策的执行情况、计划和预算的编制执行情况、合同订立与履行情况、采购人员技能与行为规范性等进行监督和检查。

4. 执行层

执行层一般是行使具体职能的组织,直接负责采购计划的落实。执行层的职责是根据项目的特点制定适当的方案和具体的业务计划,组织、协调、平衡项目所涉及的各方面的要求和利益,监督和控制项目的进展。在我国,执行层主要是指装备研制型号办公室、装备采购中心、装备招标中心、军事代表机构、军队研究所、试验机构等。

第五章　装备采购政策策略

毛泽东同志曾经指出,政策策略是党的生命。政策策略是一个组织运行并达到其目标的纲领,决定着组织的运行方式,其地位和作用非常重要。装备采购政策策略是指装备的采购过程所必须遵循的一定的准则和总体安排。装备采购政策决定了装备采购的策略,而采购策略则直接影响到装备的性能、质量和经济可承受性。

第一节　概　　述

一、基本概念

1. 装备采购政策

装备采购政策是装备采购部门为达到采购目标而制定的一种限定活动范围的要求。一般由装备采购最高管理层确定,它规定了装备采购组织和人员行动的方向和界限,是组织活动中必不可少的。装备采购政策一般比较稳定,一旦制定,就要持续到新的政策出现为止。

2. 装备采购策略

装备采购策略是一种对装备采购过程和技术进行管理的手段。在规定的资源约束条件下,通过装备采购策略来达到采购计划的目标。装备采购策略是进行项目规划、组织、配备人员、协调和领导的基础框架。装备采购策略是一种总体安排,据此进行装备采购的一系列具体活动。

二、装备采购政策策略的特点

装备采购政策策略决定着具体的采购行为模式和采购方式,具有以下特点:

(1) 现实性。基于现实条件可能而制定,充分考虑到装备采购的有利条件和约束条件。

(2) 稳定性。可以防止来自项目外部或内部的不良影响扰乱装备采购的进行。

(3) 资源平衡性。对时间、技术、人力、经费的多方面进行综合平衡,达到现有条件下的最优选择。

（4）灵活性。政策策略规定的是最基本和原则性的要求，而对具体执行中的细节问题不做出硬性的规定。

（5）风险可控性。

不同的政策策略意味着不同的风险，选择的政策策略一定是在风险可控制范围内。

三、决定装备采购政策策略的因素

1. 需求特点

需求是否稳定、是否详细是采购政策策略选择中必须重点考虑的问题。在政策策略选择过程中，必须明确是否存在以下情况：①威胁正在演变或预计的作战环境改变。②作战方案不确定。③最终要实现的性能不确定。④要满足的目的或目标出现变化。⑤规模和复杂性不确定。

2. 技术状况

技术也是决定采购政策策略的重要因素，技术上实现不了，项目不可能成功。在政策策略选择中，需要明确以下问题：当前的技术水平、需要的技术水平和实际水平、需要的技术创新、可预见到的技术变化时限、技术的不确定性、需要的技术基础成熟性、已知的费效平衡等。

3. 用户情况

要明确装备最终的使用部门或部队，并了解用户的期望。装备部队以后的使用环境、使用者情况也是需要考虑的因素。能否获得及时的用户反馈信息也是应纳入考虑范围。

4. 资金保障

在资金保障方面，要从近期和长远投资要求、资金类型和可获得资金的情况看，是否存在预算不确定性、实现成本假设是否不稳定、费用或承受能力是否存在不确定性、费用和进度的真实性是否有把握、最终采购量是否确定、采购数量的变化是否会造成承受能力的变化等。

四、装备采购政策策略的制定

在制定装备采购政策时，必须注意广泛性，避免制定者不了解下情而做出不适当的决定。给予下级一定的灵活性，使下级在不违反政策的前提下，尽可能发挥自己的判断潜力，做出更合实际的决定。

在制定装备采购策略时，应针对项目独特的环境对基本策略进行剪裁。由于采购策略是项目执行过程中，项目负责人遵循的各项管理计划的构思基础，必须反映指导和控制各项采购工作的管理理念，以便实现项目的特定目标和目的并保证新装备满足批准的作战使用要求。因此,采购策略要涵盖装备研制、采购和保障全过程,必须制定得足够详细,必须为项目随后各阶段进行充分的规划,包括推进竞争、经费支撑以及国防工业能力等。装备采购策略制定以后,在执行过程中应通过迭代过程而不断发展完善,并且在说明如何管理、使用什么技术、经费保障要求等方面越来越明确。

第二节　装备采购政策

装备采购政策是装备采购过程所必须遵循的准则和规律。装备采购政策必须着眼于装备建设目标,适应新军事变革的发展方向,满足未来战争对装备采购提出的新要求。

一、服从国家军事战略

国家军事战略是筹划和指导战争全局的方略,是科学预测战争的发生与发展、揭示战争的规律与特点、制定战略方针和战略原则及战略计划的纲领,是筹划战争准备、指导战争实施所必须遵循的基本原则。军事战略的实施必然对军事实力提出要求,军事实力的重要标志之一就是装备水平。装备采购是获取战争所需作战工具的活动,不同的军事战略必然要求有不同的装备采购。换言之,装备采购管理必须有利于军事战略的实施。装备采购在国防和军队建设中占有相当大的比例,连接军事战略与装备采购的纽带,是合理地确定军事需求。军事需求牵引促进装备发展,带动装备管理体制的调整和改革。现代装备造价昂贵,战争消耗巨大,装备采购的需求牵引显得更为重要。不从战争实际需要出发,不从军事战略出发,装备采购投入过高或过低都是不正确的。"打什么仗就采购什么装备",而不是"采购什么装备就打什么仗"。

二、坚持集中统一领导

装备采购的性质、特点和规律决定了装备采购应遵循集中统一管理。装备建设的规模、质量决定国家的国防能力,关系国家的安危。因此,装备采购管理是关系国家全局性的重要工作,必须由国家集中统一领导,以确保国家安全利益。装备建设又是一个国家综合国力的具体体现,是综合运用各种现代科学技术成果,由政府、军队、科技和工业部门等社会组织广泛合作甚至是国际合作的结果。如此庞大的合作,只有由国家统一领导才能很好完成。而且,装备发展也是国与国之间多方面能力较量的标志,尤其离不开经济实力的支撑,其巨大的研制、生产费用,对国家产生一定的经济压力,需要国家统一组织人力、物力、财力进行保障。装备的特殊商品属性以及作用于战争的基本功能,决定了必须实行集中统一领导。坚持集中统一领导,才能加强全军装备采购的统一计划、统一预算、统一政策、统一制度、统一部署,提高决策的科学性和权威性。

三、贯彻全系统全寿命管理

全系统全寿命管理思想是由装备发展的客观规律和内在要求所决定的,是一种科学的管理理念。就全系统而言,是指按一定秩序和内部联系组合而成的一个整体。装备的全系统既包括单件装备的各种功能单元组成的一种装备的全系统,也包括各种不同功能和作用的庞大装备系统。装备各种因素的内在联系,构成其系统化的特点,决定了管理也必须而且只能用系统的观点、方法实施。就全寿命而言,则指装备从开始论证到退役即从摇篮到坟墓所经历的整个过程。这一管理是对装备全过程进行整体运筹、科学决策的一种管理方法,主要目的是实现最佳的综合效费比。全系统分成互相联系、互相制约的若干阶段,各阶段体现从提出需求到形成战斗力的连续过程。每个阶段都有规定性的管理活动内容和目标,各阶段间相互联系、影响并制约。切忌各自为政、互不衔接的管理弊病。分散、分阶段的装备采购制度和方法,显然无法形成整体优势,难以立于不败之地。装备采购应遵循国家政府购置制度的精神,按照全系统全寿命管理观念,完善装备采购管理体制和运行机制,加强装备预先研究、研制、购置、维修保障的整体谋划,统筹安排和协调实施,强化各阶段的有机联系。

四、坚持质量第一

质量是装备的生命,装备质量的重要性在任何时候、任何情况下,无论怎样加以突出强调都不过分。因为战争是输不起的,装备质量有问题,装备发挥不了预期的作战效能,损失将是灾难性的,是对整个国家利益的伤害。因此,质量风险是装备采购中最需要重点管理的风险,必须始终坚持质量第一。对于高新技术武器装备,还要特别注重武器系统综合集成的质量,否则在信息化的战场上,就很可能造成"一件卡壳,全局皆输"的后果。要注重装备体系建设的质量,强调武器装备的通用化、系列化和集成化。要对装备的研制生产过程进行严格的质量监督,确保交付部队的装备满足要求。

五、注重经济效益

装备采购的根本要求是要在军事需求、采购经费和装备性能之间寻找最佳的结合点。在装备研制生产市场化的条件下,装备采购主体要想当好精明的买主,就必须考虑经济效益,采用商业惯例,扩大民品采购,引入市场竞争,尽力降低成本,要将费用作为独立的制约因素。一味追求装备高性能,忽视成本因素,定会使采购费用不断上涨。每个新上的采购项目必须通过对费用与性能的权衡,寻求效费比最佳的方案。在装备采购中引入竞争机制,是提高经济效益、采购到质优价廉的武器装备的根本途径。

六、提高采购效率

现代武器装备更新换代快,必须尽可能地缩短装备采购的响应时间,提高装备采购组织的应急反应能力,提高采购的效率。要建立集中统一领导、机构设置科学合理、职能权限明确的装备采购组织体系。制定采购程序时,要既简洁明了又不留死角,既要严格审批过程又要给具体采购人员一定的灵活性。要始终把时间或进度作为采购决策中的重要指标。因为没有进度,也就没有最终的装备、没有性能、没有质量。技术领先是装备发展的永恒主题,过长的采购时间会使整个工作失去意义。如果采购过程拖拖沓沓,不仅影响到装备现代化建设步伐,还可能滋生腐败。美军明确要求一般的采购项目必须在5年内生产出装备并交付部队,以便尽量缩短装备采购周期,提高采购效率。

第三节　装备采购策略

装备采购策略是对如何开展采购和管理项目所确定的思路和实现途径。装备采购策略决定了装备采购的方式方法,也决定了装备采购效益的高低。装备采购策略的确定受制于多种因素,不同的采购策略都要有相应的适用条件才能取得预期的效果。本节所阐述的采购策略范围较广,包括了外军已经广泛采用而我军尚未推行的采购策略。

一、装备采购策略的分类

装备采购策略根据不同的分类标准,可以有多种分类方法。装备采购策略分类见表5－1。

表 5－1　装备采购策略分类

分类依据	策略类型	
装备采购各阶段的整合程度	一体化采购	分阶段采购
装备的交付方式	一揽子采购	分批采购
实现最终性能的方式	渐进式采购	一步到位式采购
对合同执行过程的要求	基于绩效的采购	基于过程的采购
保留装备生产能力的要求	小批量分期采购	大批量一次采购
装备需求的特点	基于能力的采购	基于威胁的采购

二、一体化采购

一体化采购是指为了高效率和高效益地获得高质量装备,将采购过程中独立运行的各种管理要素与采购要素融合成一个紧密衔接、相互配合的有机整体,将采购行为贯穿于装备研制、购置和维修保障的全寿命过程,表现为更高层次和更高水平的装备全系统全寿命的管理活动。与装备一体化采购相对应是分研制、购置和维修保障阶段进行采购。

1. 一体化采购的特点

一体化采购的实质是通过将突出强调装备研制、购置和维修结合在一起进行,来充分发挥竞争机制的作用,全面提高装备采购效率和效益。一体化采购必须做好计划制定与经费分配,对装备采购进行统筹计划、统一管理、统一实施,对全寿命过程进行优化,以有限资源实现军事效益、经济效益的最大化。一体化采购中必须贯彻全系统全寿命管理,要以项目管理为主线,将新装备的需求提出、计划制定、合同订立、合同履行等采购要素与全系统全寿命管理要素融为一体,统筹研制、购置、维修的计划和经费管理,从源头上克服装备全寿命各阶段计划、管理脱节的现象,抑制装备寿命费用恶性增长,促进国防科技工业科研、生产、维修联合体的形成。一体化采购使用一体化合同,可以较好解决"研制得起、买不起"和"买得起、用不起"的矛盾。

一体化采购可细分为四种方式:

(1) 研制、购置、维修一体化采购。在装备采购需求、采购总经费、时间进度基本明确的条件下,在新上装备项目方案设计、工程研制阶段订立研制、购置和维修一体化采购合同。

(2) 研制、购置一体化采购。在装备采购需求、研制与购置经费和时间进度基本明确的条件下,在新上装备项目方案设计、工程研制阶段订立研制、购置一体化采购合同。

(3) 购置、维修一体化采购。在装备采购需求、购置费与初始维修保障费基本明确的条件下,订立装备购置与维修一体化合同。

(4) 研制、购置、维修分阶段采购。在装备采购需求、时间、进度基本明确但采购总经费未定且技术风险较大的情况下,对新上装备项目研制、购置和维修目标与要求实施一体化论证和计划管理,但分别订立研制、购置和维修合同。在一体化程度上,从第一种至第四种逐渐减弱。

2. 实施一体化采购的基本要求

推行装备一体化采购是装备全系统全寿命管理的重要模式,是一项复杂的系统工程,不确定因素多,规避风险的要求高。为推进一体化采购,需要一系列的配套建设。

1)建立规划计划与预算一体化的机构

建立专门的规划计划与预算系统,在宏观上协调资源配套,对所有国防经费投入实行总预算,并对预算执行情况和综合使用效益进行检查评估。检查评估与装备建设有关的国防科研试制费、装备购置费、装备维修管理费、技术条件保障费、技术条件改造费的综合使用效益,同时对上述五大费用的使用配置行使最终裁定权,对各项费用进行有效监督和制约,促进生产要素和市场资源的优化配置,促进加强研制、购置、维修的综合协调。

2)强化综合计划部门的职能

综合计划部门要统筹研制、购置、维修的计划和经费,为研制、购置、维修的一体化合同提供保障。实施一体化采购装备的计划、合同、经费由装备采购计划部门或者由采购计划部门会同采购业务部门统一安排和调整。

3)设立项目管理办公室

职能制或条块分割的管理体制不利于一体化采购的实施。为保障实施一体化管理,应建立装备项目管理组织。在项目实施过程中,研制和购置业务部门主要承办和组织实施,负责相关文件的报批。军队有关装备研究院所主要从事项目监管和试验评价,对研制质量和进度进行把关,对全寿命经费分析和研制阶段合同经费支出向业务部门提出建议。维修保障部门主要从装备的部队编配、使用、维护和退役等方面的综合保障性提出需求和要求。军事代表机构主要从装备的可生产性、工艺的可实现性、合同履行和审价等方面进行把关。

4)保证研制、购置与维修的有效衔接

加强研制与购置合同相关要素的协调衔接,在研制购置合同中具体明确装备使用、维修配套设备研制、装备研制阶段遗留技术质量问题的攻关解决、购置装备技术状态的变更、购置价格与研制经费拨付等要素。推行购置与维修服务一体化合同,增加一次性购置数量,降低生产成本。对科技含量高的重要分系统产品,在购置合同中增加技术服务费用或单独订立装备技术服务合同。

5)支持科研与生产单位建立联合体

现有的军工企业集团在装备研制生产方面各有侧重,专业性强、产品交叉少、垄断多。在军工企业集团内部,有进一步垄断的趋势,单位分工过细,研制与生产相对分离,缺少具有较强科研实力、生产能力和组织协调能力的竞争性的研制与生产联合体,无法满足一体化竞争对竞争主体的要求。因此,应该支持开发型科研院所与生产企业的联合,鼓励军民结合型企业的发展,允许企业自主调整或重组为有实力的竞争主体,鼓励研制与生产单位联合参与竞争。

3. 一体化采购的应用

我军近年来一直在着力推行一体化采购。在2005年《关于深化装备采购制度改革若干问题的意见》中,突出强调了要在大力推动"装备科研、购置、维修保障一体化管理",在装备采购实践中得到初步应用,取得了较好的效益。我军空军首次对某型装备实行一体化竞争采购招标,两家企业在激烈竞争中脱颖而出,最终订立了研制、购置和维修某型装备的一体化招标合同。

美、英等军事强国在装备采购中主要实行一体化的采购,因此没有专门的制度规定,而是包括在整个采购策略中,如美军的一体化产品与过程研制(Integrated Product and Process Development, IPPD)、法军的总合同(Global Contract)方法等。外军大多采用研制、购置、维修统一管理的一体化领导体制。为实现对计划项目从研制、生产、使用直至报废进行全寿命的管理,普遍实行分类分级的项目管理制度。重大项目由专设机构具体管理,一般项目交给业务部门管理,分类实施。在实施项目管理中,积极推行一体化项目小组,把与采购有关的各个业务领域和所有部门的代表集合起来组成工作小组,共同研究解决问题,推进项目顺利发展。

三、一揽子采购

采用一揽子采购也是提高采购效益比较有效的手段。在民用项目、政府采购和外军国防采购中,都有一揽子采购的有关要求。与一揽子采购相对应的是分批采购,即一次订立、一次要货。

1. 一揽子采购的特点

一揽子采购的提法在国外民用项目上使用较多,通常称为一揽子采购协议(Blanket Purchase Agreements, BPA)或一揽子订单(Blanket Purchase Order, BPO)。一般中国企业都有中长期采购协议,但不习惯称为一揽子采购协议。一揽子采购方式在军内使用并不多,提法也不常见。但在《装备采购条例》中,提出了可以采用总装备部认可的多种采购方式采购装备,有关专家认为可以借鉴民间和政府采购中的做法,借鉴使用一揽子采购。

采用一揽子采购时,军方与承制单位订立中长期采购合同,明确采购总量或总经费,但不是一次交货,而是多次分批交货。一揽子采购通常持续时间长,通过谈判确定一段时间内的采购总量。由于采购数量大,可取得较低单价的优惠,降低采购成本。一般随时需要,随时向承制单位要货,只要在协议订立的时间范围内向承制单位采购到合同规定的数量或总经费即可。

一揽子采购有以下的优点:

(1)通过谈判确定价格,便于满足不断重复出现的需求。

（2）减少重复采购、结算过程中的成本。

（3）通过长期大批量的采购，获得低价优惠。

（4）简化下采购订单的流程。

（5）便于达成双方合作共赢的条款。

（6）加大要货频率，减少单次采购的数量，灵活对应客户需求变化。

（7）数量、价格相对稳定，便于采购双方预测供应与需求。

2. 采用一揽子采购的要求

一揽子采购策略适用于采购装备技术状态明确、采购数量与采购总经费已定、技术与成本风险较小的采购项目。首先，装备采购部门向有关装备承制单位发出装备采购一揽子要约，根据对装备承制单位承诺的评价结果，从中选定在质量、价格、进度都能满足一揽子要约的装备承制单位订立采购合同。一揽子装备采购一般针对某一特定装备承制单位订立，要有明确的协议有效时间范围和要采购的装备。通过谈判确定最终单价，或者根据实际要货数量条件，确定不同的单价（分段价格）。一般不确定具体何时送货，但会订立在有效时间段内需要达到的采购金额/数量。一般在需要时，通知装备承制单位要送来的品种和数量，直接按协议订立的价格结算。

3. 一揽子采购的应用

美国采购重要装备，长期以来通常实行一年合同制，即采购数量的授权和经费的拨款须逐年进行，厂商对未来生意心中无底，不愿或不敢进行基本设备投资。从1981年起，国会允许实行多年采购制，即可依据一项合同采购多年（不超过5年）所需装备，但订立合同时尚未获得全部费用。多年采购合同比一年采购合同经济有效，因为它可大量采购材料与零部件，有效利用人力，促进厂商增添、更新设备，提高生产率，降低成本。但它具有一定风险性，不便酌情改变计划，如要中止或取消合同，需赔偿厂商损失。所以，必须根据未来需求情况、经费保障、设计稳定程度、成本估计准确程度、厂商生产能力以及节省费用的数额等因素，考虑是否需要和可能订立多年采购合同。总的来说，美军认为使用多年采购合同可以增加采购/生产计划的稳定性，对军方与厂商都有好处。

四、渐进式采购

由于技术的更新和发展的速度不断加快，传统的采购方法难以迅速将新技术应用到装备发展中，尤其是大型项目，采购周期相对较长，经常造成由于交付推迟导致某些关键部件技术相对落后，不能满足军方需要。如果根据技术的发展对需求进行不断调整，将会推迟项目进度，影响装备的交付使用。为解决复杂武器系统研制、采购周期过长的难题，美、英等国提出对一些周期较长的大型项目优先采用渐进式采购的策略。美国国防部将渐进式采购作为为用户快速采购成熟技术的首选策略,明确规定:"为确保服务采购系统尽可能迅速地向用户提供有用的军事能力,应将渐进式采购作为作战需求的优选方法。"英国在其国防采购手册的原则要求中也规定:"优先采用渐进式采购策略。"与渐进式采购相对应的是通常我军普遍采用的一步到位式或直接获得最终能力的采购。

1. 渐进式采购的特点

渐进式采购,是指采购过程分步进行,把采购计划分为若干批,一批比一批有所改进。通常,第一批根据现有技术的成熟程度、作战需求和制造能力,提出、研制、生产和部署一种初始作战能力,并对后续第二批、第三批以及更多批的研制、生产和部署进行规划。后续各批在前一批的基础上,作战能力不断升级提高,直到最终获得相对完全的作战能力。

渐进式采购可分为螺旋式发展和递增式发展两种形式。螺旋式发展是指为实现逐步增强的能力而进行的反复迭代开发的过程。在螺旋式发展中,所期望的能力已经确定,但在项目开始时并不知道最终的能力要求。这些要求应通过演示验证和风险管理反复进行修改。同时,用户不断地进行信息反馈,而每一次能力增长都尽可能为用户提供最好的能力。未来的能力增长要求取决于用户的反馈和技术的成熟程度。递增式发展是指所期望的能力已经确定,最终的能力要求也已知道,而且这种要求在一定的时间内可通过多次能力递增来满足,每次递增都取决于现有的成熟技术。

渐进式采购具有较强的灵活性,可适应不断提高的用户需求。尤其在技术风险较大的情况下,通过分阶段的装备采购可大大减少风险。可以减少因采用一个重大的技术步骤对装备做出重大改进而出现的固有风险,逐步吸纳新技术,及时用于系统开发,提高系统的战术技术性能,避免因技术落后导致将"陈旧装备"交付用户的不良后果。实行渐进式采购的各种方法,都需要用户、试验部门和研制部门的密切合作。

采用渐进式采购策略的作用体现在:

(1)更快地为作战部队提供先进的技术。通过迅速采购经过验证的技术,根据不同时间段的需求进行渐进式采购。

(2)降低全寿命费用。通过将费用约束作为一个重要条件来提出采购要求,根据具体情况提出不同的装备性能要求,以此增强采购中使用竞争采购的可能性,最终实现装备的经济可承受。

(3)可以实现研制、购置与保障一体化,促使装备尽快形成战斗力。

2. 实施渐进式采购的要求

渐进式采购方式是指在预先认识到需要对未来军事能力进行改进的情况

下,以递增方式采购。其目的是要使需求和现有能力与资源保持平衡,以及迅速将所需能力送到用户手中。这一策略的成功取决于始终如一和不断地确定作战要求和技术的成熟程度,因为这两点导致稳步地进行系统的研制与生产,以逐步实现装备能力增长。在推进渐进式采购过程中,要有对整个装备所期望的功能能力的总体描述和对整个装备作战方案的简短说明。要有灵活的、计划周到并含更改过程的整体结构,采用开放式系统和体系结构,它使装备以逐渐增加的方式进行研制。使用方、采购部门、保障部门和相关部门之间的持续对话和反馈。采购过程中使用方等相关部门介入程度,决定何种重要的渐进式采购类型更适合具体的项目。

3. 渐进式采购的应用

目前,美军的大多数重要武器系统都采用了渐进式采购策略,如联合攻击战斗机(JSF)项目、"全球鹰"(Global Hawk)无人机项目和 F/A－22"猛禽"新型战斗机项目等。

五、基于绩效的采购

基于绩效的采购策略最先由美军提出,并逐渐成为美军推荐使用的采购合同订立方法。但在实际过程中,主要绩效要求的提出不恰当和最终绩效的衡量不准确,实施的效果并不是很理想。与基于绩效的采购相对应的是基于过程的采购。

1. 基于绩效的采购的特点

基于绩效的采购(Performance－based Acquisition,PBA)是以绩效为评价、验收标准的一种采购策略。美军要求项目主任应制定和实施基于绩效的采购策略,使整个装备的可用性最高,同时又使费用最低。为最大可能推进竞争、改革和互操作性,并且以最灵活的方式采用商业技术以降低费用,采购部门在只要可能的情况下,考虑或应用基于绩效的策略采购装备、服务或者为部队提供保障。根据采购内容一般分为两类,即对产品的采购和对服务项目的采购。对产品采购包括采购全新的系统、分系统和备件,对原有的这类产品进行重大改进和升级,以及增购超出最初生产合同的产品。以绩效为依据订立合同是采购服务项目时优先采用的方法,需确保总付款额与服务合同的履约标准挂钩。对于装备,基于绩效的采购适用于新装备的采购、主要装备的改进和更新,包括在原有最初采购合同基础上的再次采购主装备、分系统和备件。

2. 采用基于绩效的采购的基本要求

当军方关注结果而不是过程时,即可考虑使用基于绩效的采购的办法。这种做法强调在军方及其装备承制单位之间,必须建立稳固的合作关系,这将使他们双方在整个合同生命期都会保证实行特别指定的规范并不断调整期望。在应用基于绩效的采购策略时,合同的要求应该采用绩效术语,要限制使用军方特有要求的军用规范和标准。采购部门在技术状态管理中做出的各项决定都应该有利于在装备全寿命周期中应用基于绩效的采购策略。在合同授予之前,针对共同开发合同的工作陈述进行一对一地与候选的装备承制单位谈判。共同管理预算而不是以固定价格或估计的费用订立合同,先期指定直接和间接成本限制的协定。提出专门的结果规范,在履行合同期间调整期望。对费用做出公正和合理的安排选择性的争议解决程序。美军在应用基于绩效的采购策略采购服务时,规定必须达到以下要求:

（1）合同至少要为期两年。

（2）合同的总价值至少要超过 1000 万美元。

（3）采购机构在合同授予阶段不能完全指定关键需求或描述关键执行环境。

（4）必须经过订立合同的负责人的批准。

（5）订合同的负责人必须为中立方官员。

（6）为定期进行独立的合同管理审查做好准备。

在具体应用过程中,要特别注意以下问题:

（1）要进行装备承制单位资格审查。符合标准的装备承制单位才能参与相关订立采购合同的活动,选择可信任、有能力的装备承制单位是保证采购效益的重要前提。由于装备的特殊性,要严格进行承制单位的资格审查,对承制单位的生产能力以及保密性等方面严格要求。

（2）对成本和花费有合理的限制。不能完全依据合同一方的要求进行经费的管理,而是由双方共同管理经费,对成本进行限制。在装备采购中,既不能完全依据合同甲方的要求一味压低成本和经费,也不能按合同乙方,即装备承制单位的要求不断提高经费和成本。只有双方共同管理,都对合同履行阶段的花费有正确的认识,才不会出现要么损害军方利益,要么损伤装备承制单位利益的现象。

（3）采用通用技术和民用标准。尽可能采用通用的或合适的技术规格和标准以及通用的、兼容的或可互换的零部件与设备。通用部件技术成熟、可靠性高,用于研制项目风险小,而且可以大批量生产,费用低廉。装备采购工作可按军用标准或工业界制定的标准来实现标准化。标准化一般只在零部件或分系统一级实施,整系统很难标准化。采用适当的接口标准,既便于设计,又便于更换新技术部件。

（4）要在合同履行过程中调整对结果的期望。要根据实际情况对最终的结果进行要求,不能主观认定应该有什么样的结果。

（5）对争议的解决机制要完善。在面对大型的长期的装备采购时,合同双方存在争议的方面更为突出,只有完备的争议解决机制,才能公平合理地解决存在的分歧,保障装备承制单位的利益,同时也使军方利益不会因此受到损害。

3. 基于绩效的采购的应用

美军在服务类项目中广泛采用了基于绩效的采购。我军尚未建立起开展基于绩效的采购的相关法规制度,对该采购策略的研究还处在理论探索阶段,实际工作中并未得到应用。

六、小批量分期采购

小批量分期采购策略源于美军的"样机研制及限量生产策略"（Prototyping-plus Strategy）。该策略是美国国防部在国防预算下降、装备需求量减少的情况下采取的一种采购策略。与小批量分期采购策略相对应的是大批量一次采购策略。

1. 小批量分期采购的特点

小批量分期采购是指连续不断地研制并少量地、间歇性地生产新武器系统或部件的样机,供技术演示或作战试验之用。通过不断改进设计及制造工艺,提高装备性能,降低成本。一旦需要,可随时投入批量生产,装备部队。其主要目的在于保持技术创新能力,保留武器系统设计与制造队伍,使科研与生产相结合,以适应日后批量生产的需要。

样机研制的主要目的是分析比较技术途径,演示验证设计方案,消除或减少研制项目的不定因素或风险。其传统功能主要有:在方案探索阶段,通过样机试验可以判断技术成熟程度,减小研制工作的技术风险。在演示验证阶段,通过样机试验可以揭示设计缺陷,便于及早采取纠正措施。在工程研制阶段或在做出生产决策之前,样机试验可以帮助选定完成某一军事任务的最佳途径,明确新项目的生产、维修和费用等问题。在合同招标或谈判期间,通过竞争性样机制造,可以选择比较理想的承制单位。在研制性试验和作战试验过程中,通过样机试验可以发现武器系统在综合性、兼容性、软件以及人机接口等方面的问题。

2. 采用小批量分期采购的基本要求

在经费紧张时,既然不能依靠大量生产来改进设计,就应采用小批量分期采购来解决研制工作后期遇到的生产问题。因此,这一策略可实现生产与研制的结合,既保障科研,又保障生产。但因军工厂商不愿把钱投到多年不能批量生产的样机上,所以军方不得不承担大部分样机制造费。由于样机制造毕竟不能代替批量生产,所以要保持军工生产能力,还必须与其他有关措施相结合。小批量分期采购这一策略要获得成功,就必须与国防科技工业基础的综合调整协调一致,实行小批量生产、改装现有武器和加强军民结合。

实施小批量分期采购的具体要求是:①保留装备设计队伍,不断提高其技术竞争能力。②不断开发关键的制造技术。③保证能随时从样机制造转入批量生产。④保留国防工业基础的供应商。⑤控制样机制造费用。

3. 小批量分期采购的应用

美军核动力攻击潜艇应用了小批量采购策略。我军对某些装备的采购也曾经使用过小批量分期采购策略,只是一直未将其作为一种采购策略独立出来单独加以规定。

七、基于能力的采购

基于能力的采购(Capability - based Acquisition)是美军近年来提出的采购策略,就以增强部队的作战能力为基础和出发点,与之相对应的是基于威胁的采购。这种采购策略更应称作是一种宏观的采购思想,在此仅做简单的介绍。

基于能力的采购基本内容是强调在不可能确切知道潜在作战对手和威胁来源的情况下,在预测一定时期内敌人可能拥有的装备、作战手段及作战能力的基础上,研制具备相应克敌制胜手段和作战效能的装备。作战使用、采购管理和技术管理三大部门在采购的各个阶段分工合作,从作战、系统和技术三方面确定能力需求,并在采购过程中贯彻执行。

基于能力的采购源于2001年9月美国政府公布的《四年一度防务评审报告》。为配合国防战略的转变,美国建军模式要求重点建设应对21世纪新威胁的能力,而不只是应对特定地区的威胁和需求。同时,美军基于对世界形势发展的判断,提出对美国威慑存在着很大的不确定性的结论,制定防务战略的出发点已从"以威慑为基础"转变为"以能力为基础"。为支持基于能力的建军模式,美国不断加大国防投入,并将国防预算的重点转向建设美国军队应对21世纪威胁的能力方面。全力支持军事力量的转型,淘汰不适应战略需求的装备,开发"面向21世纪的新型装备和军事技术"。

美军于2001年10月在导弹防御局进行"基于能力的采购"改革试点。2003年5月,国防部颁布新版5000系列采购文件,第一次正式以法规的形式明确了基于能力的采购策略,在整个国防采购系统推广。

第六章　装备需求管理

装备需求是装备采购的依据,也是装备采购的源头,没有需求也就不需要采购。如果确定的需求"错了",则采购过程只能是"把错误的事情做得更好",采购效益根本无从谈起,加强装备需求管理非常必要。装备需求管理是一个复杂的系统工程,需要经历一系列的需求分析、需求审批、需求控制等过程,需要综合考虑政治、军事、经济、技术等多方面因素,需要沟通协调作战部门、使用部队、采购部门、工业部门等多个部门,改进需求管理需要多方共同努力。装备需求管理既是军队建设领域研究的热点,也是装备管理体制改革的重点,更是装备采购管理现实工作中的难点。

第一节　概　　述

一、基本概念

目前在装备领域,与需求相关的概念很多,提法五花八门,而且使用中还存在泛化的现象,迫切需要加以统一、规范。

1. 需求

需求是一个广泛使用的词汇,在人们的日常生活中经常使用。在西方经济学理论中,对需求(Demand)的定义是:消费者在某一特定时期内,在各种可能的价格水平下愿意而且能够购买的某种商品的数量。

需求与人们在日常所说的需要(Needs)不同,需要仅仅表示人们对某种物品的欲望,表示人们想要什么,而需求则是指人们对某种商品有购买力的需要。需求是一种有条件的、可行的、最优的选择,不仅是有购买欲望,而且要有支付能力,两者缺一不可。

2. 军事需求

美军将军事需求定义为:为具有某种能够完成既定军事目标、使命或任务的能力,而对现有资源配置所提出的迫切要求。

我军将军事需求定义为:为实现预定军事战略目标和战争目的所需条件及要求。

从实质来看,两个定义不存在本质的区别,都是为能达成预期军事目的而提出的对人力、财力、物力等有关国防资源的要求。

本书借用西方经济学关于需求的定义,对军事需求定义为:国家基于维护国防利益的目的,在一定时期内,在经济可承受性约束下,需要获取的国防资源。

军事需求是一个非常宽泛的概念,其他的各种需求都是其组成部分,但直接使用军事需求术语缺乏针对性,在具体语境中需要明确具体指的是什么需求。

3. 军事能力需求

界定军事能力需求,首先需要理解什么是军事能力。

美军关于能力(Capability)的定义是:在规定的标准和条件下,在执行一系列军事任务时,通过采用多种方式和手段将 DOTMLPF 结合起来运用,能够取得预期作战效果的能力(Ability)。其中 DOTMLPF 是指作战规则、组织、训练、装备、领导与教育、人事和设施(Doctrine,Organization,Training,Materiel,Leadership and Education,Personnel,and Facilities)。能力由作战部门定义,以比较宽泛的作战术语加以描述。在通过装备采购方式解决能力差距时,能力的定义随着采购过程的进展,逐步细化为对 DOTMLPF 具体参数的要求(包括对装备的要求)。

英军关于能力的定义是:部队要求的作战结果或效果。能力不是指特定的系统或装备,而是由军事力量单元综合在一起形成的。其中,军事力量单元(Force Element)是执行军事任务的基本单元。每个军事力量单元是训练(Training)、装备(Equipment)、人事(Personnel)、信息(Information)、作战规则(Doctrine)、组织(Organization)、基础设施(Infrastructure)和后勤(Logistics)等多个要素的集成。典型的军事力量单元,如舰船,飞机,陆军的连、营、团等。

美军和英军关于军事能力的定义非常接近。本书结合上述定义,认为能力是在军事行动中实现一个目标的能力。用目标代表了效果,因为目标是军事规划真正的基础,以这种方式定义能力更直接明了,避免对效果产生争议。

军事能力需求是指国家基于维护国防利益的目的,在一定时期内,在经济可承受性约束下,需要获取的军事能力。

为阐述方便,以下将军事能力需求简称为能力需求。因为军事需求的实质是对军事能力的需求。使用能力需求,能够体现军事上需求的特点,也就是明确了需要的是某种军事能力,不是具体的装备、具体的物资或具体的人员等,而是需要整合在一起形成真正可实现的能力。这种能力对装备而言,就是我军通常所说的"战斗力和保障力"。

4. 装备需求

装备需求是军事能力需求中对装备的需求。

装备需求由前后衔接的两部分组成：①对装备需要形成的作战能力所提出的要求，以作战术语加以描述，简称装备能力需求。②对装备需要具备的战术技术指标、需要具备的规模所提出的要求，简称装备项目需求。在我军，装备能力需求主要用于制定装备发展战略、装备体制和装备建设规划。装备项目需求主要用于项目立项论证和制定装备研制、购置计划。

5. 作战需求

作战需求是装备使用部门，从作战的角度对装备、物资和人员等提出的需求。作战需求也称作战任务需求。对于装备而言，装备的作战需求可以视为装备需求。

作战上的需要是提出能力需求和装备需求的主要依据，但不是提出需求的唯一依据。科学的需求生成机制，主要是考虑作战需要，但同时也要兼顾经济上可承受性和技术上实现的可能。更明确地说，军事需求或装备需求的形成，是综合作战需求、经费可能和技术可行共同作用的结果。

6. 需求管理

需求管理是从需求提出、审批、变更直至需求得到满足过程中一系列活动的总称。本章主要阐述装备能力需求的管理。装备项目需求属于装备采购战术层管理的范畴，也就是项目系统工程中的需求管理。

7. 需求管理制度

需求管理制度是为保证需求管理活动有效进行而建立的组织体系、运行机制、管理流程及相关法规的总称。

8. 需求类别

需求类别是根据需求的重要程度、影响范围、经费规模以及审批权限的角度等对需求进行的分类。

本书借鉴外军装备需求管理的做法，将需求划为一类需求、二类需求、三类需求和四类需求。

一类需求应满足以下任一条件：①由多军兵种联合建设项目。②以上项目涉及在全军范围内调整作战纲要、编制体制、基础设施、信息系统、训练、后勤等。③经费规模达到规定标准的项目（根据需要划定，下同）。

二类需求应满足以下任一条件：①为形成联合作战能力需要协调多军兵种和部门同步建设的项目。②涉及全军信息系统建设的项目。③经费规模达到规定标准的项目。

三类需求应满足以下任一条件：①对执行某类作战功能（如战略威慑、精确打击、战场机动等）有重要影响的项目。②经费规模达到规定标准的项目。

四类需求是指不满足三类及以上需求标准的项目。

二、装备需求的特点

1. 前瞻性

装备需求主要着眼于军事力量的未来运用,而未来运用的军事手段需要一定的建设周期,特别是大型装备的研制周期、生产周期和服役周期相对较长,自然要求装备需求覆盖的时间跨度要与此相适应。

2. 阶段性

装备需求是随着战争形态、社会发展所依据因素的变化而变化。需求的提出是一个不断明确,不断迭代进化的过程。由于装备高度复杂、投入巨大、建设周期长,并直接影响力量编成、战场建设、保障方式等,需求都是指一定时期内的需求,提出的需求也都应具有一定的时期限定。

3. 协调性

装备需求涉及作战需要、经济发展和技术发展等多方面因素,既要立足于现有,又要着眼于发展,还要科学可行,是多方协调、综合权衡的结果。同时,站在全军的角度,需要协调各军兵种的装备需求。站在军事能力的角度,需要协调装备、设施、人员等的需求。站在装备体系的角度,需要协调各种装备的需求。

4. 稳定性

装备建设与部队编制体制、战场建设、保障体系建设等相互影响,战斗力的生成是多种因素、多种方式共同发挥作用的结果。装备建设必须与军队其他方面的建设相一致,装备需求不能频繁变动,否则必然影响整体建设效益。

5. 可行性

需求必须可行,否则只能是达不到的"需要",没有实际意义,这一点显而易见。装备需求一定是与经济状况和技术发展紧密联系的,必然要受到二者的制约。由此,在需求管理过程中需要多部门协调配合,要建立以作战部门主导、多部门参与的机制,才能确保需求切实可行。

三、决定装备需求的主要因素

1. 国家安全战略

国家安全战略是一个国家维护和保障国家安全的方针策略。维护和保障国家的安全利益,是装备存在和发展的根本目的及价值所在。因此,装备需求必须服从国家安全战略的总体要求,国家安全战略也必然要对装备的总体发展产生巨大的指导作用,并从根本上决定装备发展的总体方向、规模和水平。国家安全战略的调整和变化,也会从根本上改变装备发展的方向和重点,它必将影响装备的需求方向和水平。

2. 战争形态和作战方式

装备作为战争的手段和作战的工具,其发展变化是战争形态演变和作战方式变化的前提条件和物质基础。没有装备的发展就不可能有战争形态的演变,也不可能有作战方式的变化。然而,当在一定装备基础上形成的新的战争形态和作战方式出现后,它会对装备的整体发展提出新的要求,推动着那些能满足新的战争需求和作战要求的装备的出现。

3. 科学技术

最先进的技术往往产生于军事领域,最先进的技术也往往最先应用于军事领域,这是由战争目的决定的。科学技术是推动装备发展变革的重要力量,每一次科技革命,都会引起装备需求的重大变化。

4. 经济实力

经济实力对装备需求的影响更为明显,也就是通常所说的"有钱才能办事"。装备需求与国防经济保障能力直接相关,没有相应的购买力就不可能存在需求,没有经济实力做保证的需求也很难得到满足。

四、装备需求管理的原则

1. 建立职责权限明确的管理体制

审定装备需求是装备建设的首要环节,其决策成败直接关系装备的优劣、军队战斗力的强弱、战争的胜负和国家的安危。在需求管理的决策层,需求管理组织的设置要确保能打赢未来不确定形势下的一体化联合战争,服务和服从于国防安全战略。要打破军种各自为政的需求管理和决策模式,建立联合决策机构和全军装备需求主管部门,提升联合作战能力。在需求管理的执行层,要明确需求管理的责任人,负责需求的分析、变更控制和编制需求文件。

2. 建立协调顺畅的运行机制

装备需求管理过程要以联合作战为关注焦点,注重采购的高效率和高效益。装备需求的决策和执行过程,要将作战需要、经济可承受性、技术成熟度和交付进度等因素综合起来,建立作战部门、使用部队、采购部门以及其他部门间相互制衡、相互协调的工作机制,确保装备需求在性能、进度和费用之间达到最佳的结合,实现"最快、最省、最好"的目标。特别要建立科学的需求变更管理机制,以便可以适时地根据国家安全战略变化、战场形势变化、军事技术发展、经济状况变化等,及时调整装备需求,实现需求管理与采购过程紧密结合。

3. 着重落实全系统全寿命管理

突出顶层规划的特点,落实全系统全寿命管理原则。具体应做到:①基于国防政策和可接受的风险,应用自上而下的军事能力实现方式。②应用全寿命方式对军事能力涉及的各个方面都采用严密的、积极的决策制定过程,进行充分权衡来优化和平衡需求与供给。③坚持长期观点,根据现有能力识别机会和改革驱动力,并理解现在的决策将对未来带来的影响。④通过改进与工业部门的关系和工作方式,制定灵活、稳定并协调一致的计划,来持续改进军事能力实现过程,并最终保证军事能力的可用性。⑤在各个阶段都能使各个部门积极参与到需求管理过程中,以便能够在各个层次上进行权衡,鼓励采用联合的组织、手段和信息。⑥建立能够对变化的环境做出快速反应的方法。

五、装备需求管理组织

由于历史原因,我军目前还没有建立起独立、健全、规范、高效的装备需求管理组织,实现装备需求的集中统一管理。在装备需求管理过程中存在着多头领导、权力分散、职责不清、部门间协调不力等问题。需要进一步加强作战部门与装备部门之间的协调沟通机制,以便充分发挥作战部门在装备需求特别是能力需求提出与批准过程的主导和决策作用。

本书从加强联合作战能力管理出发,借鉴美军、英军和法军装备需求管理模式,提出我军装备需求管理组织机构构想。我军装备需求管理组织机构构想见图6-1。

1. 联合需求审批委员会

在中央军委设立联合需求审批委员会,委员会成员由全军各总部的负责人担任,必要时可邀请国家相关部门的负责人参加。主要职能是审批一类需求和对需求管理进行监督检查。同时,对国防资源进行统筹,对批准的需求所涉及的全军编制体制调整、基础设施建设、后勤保障建设和作战条例修订等进行同步部署。

2. 联合能力委员会

在总参谋部设立联合能力委员会,委员会成员由全军各总部的代表组成。主要职能包括:

(1)拟制装备需求管理法规和规章。

(2)制定联合作战能力建设规划。

(3)审查一类需求,审批二类需求。

(4)指导各专业能力委员会的工作。

(5)协调全军联合作战能力建设中的有关问题。

(6)监督检查全军联合作战能力需求落实情况。

3. 专业能力委员会

在总参谋部下设的有关部门,根据所执行的作战任务属性设立专业能力委

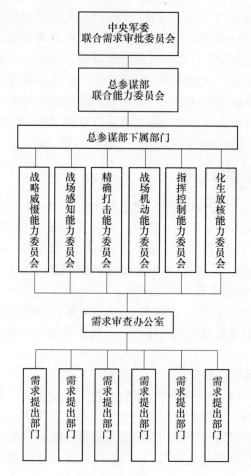

图 6-1　我军装备需求管理组织机构构想

员会,一般应设立战略威慑能力委员会、战场感知能力委员会、精确打击能力委员会、战场机动能力委员会、指挥控制能力委员会和化生放核能力委员会等,委员会主席由总参谋部下属部门领导担任,成员除作战部门的人员以外,还应包括装备部门、使用部队以及其他相关部门的领导或专家(均为兼职委员)。专业能力委员会是分管专业能力领域的主要执行机构,其主要职能包括:

(1) 制定本专业能力领域的能力发展规划。

(2) 审查一类和二类需求,审批三类需求。

(3) 指导需求提出部门的工作。

(4) 协调本专业能力领域内装备需求落实过程中的有关问题。

(5) 监督检查本领域能力需求落实情况。

4. 需求审查办公室

在总参谋部下设的某个部门设立需求审查办公室。需求审查办公室是装备需求管理的日常办事机构,主要职能包括:

(1) 受理需求提出部门的申请。

(2) 对需求文件进行例行审查(包括完整性、规范性、真实性),对于例行审查不合格的需求文件,退回需求提出部门。

(3) 将需求文件分发给各有关部门征求意见。

(4) 将需求提出部门根据各部门意见进行修改后的需求文件,向专业能力委员会提交。

(5) 对需求文件归档。

5. 需求提出部门

需求提出部门负责提出装备需求。需求提出部门通常是军兵种和总部分管有关装备的部门,但也可以是作战部队、军事院校、军队研究院(所)等其他单位。需求提出过程应按照需求管理的相关法规要求,严格按照规定程序进行需求论证,并按照有关要求上报需求文件。

在军兵种和总部分管有关装备的部门,也应设立专门的需求管理机构,负责本部门的需求管理。

第二节 装备需求分析

装备建设源于军事需求,需求发挥着对装备发展的牵引作用。通过装备需求分析,提出了需要建设的能力,才有了装备建设的目标。装备需求分析的地位和作用十分重要,是装备需求管理的重点。

一、装备需求分析概述

1. 装备需求分析的任务

装备需求分析的任务是:

(1) 提出成功完成作战任务所需的能力和作战性能标准。

(2) 现有装备要达到这些能力所存在的不足以及相关的作战风险。

(3) 用以减轻或消除不足的非装备解决方案和装备解决方案。

装备需求分析完成后,应编制上报《装备能力需求文件》。《装备能力需求文件》内容包括:

(1) 作战方案概要,包含适用的作战方案和预期的作战结果。

(2) 适用的联合功能领域与计划想定的列表。

（3）对需求的能力以及这些能力需要的时机的描述。

（4）对能力指标与衡量标准以及能力差距、重复和冗余的描述。

（5）一份相关威胁和作战环境的概要。

（6）非装备解决方案的建议。

（7）装备解决方案的建议。

装备解决方案的建议包括以下四种方式：

（1）对信息系统的短期快速改进（如持续改进计算机网络防御和攻击方法）。

（2）没有重大能力改进的再次采购（如加大某型装备的采购量）。

（3）升级现有能力（如现有装备的局部改进）。

（4）发展新的能力（如提出新的装备型号）。

非装备解决方案建议主要是提出改革作战纲要、编制体制、基础设施、信息系统、训练、后勤等方面的建议。

2. 装备需求分析的类型

装备需求分析涵盖了很宽泛的领域，不同的种类需求分析关注重点不同。其分类将极大影响组织和实施评估的过程和方法。装备需求分析主要有以下几种类型：

（1）建立在已经证实实战中存在不足的基础上的。

（2）建立在预测的未来需求（包括用以解决未来需求已失败的项目）基础上的。

（3）提供对一个任务领域的统一的认知。

（4）用以检查特定的机构提议的作战方案。

（5）用以对某一能力领域的全面检查。

（6）为时间极其紧迫的焦点问题提供行动建议。

建立在实战不足基础上的，很可能仅需要很短的时间（或者不用）去决定评估什么，因为"什么"已经清晰展示出来了。相反，建立在预测需求基础上，如研究结果，将需要大量的工作去详细说明。这些需求是预测，而不是已经清晰明了，也就是说关于问题的本质依然有一些待解决的问题，它的范围或评估的问题本身是一个真正的问题。从项目失败中启发的装备需求分析将面对更多的压力，时间更紧迫，更难说服失败项目的支持者和反对者。

本节后续的分析流程主要针对上述的第五种情况，即用以对某一能力领域的全面检查。

3. 装备需求分析的流程

装备需求分析过程一般可划分为准备阶段、确定分析范围、开展需求分析和提交需求文件四个阶段。准备阶段的主要工作是确定分析目的、组建分析团队和审批分析计划。装备需求分析流程见图 6-2。

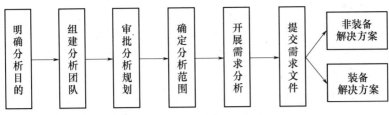

图6-2 装备需求分析流程

二、装备需求分析准备

1. 明确分析的目的

根据装备需求分析的类型,明确开展该装备需求分析的目的。通过搜集、检查已有的军事战略、作战纲要及相关类似的研究文献,对分析范围和结果做出初步的预计。

2. 组建分析团队

1)选择专家

选择合适的专家,对于分析的全面性和可行性至关重要,一般应包括具有以下能力的专家:

(1)敌情分析能力,能够准确估计面向敌方的领域范围。

(2)作战指挥能力,能够提出作战方面的要求。

(3)分析能力,掌握分析技术和分析工具。

(4)沟通协调能力,能够将结果简要、清晰、可信地与想定决策制定者进行沟通。

(5)费用评估能力,能够预测项目的费用。

(6)工程技术能力,了解什么技术选择作为装备解决方案是可行的。

(7)其他方面的能力,能够从训练、编制、人事等方面提出意见。

2)明确工作程序

明确团队内部的工作关系,包括具体内容分析的负责人、报告渠道和争议解决方式。明确与分析团队外部的关系更为重要,因为装备需求分析的最终结果影响着最终的资源分配,或者直接决定了未来可能的装备项目。因此,在团队组建之初,就需要严格规定与团队外部的工作关系,避免在分析过程中受到干扰。

3)信息交换

采用简报或将信息放在规定的网站上的方式,实现在团队内的信息共享和与团体外部的信息交流,但一般应严格控制信息传递的内容和对象。如果不想要其他组织和个人共享,则该信息不宜放到网站里。

3. 审批分析计划

制定分析计划,并经过主管部门审查批准。研究计划没有固定格式,但一般应包括以下内容：

(1) 引用。列出具有直接影响的战略文件、作战纲要和想定文档。

(2) 目的。

(3) 背景和指南。

(4) 目标。描述分析类型和预期的结果。

(5) 范围。这是分析计划的最重要一部分，包括分析的任务、环境、标准、效果、途径和方法。

(6) 组织和管理。管理组织架构及如何与外部组织一起工作。

(7) 进度。

(8) 方法。用于评估的分析工具和技术。

(9) 作战效果测量。作为分析范围定义的输出，明确测量标准。

(10) 科技和政策机会。列出在科学技术发展和重要政策等方面存在的重要机会。

三、定义需求分析范围

定义需求分析范围始于定义军事问题。根据军事战略制定军事想定，再根据想定得出需要的能力，即最终分析将要得出的结果。一旦确定了最终预期的输出，则需要建立能力分析的顶层工作结构。最后，对于军事想定、目标和工作结构，选择具体的评价方法，用于评定最终的分析结果。研究定义阶段的每一步分析，都要以适用的军事战略文件、作战条例和有关法规标准为依据。定义需求分析范围的流程见图6-3。

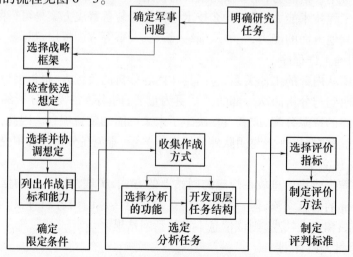

图6-3　定义需求分析范围的流程

四、开展需求分析

开展需求分析是需求分析的核心环节。首先,需要收集、检查有关数据,选择分析方法和军事想定。通过对想定、作战方案的分析,得出将要完成的军事任务。然后,广泛征求各方意见,必要时再次进行军事想定和作战任务分析,得出需要的能力。最后,用作战术语阐述能力需求,同时记录开展分析的依据、不可行方案的原因和各方面的意见。开展需求分析的工作流程见图6-4。

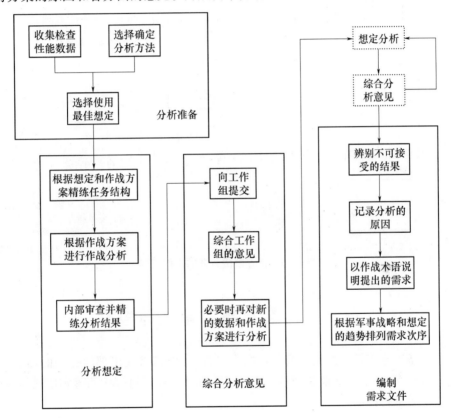

图6-4 开展需求分析的工作流程

五、推荐解决方案

根据能力差距选择解决方案。要从四个方面对解决方案加以说明,即限定备选方案的可行性(经济可承受性、技术风险和战略响应)、识别改进能力、提出投资组合和推荐解决形式。要对备选方案,特别是对现有装备进行改进的方案的有效性进行再次评估。如果时间充裕,在分析过程中可同时对投资组合进行规划。但是,最好是在确定了最终能力差距解决方案,掌握了更加充分的信息以后进行。推荐解决方案的工作流程见图 6－5。

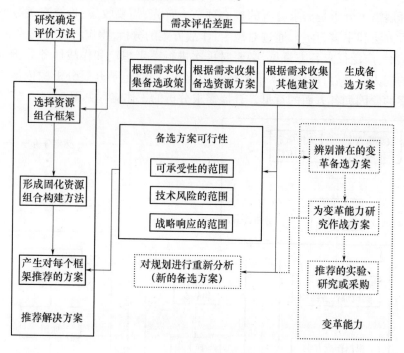

图 6－5　推荐解决方案的工作流程

第三节　装备需求审批与控制

装备需求审批与控制主要包括两个过程:①对需求提出部门提交的需求文件进行审查、批准。②监督经过批准的需求在装备建设过程中的落实情况,并对需求变更进行控制。

一、装备需求审批

1. 装备需求审批权限的划分

一类需求由联合需求审批委员确认,由中央军委批准。二类需求由联合能力委员会确认,由总参谋部批准。三类需求由专业能力委员会确认,由总参谋部的下属部门批准。四类项目由专业能力委员会审查和确认,由军兵种和总部分管有关装备的部门批准。

2. 需求文件的提交与初审

需求审查办公室负责受理需求提出部门提交的需求文件。需求审查办公室对需求文件的完整性、规范性和真实性进行审查。对于不满足要求的需求文件，退回到需求提出部门，并提出改进意见。对于满足要求的文件，判断需求类别和所属能力领域。对于四类需求文件，返回到需求提出部门，但需要将文件备案归档。对于四类以上的需求，向专业能力委员会提交需求文件（当某个需求文件涉及多个专业能力领域时，应同时提交多个专业能力委员会，并明确主导的专业能力委员会）。

3. 需求文件的审查与批准

不同的需求类别，采用不同的审查、确认和批准程序。总的来讲，需求的等级越高，审查的程序越多。一类需求审查和批准的程序最为复杂，二类和三类需求审查程序与其相近，但环节相应简化。一类需求审查程序见图6-6。

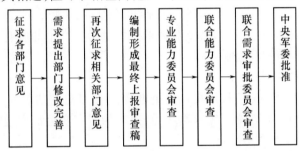

图6-6　一类需求审查与批准流程

4. 需求文件的归档

无论是哪种类型的需求文件，在得到批准后，都应交由需求审查管理办公室予以归档。

二、装备需求变更控制

计划赶不上变化，装备需求落实过程中难免会发生变化。装备需求分析中所涉及的分析对象都可能因国家和军队的内外部环境发生改变，相应地在需求落实过程中也要对需求适时进行变更。但需求变更一定要控制在一定范围内，否则，频繁变更需求，必然导致装备建设无所适从，给装备建设带来严重影响。

1. 需求变更的原因与方式

世界始终处于不断发展变化之中，装备需求也必然处于不断变化之中。不论需求分析做得多么充分，在需求落实过程中也要发生变更。产生需求变更的原因很多，主要有：①宏观环境的变化，包括国际国内政治环境的变化、经济的发展状况和科学技术的进步。②作战环境的变化,包括作战对象、战场环境、作战使命、作战任务的变化。③需求落实过程中出现重大机遇和问题,如技术难题久攻不破或技术出现重大突破、军队进行重大改革、经费保障出现重大变化等。

根据需求变更产生的原因,可以有两种变更方式:自上而下的变更和自下而上的变更。自上而下的需求变更是由宏观环境和作战环境变化导致对装备需求的变更。由于需求落实过程中出现重大机遇和问题,一般需要采取自下而上的变更,但也可能是自上而下的变更。

2. 需求变更的原则

对装备需求的变更必须严加控制,如无十分必要,一般不要轻易变更。同时,如确实必要,也要及时加以变更。

1)建立需求基线

需求基线是在某一时间点批准的需求文件,是需求变更的依据。装备需求一经批准确定,即作为第一个装备需求基线。此后每次变更并经过评审后,都要重新确立新的需求基线。同时,要对需求变更过程中产生的所有数据和文档加强管理,确保需求的可追溯。

2)规范需求变更程序

装备需求变更一般应按照提出变更申请、进行变更评估与审核、变更实施与验证等程序进行。在建立了需求基线后,提出的所有变更都应遵循这个流程进行,以确保需求变更可控。

3)确保需求变更一致性

装备需求变更后,受影响的装备建设规划计划、已上的装备项目及相关的活动都要进行相应的变更,以保持与更新的需求一致。

3. 装备需求变更流程

装备需求变更必须严格控制和审查,必须制定规范的需求变更控制流程,确定一个选择、分析和决定需求变更的过程。

在提出装备需求变更时,必须进行变更影响分析。装备需求变更分析应参照装备需求分析过程执行,但重点应放在需求变更的内容上。

在进行变更评审和审核时,不仅要考虑变更对装备全寿命周期中其他阶段的影响,而且要综合考虑变更对整个能力体系中其他需求的潜在影响,更要充分考虑变更对装备作战效能影响以及相关风险,决定是否批准变更请求。

三、装备需求监督

在落实装备需求全过程中,应对装备需求的实施过程和实施结果进行全过程监督。

1. 外部监督

在需求落实的外部监督上,由作战部门及其他相关部门对所提需求的执行情况进行监督和验证,保证需求得到全面落实。不能由装备采购部门自己评价需求落实情况,以确保需求管理的客观性与科学性。

2. 内部监督

以个人构成的需求论证组织机构,由于其组织中的各种利益相互作用,必然会形成组织自身的独立利益,这种具有"内部性"的非营利组织,其组织内部的成本和收益可能会支配其采购进程中的决策。因此,在需求落实的内部监督上,各级装备机关要有效履行监督职能,使得需求过程处于严格的监督之下,切实发挥需求对装备采购的牵引作用和把关作用。

3. 需求部门与采购部门的衔接

在装备需求进入采购过程后,要进行监督控制。在采购里程碑决策点前,需求委员会按照需求文件中的内容,对项目完成情况进行全面检查,检查结果以报告的形式递交给需求管理部门,报告中应明确哪些需求内容应在决策点之前进行调整,并作为采购项目能否继续进行的重要决策依据。

1)采购部门应提前介入明确需求的过程

采购部门在需求部门提出需求时应及时了解需求,以便恰当地规划和管理采购过程。同时,采购部门也要在需求审查过程中,通过自己对装备采购过程中掌握的各种信息,为需求部门制定需求提出合理化的建议。

2)建立需求部门与采购部门的协调机制

需求经过批准后,并不代表需求活动的结束,需求要随着采购活动的推进不断细化。应建立需求部门和采购部门的协调机制,加强需求部门与采购部门的相互沟通、相互协调,采购部门将采购过程中遇到的实际情况随时反馈给需求部门,需求部门也可根据实际情况对需求文件不断细化。

3)加强信息反馈

需求部门与采购部门要形成有效的需求信息反馈机制。在装备采购活动结束后,需求部门要将需求的满足程度及时向采购机构反馈,以便采购部门更好地落实需求。

第七章　装备建设计划管理

计划是对未来行动的规划,是管理的基本职能,也是首要职能。装备建设是国之要事,更需要高度重视计划管理。对未来一段时期内的装备建设做出先期筹划,有利于提高装备建设资源的使用效益,促进装备体系的协调发展,避免装备建设的盲目性。装备建设计划是国防政策的延续,决定着装备建设的方向、规模和重点,也确定了资源的投向和投量以及建设周期和建设方式。正是有了装备建设的计划,才有了装备建设的目标,才有了经费的保障。计划的失误是最大的失误,计划不周带来的损失远大于装备建设项目实施过程管理不到位等其他原因所带来的损失。因此,需要不断提高装备建设计划制定的科学性,对计划实施过程进行有效监控,确保计划的要求得到落实。

第一节　概　　述

一、基本概念

1. 计划

计划是对未来行动的规划。计划是在对客观事物规律性认识的基础上,对事物未来发展的具体展望。计划职能反映了管理者的决策意图,决定着管理行为的方向,制约和决定着其他管理职能,因而被人们视为管理的首要职能。

2. 装备建设计划

装备建设计划是军队根据未来军事需求、国防科学技术发展和经费投入可能,对未来一定时期内装备建设的总体设计和安排。

装备建设计划是对装备建设中制定的各种类型计划的总称,是由各种计划构成的计划体系。依据《装备条例》,装备建设的中长期计划包括装备发展战略、装备建设十年规划、装备建设五年计划和装备建设中长期专项计划。依据《装备预先研究条例》,装备预先研究计划包括装备预先研究的五年计划、年度计划和其他专项计划。依据《装备科研条例》,装备研制计划包括装备研制五年计划和年度计划。依据《装备采购条例》,装备采购(即购置,本章下同)计划包括中长期装备采购计划(目前的编制周期是五年)和年度装备采购计划。年度装备采购计划实行三年滚动,包括当年装备采购计划、第二年装备采购草案计划和第三年装备采购预告计划。依据《装备维修工作条例》,我军装备维修计划包括装备维修中长期计划和年度计划。装备维修中长期计划分为十年规划、五年计划和中长期专项计划(该条例主要规范装备交付部队以后的维修工作,本书不做具体阐述)。

本书从阐述方便的角度,将装备建设计划分为装备发展战略、装备建设规划和装备建设年度计划。装备建设规划是对装备建设十年规划和装备建设五年计划(目前国家和军队都已将"五年计划"改称为"五年规划")的统称。装备建设年度计划是对装备预先研究年度计划、装备研制年度计划、年度装备采购计划和装备维修年度计划的统一称谓,实际工作中并不存在"装备建设年度计划",而是以各种类型的分类年度计划形式存在。装备建设规划和装备建设年度计划简称为装备建设规划计划。

3. 装备体制

依据《装备条例》,装备体制主要用于规范军队已列编和拟列编装备的种类、型号、作战使命、主要性能指标、编配对象、配套和替代关系等内容。装备体制是装备科研立项、编制装备建设计划,指导装备的通用化、系列化、组合化,以及编配部队装备和组织配套建设的主要依据。

装备体制虽不是装备建设计划,但对拟列编装备的种类、型号、作战使命、主要性能指标、编配对象、配套和替代关系等内容以法规性文件的形式做出了规定,事实上也发挥着对未来一定时期装备建设的规划作用。而且,装备体制的论证、制定和执行都是采用计划管理的方式进行,因此本书也将其作为装备建设计划管理的范畴。

二、装备建设计划管理的内容

装备建设计划管理,是指装备建设计划的编制、审批、下达、执行、检查和监督等活动。本书从阐述方便角度,将装备建设计划管理划分为两个主要过程:计划的编制、审批和下达等活动统称为计划制定;计划的执行、检查和监督等活动统称为计划执行。

装备建设计划管理的管理对象包括装备发展战略、装备体制和装备建设规划计划。

装备建设计划管理的主体是全军各级主管装备综合和计划的部门,其他业务部门是参与部门。

三、装备建设计划管理的作用

在装备建设中建立科学规范的计划管理制度,是世界各国的通行做法。计划工作是装备建设的龙头,其地位和作用非常重要。

1. 保持装备体系的协调发展

现代高技术战争的特点是体系与体系的对抗,这就要求装备建设也必须从体系对抗角度出发,加强集中统一领导和统筹规划,而不能各自为政、各行其是。加强装备建设规划计划管理,可以从战略高度统揽全局、统筹规划,对装备成体系发展进行有计划、有组织、有目的的调节和指导。通过兼顾各方面需求,合理进行综合平衡,科学安排采购项目和采购进度,可以保持装备成体系发展。

2. 统筹资源分配

装备建设计划是一种优化资源配置的方法。任何国家都存在着军事资源的有限性与军事需求的无限性之间的供求矛盾。装备建设属于政府公共支出,资源的配置方式必须依靠计划手段进行。通过计划管理,选择合理的资源配置方式、配置手段和调控机制,有利于资源使用的效率最大化。

3. 集中力量解决重大问题

装备建设必须坚持整体效益最优,必要时需要牺牲局部利益和眼前利益。加强装备建设计划管理,可以集中力量办大事,优先保证重点项目、重点装备、重点方向得到资源的支持。

4. 避免装备建设的盲目性

在装备建设领域,计划就是"法"。计划一经批准,必须严格执行。由于计划对装备建设的目标、任务、时间、经费、途径等都做出了相应规定,因此按计划开展工作可以有效避免盲目性,提高建设效率,保证建设效果。

第二节 装备发展战略管理

装备发展战略是对未来较长时期(一般为20年)装备发展的总体设计与宏观谋划,对装备发展起着先导和决定性的作用。

一、装备发展战略的内容

装备发展战略一般包括装备建设的指导思想、基本原则、战略目标、战略重点、战略途径、战略步骤和政策措施等内容。

1. 装备发展战略目标

装备发展战略目标通常是指在一个较长的时期内,运用国家经济、技术等各种条件和力量,在装备的发展上所要达到的预期目的和结果。战略目标是装备发展战略的起点和归宿,是确定战略重点、选择战略途径、划分战略步骤和制定政策措施的根本依据。装备发展战略目标通常包括装备总体结构和规模、装备主要作战能力、装备总体技术水平和装备体系作战效能等。

2. 装备发展战略重点

装备发展战略重点是为实现装备发展战略目标而确定的主攻方向,是整个装备发展中最重要的环节,对装备发展全局性成败具有决定性影响。装备发展战略重点是国家装备经费、国防科技力量投入最为集中的项目或种类,也是装备发展战略政策措施极力保障、优惠和倾斜的对象。装备发展战略重点通常包括:

(1) 代表国家在一定时期内装备发展总体水平的装备类别和重大型号。

(2) 在未来战争中占有突出地位和作用、需要优先发展的装备类别和重大型号。

(3) 对增强作战能力有重大作用或具有威慑作用,需要摆在突出位置的重大装备类别和重大型号。

(4) 对补缺、配套和增强整体作战能力所急需的重要装备类别和重大型号。

(5) 对装备发展有重大技术带动作用的新型号或新概念武器装备。

3. 装备发展战略途径

装备发展战略途径是为实现装备发展战略目标而选择的基本道路。不同的装备发展战略途径,可能达到不同的装备发展战略目标。实现相同的装备发展战略目标,往往可能有不同的装备发展战略途径。世界各国的装备发展战略途径不同,通常有自我完善、依赖外援、内外结合等几种类型。

4. 装备发展战略步骤

装备发展战略步骤是为实现装备发展战略目标而划分的阶段性任务。在装备发展战略的总体布局上,把整个发展战略期分为若干个大的发展阶段,采取分步实施的方法,保证装备发展战略目标的实现。

5. 装备发展政策措施

装备发展政策措施是为实现装备发展战略目标而采取的宏观性的手段、方式和方法,是实现装备发展战略目标的重要保证。装备发展政策措施通常包括组织管理、技术发展、资源配置、人才队伍等方面的建议。

二、装备发展战略的制定

装备发展战略的制定过程是一个十分复杂的系统工程,工作量庞大,涉及内容广泛。装备发展战略对装备的发展起着决定性的作用,必须引起足够的重视,提高装备发展战略的科学性和适用性。

1. 基本原则

装备发展战略制定应从保障国家安全利益出发,突出前瞻性、指导性和创新性。应以军事需求为牵引,以未来经济潜力、科学技术发展为推动力,以科研、生产能力为基础,正确处理需要与可能的矛盾,突出先进性、必要性和可行性。

2. 制定的依据

装备发展战略制定的基本依据主要包括军事战略方针、国防建设和军队建设的方针政策、装备现代化建设的方针政策、国民经济建设和科学技术发展的方针政策和规划、世界军事发展趋势和未来军事斗争对装备发展的需求。

3. 制定的步骤

制定装备发展战略的过程一般开始于对战略环境的分析,包括对装备发展的现实基础、环境条件和发展前景等的预测,找出并明确装备发展战略的基本问题。之后,综合论证提出装备发展的战略目标、战略重点、战略途径和战略步骤。据此,形成可供决策的多方案装备发展战略草案。最后,由组织制定装备发展战略的最高领导或领导集体对方案做出最终决策。

三、装备发展战略的实施

装备发展战略的实施是装备发展战略的实现过程。在实施过程中,由于客观环境的不断变化,许多不可预见的情况会影响到装备发展战略的实施。因此,既要坚持按照确定的装备发展战略开展各项装备工作,又要实事求是,适时对其进行调整,确保其科学性和对装备发展的指导作用。

1. 装备发展战略的落实

装备发展战略通过装备体制和装备建设规划计划加以落实。制定和落实装备体制、装备建设规划计划的过程,实际上就是落实装备发展战略的过程。

2. 装备发展战略的监控

在装备发展战略实施过程中,需要对装备发展战略的实施情况进行全程监控,避免出现偏差。通常每隔一段时间,结合装备建设规划计划的制定工作,对装备发展战略的实施情况进行检查。对于发现的问题及时予以纠正。

3. 装备发展战略的调整

在装备发展战略执行中,有时需要对原定装备发展战略方案进行补充和修正。虽然装备发展战略一经确定,必须在相当长的一段时间里保持相对稳定,但这并不排除在环境变化时对装备发展战略进行调整。调整的内容主要是装备发展的政策措施,只有在装备发展的内外部环境发生较大改变时才对装备发展战略的目标、重点、途径、步骤等进行调整。

4. 装备发展战略的滚动研究

由于装备发展战略的战略期依次向前延伸,每隔一定时间都需要对装备发展战略进行跟踪研究,以适时进行调整和补充。装备发展战略的制定是一个滚动的过程,而不是等到装备发展战略实施的战略期结束后或一个阶段结束后,才制定和实施新的装备发展战略。

第三节　装备体制管理

装备体制对未来十年装备体系的整体结构做出了规定,是装备工作中的重要法规性文件,在装备建设中的地位和作用非常重要。因此,必须以装备发展战略为基础,坚持统一领导和科学筹划,加强装备体制管理。

一、装备体制的内容

装备体制是指军队在一定时期内各类装备体系结构制式化的规定。装备体制主要规范军队已列编和拟列编装备的种类、型号、作战使命、主要性能指标、编配对象、配套和替代关系等内容。

装备体制分为战斗装备体制和保障装备体制。战斗装备体制是指军队在一定时期内各类战斗装备体系结构制式化的规定。保障装备体制是指军队在一定时期内各类保障装备体系结构制式化的规定。战斗装备体制包括作战舰艇、飞机、导弹、火炮、装甲车辆、枪械、电子攻击等进攻性战斗装备。保障装备体制包括保障作战的通信、指挥控制、气象、测绘、工程、防化等战斗保障装备,以及测试、保养、修理等技术保障装备。根据需要,可以制定用于特定任务或范围的专项装备体制。

装备体制的要素包括以下内容:

(1) 装备种类。

(2) 装备的型号。型号的命名方法有很多,而且是具有规律的。进入装备体制的装备应按照《装备命名规定》中的权限、程序和方法进行装备命名。装备命名通常赋予装备全称和装备简称,根据需要可以赋予装备别名。

(3) 作战使命及主要性能指标。如飞机:最大速度、作战半径、实用升限、载弹量等;舰艇:航速、排水量、续航力等;坦克:战斗全重、最大时速、越障能力、目标探测能力等。

(4) 编配对象。根据装备的性能指标和部队的编制规模,确定其应编配至何种级别的作战单位。

(5) 配套、衔接和比例关系。装备相互间的配套是指为完成一定的作战任务,将功能相互配套、性能相互匹配的装备进行横向排列组合,并形成体系,使总体作战效能达到最佳。衔接是指为形成全程、全域整体作战能力,需将功能互补的装备按纵向衔接搭配使用,防止中间出现空当。比例关系是指为更好地完成作战任务,运用科学方法确定的装备体制中各类装备间的组合比例。

装备体制方案主要包括战斗装备体制表、保障装备体制表以及其说明材料。装备体制表内容主要包括装备类别、现役停购装备、现役续购装备、新订购装备、拟定型装备、退役装备的名称、时间、替代关系、主要编配单位或武器平台等。说明材料内容主要包括装备体制执行情况、装备体制制定的指导思想和原则、主要内容及评估、有关措施和建议等。

二、装备体制的作用

装备体制是装备工作中的重要法规性文件,是装备科研立项、编制装备建设计划,指导装备的通用化、系列化、组合化,以及编配部队装备和组织配套建设的主要依据。

1. 编制装备建设规划计划的依据

装备体制明确了未来 10 年内的各类装备项目,规定了部队编配单位和各类装备之间的配套、替代关系。装备建设规划计划应依据这些法规规定,对装备研制立项、装备购置和旧装备的退役报废以及经费等做出相应安排。

2. 部队装备编配的依据

装备体制明确了一个时期内已有和将有的各类装备的品种、编配对象以及编配时间。装备体制方案按作战需要规定了各类装备之间的配套关系,反映了装备系统之间、主战装备与保障装备之间、装备与战场建设之间的编配要求。因此,装备使用部队应严格按装备体制的要求进行装备编配,确保装备成体系作战能力不受影响。

3. 指导装备的"三化"建设

装备体制规定了现役、拟购置、退役、研制和相互替代的装备,以及分阶段的实施方案。通过拟制和落实装备体制,可以进一步优化装备结构,简化装备分类,减少装备品种,提高装备的通用化、系列化和组合化程度。

三、装备体制的制定

1. 依据

制定装备体制的依据包括:

(1) 军事战略方针、作战使命和任务。

(2) 未来作战的战场环境、作战需求。

(3) 军队规模和兵力结构。

(4) 国防科技和装备发展战略、装备研制五年规划以及经费保障能力。

(5) 作战理论和方法。

(6) 现行装备体制的执行情况。

装备发展战略是制定装备体制的主要依据。

2. 基本原则

制定装备体制应当遵循需求牵引、技术推动、体系完善、结构优化、系列精干、同类通用的基本原则，正确处理需求与可能、当前与长远、重点与一般的关系。

3. 制定流程

装备体制制定工作通常在装备规划计划制定之前启动，一般以 10 年为一个周期，在实施中期调整一次。

总装备部部署全军装备体制制定工作，提出装备建设指导思想、原则、方向和重点，以及装备体制制定工作的具体要求等。总部分管有关装备的部门、军兵种装备部，根据总装备部的要求，组织拟制分管装备的装备体制方案，并上报总装备部。总装备部对各单位上报的装备体制方案进行审核，拟制全军装备体制方案并征求有关部门意见。

战斗装备体制由总装备部报中央军委审批、颁发。保障装备体制由总装备部审批、颁发。全军装备体制颁发后，总部分管有关装备的部门、军兵种装备部，可以根据业务工作需要转发本系统相关部分。

四、装备体制的执行

装备体制一经批准颁发，必须严格执行。在制定装备建设规划计划，办理新装备研制立项时，应当与批准的装备体制核对，确保符合装备体制要求。

根据装备建设实际，确需补充列入装备体制的项目，必须严格执行下列要求：

（1）总部分管有关装备的部门、军兵种装备部向总装备部提出装备体制补列项目申请，主要内容包括补列项目的必要性、用途、简要性能、与相关装备的关系、效能评估，以及有关建议等。

（2）总装备部组织有关部门对补列项目审核。

（3）主要战斗装备补列项目报中央军委审批，保障装备补列项目由总装备部审批。

总部分管有关装备的部门、军兵种装备部应当结合装备体制制定和中期调整，将装备体制执行情况报总装备部。

第四节　装备建设规划计划管理

装备建设规划计划是装备建设规划和装备建设年度计划的统称。装备建设规划是贯彻落实装备发展战略和装备体制的实施方案,包括装备建设十年规划和装备建设五年规划。装备建设年度计划是落实装备建设五年规划的实施方案。

一、装备建设规划计划的内容

装备建设规划包括装备建设十年规划、装备建设五年规划和装备建设中长期专项规划。由于装备建设中长期专项规划要求明确、内容具体,本书不做专门阐述。

装备建设十年规划的内容主要包括装备建设的指导思想、规划目标、方向重点、建设方案、规模结构、能力水平和政策措施等内容。

装备建设五年规划的内容主要包括装备建设的指导思想、规划目标、方向重点、经费指标、建设方案、实施步骤、规模结构、能力水平和政策措施等内容。其中,装备预先研究五年规划的内容包括指导思想和原则、研究目标、研究内容、经费概算、政策措施及项目计划表等内容。装备研制五年规划的内容包括指导思想、发展目标、分类安排、总体评估,以及研制项目的性能要点、研制周期、经费安排等内容。中长期装备采购计划(即五年规划)的内容包括:指导思想、计划目标、方向重点、经费安排、建设方案、实施步骤、规模结构、能力评估和政策措施等。

装备建设年度计划由各类年度计划组成,其中,装备研制年度计划内容包括计划的编制原则、分类安排、研制项目的任务要求和承制单位、经费指标等内容。年度装备采购计划内容包括编制依据、指导思想、保障重点,采购装备的名称、数量、单价及经费安排,装备采购方式和装备承制单位等内容。

二、装备建设规划计划的制定

装备建设规划和装备建设年度计划的制定应遵循基本一致的原则,但制定依据和制定过程不同。

1. 基本原则

1)需求牵引

贯彻军事战略方针,依据装备需求,贴近部队的急需,对装备建设做出总体安排。

2)统筹规划

以优化装备体系整体建设为基本出发点和落脚点,注重装备系统的综合集成和装备的通用化、系列化和组合化。统筹处理局部与全局、当前与长远、一般和重点、数量与质量的关系。保证各种规划计划的协调一致,确保规划计划各组成要求的最佳组合。

3)突出重点

按照装备需求轻重缓急,明确装备建设重点,做出分步实施安排。优先补充体系缺陷,优先发展能够显著提升体系作战能力的装备。

4)注重效益

经济是一切军事活动的基础,装备建设必然受到经济发展水平和经费支撑能力的制约。要以"投入较少,效益较高"为目标,全面考虑影响建设效益的各种要素,统筹衡量装备经费安排的合理性。最大限度利用有限资源,最大程度发挥整体效能。

5)现实可行

充分考虑装备建设现状、国防科技工业技术水平、军费承受能力,以及装备建设需要的编制体制、战场建设、人才保障等因素,量力而行。装备建设规划计划必须是明确的、具体的,必须便于操作和可以监督检查。如果不具备可行性,制定的装备建设规划计划就失去了意义。

2. 装备建设规划的制定

1)依据

装备建设规划在时间上和范围上具有层次性,制定不同时间段、不同种类的装备建设规划,其主要依据也有所区别。但总的来说,短期规划必须要以长期规划作为依据,确保各种装备建设规划前后相连,形成体系。制定装备建设十年规划的主要依据是装备发展战略和装备体制,制定装备建设五年规划的主要依据是装备体制和装备建设十年规划。同时,在规划制定的过程中,也要综合考虑国防科技水平、装备经费、装备研制生产周期以及当时装备的状况等多个方面。

2)制定流程

制定装备建设规划的工作大致流程可以概括为"三下两上"。"一下",即总装备部下发编制装备建设规划的通知,明确编制的指导思想、目的要求、总体思路以及进度要求。"一上",即总部分管有关装备的部门、各军兵种根据总装备部要求,论证、拟制规划草案,上报总装备部。"二下",即总装备部根据各部门和军兵种上报的规划草案,进行综合平衡和协调,提出修改意见,下发给各部门和军兵种进行修改。"二上",即各部门和军兵种根据总装备部的修改意见,对原规划草案进行修改和完善,完成后再次上报总装备部。"三下",即总装备部汇总、整合各部门和军兵种规划,经过综合集成,形成全军的规划。

主要装备研制五年规划由总装备部报中央军委审批,一般装备研制五年规划由总装备部审批。中长期装备采购计划由总装备部征求总参谋部、总后勤部意见后,报中央军委审批。装备预先研究五年规划由总装备部审批。

3. 装备建设年度计划的制定

装备建设年度计划主要由装备预先研究年度计划、装备研制年度计划和年度装备采购计划组成。

1)装备预先研究年度计划

各系统装备采购主管部门和总装备部授权的单位,根据全军装备预先研究五年计划、本年度经费指标、上一年度装备预先研究计划执行情况以及总装备部的要求,拟制分管装备预先研究年度计划。

总装备部对各单位上报的分管装备预先研究年度计划进行审核和综合平衡,编制全军装备预先研究年度计划,并下达实施。

2)装备研制年度计划

各系统装备采购主管部门,根据全军装备研制五年计划、本年度经费指标、上一年度计划结转项目和本年度新增加项目等情况,拟制分管装备研制年度计划。

上一年度计划结转项目依据本年度经费指标、装备研制合同和项目研制进展情况安排。本年度新增加项目根据需要和本年度经费保障条件,在装备研制年度计划中预留经费,待批准立项后安排。

总装备部对各单位上报的分管装备研制年度计划进行审核后,制定全军装备研制年度计划,并下达实施。

3)年度装备采购计划

年度装备采购计划实行三年滚动,包括当年装备采购计划、第二年装备采购草案计划和第三年装备采购预告计划。当年装备采购计划,在上一年度下达的装备采购草案计划的基础上,结合上一年度装备采购计划执行情况和部队装备需求变化情况编制。第二年装备采购草案计划,在上一年度下达的装备采购预告计划的基础上编制。第三年装备采购预告计划,只列入生产周期在 18 个月以上的装备采购项目。三年滚动的装备采购计划同时编制下达,依次递进,逐年滚动。

总装备部向各系统装备采购主管部门下达编制年度装备采购计划的通知。各系统装备采购主管部门根据总装备部通知的要求,拟制本系统年度装备采购计划上报总装备部审批。总装备部对各单位上报的年度装备采购计划进行审核、汇总,下达全军年度装备采购计划。

总装备部根据当年装备采购计划的执行情况和保障特殊任务的需要,视情编制下达年度装备采购调整计划。在紧急情况下,总装备部可以制定应急装备采购计划。

三、装备建设规划计划的实施

装备建设规划计划批准下达后,各级装备机关和部门必须认真贯彻执行。积极采取相应措施,解决规划计划落实过程中的问题。及时做好协调与沟通,加强对执行过程和执行结果的监督检查。

1. 严格执行

装备建设规划计划是对未来装备建设一系列活动进行科学论证和优选之后的方案,它明确了装备建设的目标、程序、方法以及时间要求。装备建设计划既是实施装备建设行动的依据,也是实施装备建设管理和控制的标准。装备建设计划是实施装备建设行动的指令性文件,具有强制性和严肃性。计划一经批准下达,必须认真贯彻、严格执行。各级装备部门要制定具体措施,加强监督与协调,保证计划的顺利实施。

2. 加强中期评估与检查

为准确掌握装备建设规划的贯彻落实情况,及时发现执行过程中存在的问题,需要在装备建设规划实施中期开展检查与评估。通过检查评估,督促各有关单位严格按照预定的装备建设规划办事。对于实施过程中出现的问题,想方设法给予解决,并及时将情况反馈上级有关部门进行决策,提出对装备建设规划的有关补充和调整意见。在装备建设年度计划执行过程中,也要对计划执行情况进行检查。

3. 适时调整和补充

装备建设规划计划在实施过程中,需要结合实际情况进行适当的调整,但对调整的幅度要严加控制。只有在特殊情况下,装备建设规划计划才能有大幅度调整。特殊情况主要包括:

(1)军事战略进行了调整。

(2)国家经济发生了意外情况,如遭受到特大自然灾害、国民经济陷入困境等。

(3)装备建设规划计划不能满足需要时,如技术难题久攻不克、装备生产出现重大质量问题等。

4. 落实报告制度

各级装备部门需要将装备建设规划计划实施情况和实施结果,根据规定的时限和有关要求向上级装备机关报告。实行装备建设规划计划执行报告制度既是对装备建设规划计划的执行信息反馈的需要,更是装备机关实施计划控制的需要。通过装备建设规划计划实施情况和实施结果的报告,装备建设管理部门可以掌握装备建设规划计划的整体执行情况以及有关修改和调整规划计划的执行情况,并对规划计划执行过程中存在的问题和暴露的矛盾进行分析,总结经验和教训,为制定新一轮的装备建设规划计划提供借鉴。

第五节　装备经费管理

装备经费是装备建设的财力保障,计划与经费紧密相关。美、英等国普遍实行规划、计划与预算一体化的编制制度,可见经费预算对于计划工作的重要性。在制定计划时,既要充分考虑经费保障能力,也要考虑到国家和军队的装备经费管理模式,提高计划的可行性。

一、装备经费管理概述

1. 装备经费管理的任务

装备经费分为国防科研试制费、装备购置费、装备维修管理费、装备科学研究费、专项和代管经费、装备预算外经费等。装备经费管理工作的任务是组织装备经费供应保障,开展价格管理,成本控制,会计核算和财务监督、检查工作,保障军队装备建设各项计划的实施。

2. 装备经费管理的组织体系

总装备部掌管装备经费,负责装备经费的请领、划拨和预算、决算,组织对装备经费的监督、检查、审计,归口管理全军装备价格工作。总部分管有关装备的部门和军兵种装备部管理和使用本系统装备经费,监督、检查装备经费预算执行情况,管理分管装备的审价工作。全军装备经费管理工作接受国家和军队财务主管部门的业务指导。下级装备经费管理部门接受上级装备经费管理部门的业务指导。装备经费管理工作按照规定接受审计部门的审计监督。

3. 装备经费管理的原则

装备经费管理工作必须贯彻执行国家和军队的有关规定,严格管理,合理使用,充分发挥装备经费的效益。各项装备经费必须及时、足额供应到位,专款专用,任何单位或者个人不得克扣、挪用、截留。

4. 装备经费管理的方式

装备经费根据不同性质和用途,分别采取专项管理、标准领报和计划分配的管理办法。其中,国防科研试制费采取专项管理办法,由总装备部根据装备科研年度计划实行预算、决算管理,按照科研项目实施成本核算。装备购置费采取专项管理办法,由总装备部根据装备采购计划按照采购项目实行预算、决算管理。

二、国防科研试制费管理

国防科研试制费主要用于装备的预先研究、研制以及与装备科研有关的技术基础工作。国防科研试制费实行预算、决算管理。

1. 预算、决算管理

国防科研试制费由总装备部集中支付,实行分阶段拨款管理。总部分管有关装备的部门和军兵种装备部根据拨款管理规定,向总装备部请领经费。总装备部核准后,按照规定程序向装备承制单位办理结算支付手续。

总部分管有关装备的部门和军兵种装备部,在预算年度结束后的规定期限内,向总装备部编报本系统国防科研试制费决算。主要装备研制项目完成后,还应当按照有关规定编报专项决算。

2. 装备研制价格管理

总部分管有关装备的部门和军兵种装备部,督促装备承制单位做好装备科研项目的会计核算工作。军事代表机构和军队其他有关单位按照国家和军队的有关规定,对装备承制单位装备研制经费使用情况进行监督,督促装备承制单位做好成本控制工作。

总部分管有关装备的部门和军兵种装备部对装备研制项目概算价格组织审核,提出装备研制项目概算价格方案,连同装备研制立项综合论证报告一并报总装备部审批。在装备研制项目合同订立之前,对装备研制项目合同价格组织审核。对总装备部规定的重大装备研制项目合同价格方案,报总装备部审核确认。

装备研制项目经费超概算价格的,各系统装备采购主管部门组织审查,并提出项目概算价格调整方案,报总装备部审批。

三、装备购置费管理

装备购置费是用于购置军队武器装备的建设性经费。装备购置费管理坚持统一管理、分级负责、专款专用、收支平衡的原则,实行年度预算、决算制度,经费开支实行用款计划审批制度。

1. 预算管理

总部分管有关装备的部门和军兵种装备部,根据装备采购计划,由装备财务管理部门编制预算建议方案和预算方案。预算建议方案根据装备采购计划草案编制。预算方案按照下达的预算控制指标编制,装备项目、数量与装备采购计划一致。已确定价格的装备按确定的价格列报,未确定价格的装备按装备部门的测算价格列报。

总装备部会同有关部门,审核各分项装备购置费预算建议方案、预算方案。按照全军统一要求,编报全军装备购置费预算建议方案、预算方案。

全军装备购置费预算经批准后,由总装备部下达分项装备购置费预算。

2. 用款计划管理

列入装备购置费用款计划的项目,方可办理装备购置费支付手续。

总部分管有关装备的部门和军兵种装备部,根据装备采购计划内正式签订的合同,由装备财务管理部门组织编制本单位的年度用款计划。

总装备部会同有关部门审核各分项装备购置费年度用款计划,于预算年度开始前正式下达。

超过装备采购计划、预算的项目,必须先办理装备采购调整计划,待批准后再上报年度用款调整计划。上年未完成的项目,待决算批复后,纳入当年用款调整计划。

3. 结算管理

装备购置费实行集中支付。总部分管有关装备的部门和军兵种装备部的装备财务管理部门,通过总装备部装备财务结算中心直接办理装备货款和运杂费的结算业务。

总部分管有关装备的部门和军兵种装备部,根据批准的年度用款计划,按月向总装备部申请经费。购置装备一般实行交货付款。交付装备符合合同规定的各项条件、结算单据齐全、手续完备,方可办理货款结算手续。

装备业务费、军事代表机构业务费等按标准计领的经费,在明确计划、预算指标后一次性划拨。

4. 决算管理

总部分管有关装备的部门和军兵种装备部,根据实际开支,由装备财务管理部门编制装备购置费决算。

总装备部会同有关部门,审核各系统上报的分项装备购置费和专项任务经费决算,并编报全军装备购置费决算。

5. 装备购置价格管理

装备购置价格管理工作严格执行国家的军品价格政策、规定。

大型、主战装备和列入全军年度价格工作计划的装备价格方案,报总装备部审定;其他装备的价格方案由总部分管有关装备的部门和军兵种装备部审定,报总装备部备案。

装备采购部门和军事代表机构收集、积累成本和价格资料,建立军品成本、价格档案。

第八章　装备预先研究管理

装备发展取决于三个因素,即军事上的需要、财力上的支撑和技术上的可行。装备是战争的手段,装备建设是以战胜对手去取得战争胜利为最终目的的,装备性能优于对手是对装备最本质的要求。武器装备发展的历史昭示,最先进的技术总是最先应用于军事领域,最先进的技术也首先发源于军事领域。发展国防科学技术是一个国家具有战略意义的事情,对于装备采购管理而言更是一项属于战略层面的工作,应做好国防科学技术发展的长期谋划,加大国防科学技术研究的资源投入,加强国防科学技术研究的过程管理。国防科学技术是为国防服务的自然科学及各种工艺与技术的统称,不仅包括发展武器装备所需的技术,也包括军用工程等其他方面的技术。本章从发展装备的角度,仅介绍围绕着装备发展所需要技术的管理,即装备预先研究管理的内容。

第一节　概　　述

一、基本概念

1. 国防科学技术

国防科学技术是为国防服务的自然科学及各种工艺与技术的统称,主要包括国防科学技术基础理论,武器装备的研制、试验、生产、使用、维修技术,国防工程技术,军事系统工程等内容。按应用领域划分,有兵器技术、航空技术、航天技术、舰艇技术、核技术、电子技术以及军用工程技术等。

2. 装备预先研究

装备预先研究是指为研制新型装备而先期进行的国防科学研究和技术开发活动。装备预先研究是装备现代化的重要技术先导,也是保证用先进技术装备部队,确保军事技术优势的重要环节,是为研制新型装备或改造现役和老旧装备提供技术储备而采取的科研措施。按照装备发展的客观规律,装备预先研究分为应用基础研究、应用研究和先期技术开发三个阶段。

理解装备预先研究的概念,需要重点把握:①装备预先研究是研制新型装备的先期阶段,是发展新型装备的前期技术准备。②装备预先研究必须以军事需求为目的,开展国防科学研究,为装备的发展打牢技术基础。③在科学研究的基础上,开展先期技术开发,将科学研究成果转化为生产力。

2000 年,总装备部将国防科学技术预先研究改称为装备预先研究。对于新型装备研制所用的技术而言,"装备预先研究"的定义与"国防科学技术预先研究"的定义,在内涵和外延上是一致的。

3. 应用基础研究

应用基础研究是以军事应用为目的,通过开展探索新思想、新概念、新原理等研究活动,为探索新型装备提供理论依据和基本知识。

应用基础研究工作一般为远期(10 年～15 年)项目,它不要求直接解决当前或近期的特定军事应用问题。研究成果一般以书面形式出现(科学论文、专著、研究报告等),具有普遍性,有潜在的社会效益和军事效益。

4. 应用研究

应用研究是运用应用基础研究或其他科学研究的成果,研究新思想、新概念、新原理应用于装备的可行性与实用性,确定其主要参数,为研究新型装备提供技术储备。

应用研究工作大多为中期(5 年～10 年)项目,带有明显的解决军事任务的目标,但研究对象一般不涉及特定装备型号,通用性较强。其成果形式除可行性分析报告或试验报告等书面材料外,还有供试验用的软件及实物(如部件样品、原理样机等),研究成果具有一定的应用价值,有直接的社会效益和军事效益。

应用基础研究解决的是科学依据问题,为装备发展奠定理论基础。应用研究解决的是技术性问题,为装备发展奠定技术基础。

5. 先期技术开发

先期技术开发是利用应用基础研究、应用研究的成果,通过部件或分系统原型进行综合集成,演示验证关键技术的可行性和实用性,为研制新型装备和改进现役装备提供实用的技术成果。

这类研究一般属于近期项目或可能具有特定型号背景,但尚未进入研制阶段的项目,先期技术开发是发展工作的最后阶段,实际上也是装备研制的前奏,是从技术基础通向装备研制的桥梁。

成果形式一般是部件或分系统原理样机、示范性工艺流程、验证或鉴定性试验报告等。成果的专用性和保密性强,可直接应用于装备研制,具有显著的社会效益和军事效益。

把先期技术开发列入装备预先研究的内容,是国防科研活动特殊性的具体体现。因为应用研究提供的可行技术途径和可行技术不一定能变成可用于研制的实用技术,只有通过先期技术开发,并在开发过程中把新技术的效益和伴随而来的风险结合起来,权衡利弊得失,得出实际可行的结论,才能作为装备研制的基础。

二、装备预先研究的特点

装备预先研究与其他研究工作相比,具有研究的基础性、工作的探索性、效益的滞后性和应用的广泛性等特点。同时,装备预先研究还是一项战略性的工作,对装备的未来发展具有长期和深远的影响。

1. 研究范围广

装备预先研究是为装备研制和生产打基础的,它的工作涉及国防科技研究活动的应用基础研究、应用研究和先期技术开发等三个层次上的广泛内容,研究范围包括装备发展的新概念、新思想的形成,装备系统新技术、新部件或分系统原型的研制。研究成果既有理论、实验结果,又有技术成果,因此它是一项涉及范围广、综合性强的科学技术研究活动。随着科学技术的迅猛发展,新的研究领域、新的学科和一些交叉领域的技术课题不断涌现,装备预先研究的范围会不断拓展和延伸。

2. 研制周期长

装备预先研究工作,尤其是基础研究,具有探索性和开创性的特点,从开始到取得成果往往要经历漫长的过程,有的 10 多年甚至 20 多年。因此一般不要求装备预先研究投资立竿见影。装备预先研究工作成效不像产品开发那样明显,一般是随着后续工作的展开而逐渐显现出来的,特别是某些没有安排或没有取得突破的发展技术,在相当长一段时期内可能就是空白,但它往往会对装备的后续发展产生一定的甚至是相当长时间的影响,这种效应便是发展的滞后性。

3. 技术风险大

装备预先研究是探索新思想、新概念、新原理,研究新工艺、新材料,开发新技术的活动,是面向装备研制、生产与使用中有待解决的关键技术问题,因此它是国防科学技术发展的最前沿。由于发展课题多为高新科研项目,不确定因素很多,带有较大的技术风险,不能保证一定会完成,更不能保证在什么时候必定出成果。但是,一旦成功,其意义则相当重大。关键技术的突破常常导致尖端武器的问世和作战方式的变革,新技术装备与新的作战概念相结合便能引发新的军事革命。

4. 成果通用性强

由于装备预先研究的成果是为装备研制、生产打基础和作技术储备的,它更多地着眼于解决装备研制、生产和运用中带普遍性、基础性和关键性的问题,不像装备研制那样带有明显的专业特性,其成果大多为部件或分系统,只是武器系统的结构材料或元件,因而通用性很强。某一部门所开展的装备预先研究项目也可用于其他部门,如水面舰艇是海军独有的,但从发展角度考虑,它的监视系统、目标跟踪与火控系统、军械系统、结构与材料等与其他军种的装备有许多共同点,研究成果也可用于其他军种的武器系统。

同时,装备预先研究中的很多技术都具有军民两用性的特点,具有较广的应用范围。也就是说,装备预先研究工作中的基础研究项目和某些应用研究项目既可用于其他军事目的,也可以用于民用产品开发,军方和民用部门往往都感兴趣。现代科技发展的潮流表明,高新技术开发成果的通用性越来越明显,因此军种之间、军民之间乃至国际间联手搞科研已形成风气。在装备预先研究计划中,越是前期的项目通用性越强,如基础研究和应用研究成果比技术开发阶段的成果具有更广泛的应用范围。

三、装备预先研究的基本任务

装备预先研究的基本任务是为研制新型装备提供技术支撑,为改进现役装备的性能提供实用的技术成果,为国防科学技术进步和装备发展提供技术储备,为缩短装备研制周期、降低装备研制风险服务,不断提高我军装备技术水平,促进我军装备现代化建设。装备预先研究的基本任务可概括为"三个提供、一个服务"。

1. 为研制新型装备提供技术支撑

能否根据军队作战需要和先进的技术成果开发研制新型装备,新型装备的数量多少和性能先进程度如何,都反映着一个国家的科技、经济等综合水平,是一个国家和军队实力的体现。发展新型装备,不断提高装备建设水平,是我军现代化建设和军事斗争准备的迫切需要。新思想、新概念、新原理、新方法和新技术的研究与发展,有利于新型装备研制关键技术突破,从而保证了新型装备研制的顺利进行。

2. 为改进现役装备的性能提供实用的技术成果

现役装备改进是改进装备性能或改变装备用途的技术措施,主要是改进装备或其他部件的结构、材料位置等,以较短的时间和较少的人力、物力、财力,将先进的科学技术成果应用于现役装备。国外典型数据统计表明,现役装备现代化改造所需费用只及研制同等能力新型装备费用的33%~40%,而改进周期则缩短为研制同等能力新型装备周期的1/2左右。因此,世界各国都非常重视现役装备的改进改型。我军现役装备种类多、数量大,许多都具有很好的技术改造潜力。从我国的国情军情出发,为改进现役装备的性能提供实用的技术成果,也是一条以较少经费投入、实现较高军事效益的有效途径。

3. 为国防科技进步和装备发展提供技术储备

科技进步是指科学技术随着时代而向前发展的状态。技术储备是指为今后应用而开发成功的技术。从总的趋势看,国防科技和装备发展是一个长期的渐进过程,是一个不断提高的过程。科学技术的研究开发不仅要满足当前的需要,还要为今后的发展做准备,提供足够的储备。因此,要以前瞻的眼光,密切跟踪前沿技术发展,不断有所发现、有所创造、有所前进,扎扎实实做好技术储备,增强武器装备发展的后劲。

4. 为缩短装备研制周期、降低装备研制风险服务

装备研制周期是指研制新型装备所需的时间。研制周期的长短,决定装备投入部队使用并形成战斗力时间的快慢。研制项目风险的大小,往往取决于技术的成熟度。装备预先研究是发展新型装备的先导,只有在预先研究阶段打下良好的技术铺垫,减少技术的不确定性,才能在装备研制中少走弯路,缩短研制周期,节省研制经费,降低研制风险,保证装备研制的顺利进行。

四、装备预先研究的基本要求

装备预先研究工作必须服从和服务于军事战略方针,把增强现代技术特别是高技术条件下的军事能力作为装备预先研究工作的中心任务。装备预先研究是实施科技强军战略的重要方面,是开拓性的事业,必须依靠科技进步,把加快装备技术发展作为主线,加快科技进步和自主创新的步伐,取得军事技术上的优势。

1. 坚持集中统一领导

对装备预先研究实行集中统一领导,是国防科学技术发展和装备建设的客观要求,是实现装备预先研究快速、持续发展的组织保证。在装备预先研究管理中,要牢固树立全局意识和整体观念,通过实施严格的计划管理,确保装备预先研究总体目标的实现。

2. 实行分级分类管理

集中领导与分散实施是相辅相成、互为补充的关系。装备预先研究中的应用基础研究项目、应用研究项目和先期技术开发项目,实现目标不同,要求不一,必须充分发挥各级责任主体的作用,按照不同的装备预先研究项目类型,实施分级分类管理,做到各负其责、各尽其职,把预先研究各项任务落到实处。

3. 注重技术协调发展

要以军事需求为牵引,使装备预先研究项目紧扣装备发展和体系建设的迫切需求,使技术开发研究与未来装备的发展紧密结合。要积极跟踪军事前沿技术,抢占新的军事技术制高点,为装备跨越发展提供技术支撑,用高新技术的发

展推动装备发展。处理好近期、中期和远期发展的关系,实现近期、中期、远期的纵深配置,在内容上相互协调,在发展阶段上相互衔接,既突出重点又兼顾各技术领域的均衡发展,使近期项目具有更强的针对性,较快地转化为现实战斗力,使中期、远期项目更具有前瞻性,为装备长远发展奠定基础。

4. 集中力量突破关键技术

装备预先研究涵盖了所有国防重点技术领域,需要研究解决的问题很多。由于资源的有限性,需要正确处理需求与可能的矛盾,科学谋划,找准方向,突出重点,分步实施,有所为有所不为。要把那些最适合实际情况又迫切需要的,真正具有重大应用前景的项目选出来,集中力量攻关,突破一批重大关键技术,满足装备建设不同阶段的需求。必须探索一条投入较少、效益较高的路子,使有限经费发挥最大效益,以局部的跃升带动和促进武器装备水平的全面提高。

五、装备预先研究管理的组织体系

1. 管理体制

总装备部主管全军装备预先研究工作。总部分管有关装备的部门、军兵种装备部主管本系统的装备预先研究工作。总装备部授权的单位管理总装备部授权分管的装备预先研究工作。

总部、军兵种首长应当加强对分管的装备预先研究工作的领导,及时研究解决装备预先研究工作中的重大问题,指导和督促有关单位和人员认真履行职责。

2. 职责分工

总装备部的主要职责包括:

(1)组织编制全军装备预先研究的发展战略、规划、计划,并组织实施。

(2)掌管全军装备预先研究经费,负责装备预先研究经费的请领、划拨和预算、决算。组织对装备预先研究经费使用情况的监督、检查、审计。归口管理全军装备预先研究的价格工作。

(3)归口管理对承担装备预先研究任务单位的资格审查工作。

(4)管理全军装备预先研究的技术引进工作。

(5)负责全军装备预先研究成果的管理和推广工作。

(6)协同国务院有关部门管理国防科技重点实验室。

总部分管有关装备的部门、军兵种装备部的主要职责包括:

(1)拟制分管装备预先研究的发展战略、规划、计划,并组织实施。

(2)组织分管装备预先研究项目合同的订立、履行、监督和验收工作。

(3)管理和使用本系统装备预先研究经费,监督、检查装备预先研究经费预算执行情况,负责分管装备预先研究项目的价格审核工作。

（4）组织对承担分管装备预先研究任务单位的资格审查工作。

（5）承办分管装备预先研究的技术引进工作。

（6）负责本系统装备预先研究成果的管理和推广工作。

（7）负责管理本系统的国防科技重点实验室。

总装备部授权管理有关装备预先研究工作的单位，根据总装备部的授权履行职责。

3. 专家咨询组织

总装备部根据装备预先研究工作的需要，在重点技术领域设立专业组、专家组等专家咨询组织。

专家咨询组织的主要任务是开展装备预先研究发展战略研究，提出装备预先研究项目指南建议，参与装备预先研究项目的综合论证和开题论证，参与装备预先研究项目实施过程中的技术评审，开展学术交流活动。

专家咨询组织应当由学术造诣深、技术水平高、公道正派，并能够保证有一定时间直接从事咨询活动的军内外专家组成。

第二节　装备预先研究管理过程

装备预先研究管理涵盖众多的技术领域，涉及众多的部门，不同的管理过程也有各自不同的要求。但总的来说，装备预先研究管理一般包括以下主要过程。

一、制定装备预先研究发展战略与规划

1. 制定装备预先研究发展战略

装备预先研究发展战略是对未来较长时期装备预先研究发展进行的宏观谋划。

制定装备预先研究发展战略的主要依据包括军事战略方针、未来军事斗争的需求、新型装备研制的需求、世界军事技术水平与发展趋势、国家科学技术水平与发展趋势以及对装备预先研究经费投入的预测等。

总部分管有关装备的部门、军兵种装备部和总装备部授权的单位按照总装备部的要求，开展分管装备的预先研究发展战略研究并将研究报告报总装备部。总装备部组织拟制全军装备预先研究发展战略研究报告。

装备预先研究发展战略研究报告的主要内容包括国防科技发展的趋势及对装备发展的影响、军事需求分析、战略目标、方向重点和政策措施等内容。

预先研究发展战略研究报告是编制"国防科技和武器装备发展战略"的重要依据。

2. 制定装备预先研究发展规划

装备预先研究发展规划是对未来 10 年或者更长时期的装备预先研究发展的总体设计。

装备预先研究发展规划的制定过程参见本书第七章第三节。

3. 编制国防关键技术报告

国防关键技术报告是筛选装备预先研究重点项目、拟制装备预先研究五年计划的指导性文件，从技术层面上反映装备发展需求，体现国家未来国防科学技术发展的方向和重点。国防关键技术报告主要包括军事需求分析、指导思想、选项原则、关键技术领域、研究内容、发展目标和政策措施等内容。

国防关键技术报告由总装备部组织专家咨询组织以及军内外国防科技领域的同行专家论证编写，并征求总部分管有关装备的部门、军兵种装备部和总装备部授权的单位意见，由总装备部发布。总装备部根据形势变化、世界军事技术和国家科学技术的最新进展，及时对国防关键技术报告进行修订。

二、制定装备预先研究计划

装备预先研究计划分为装备预先研究五年计划和年度计划。

1. 制定装备预先研究五年计划

装备预先研究五年计划应当以装备预先研究发展战略和规划为依据，以国防关键技术报告为指导进行编制。五年计划的编制程序是：制定和发布项目指南，开展项目综合论证，编制下达五年计划。

1）制定和发布项目指南

装备预先研究项目指南明确装备预先研究发展需求和选题范围。总部分管有关装备的部门、军兵种装备部和总装备部授权的单位，在总装备部机关指导下拟制分管装备预先研究项目指南，报总装备部批准后，定向发布到科研单位。

2）开展项目综合论证

科研单位根据装备预先研究项目指南，向指南发布单位提出项目建议。总部分管有关装备的部门、军兵种装备部和总装备部授权的单位，在总装备部机关指导下组织以专家为主体的综合论证组开展综合论证，提出分管装备预先研究五年计划的优先发展项目和承研单位及经费概算，并将综合论证报告报总装备部。

3）编制下达五年计划

在项目综合论证的基础上，总部分管有关装备的部门、军兵种装备部和总装备部授权的单位，应当根据总装备部确定的经费指标和有关要求，拟制分管装备预先研究五年计划并报总装备部。

总装备部对各单位上报的装备预先研究五年计划进行审查和综合平衡,编制全军装备预先研究五年计划,并下达实施;其中,属于先期技术开发的演示验证项目,按照"成熟一项、批准一项"的原则,总部分管有关装备的部门、军兵种装备部或总装备部授权的单位还应将立项申请报总装备部,由总装备部逐项审批后下达实施。

2. 制定装备预先研究年度计划

装备预先研究年度计划依据五年计划、本年度经费指标和上一年度计划执行情况编制。具体编制流程不再赘述。

三、开展装备预先研究项目管理

装备预先研究项目实行分类管理制度。应用基础研究项目采用基金制管理方式,应用研究和先期技术开发项目采用合同制管理方式。本章第三节对具体管理方法进行阐述。

四、评定装备预先研究成果

装备预先研究的目的是为研制新型装备提供技术储备,其成果具有潜在的或直接的军事应用价值,对促进国防科技和社会发展具有重要意义。装备预先研究成果推广到民用领域,可以进一步提高成果的使用价值,为国民经济发展作贡献。

装备预先研究成果管理是装备预先研究全过程管理的重要组成部分,不仅指一般意义上的成果管理,如成果的鉴定、成果登记、成果的奖励、成果的专利制度、成果的保密和解密等。在装备预先研究计划管理和合同管理中,都规定了成果的权限、推广应用及技术转让原则。同时,装备预先研究的成果鉴定、成果登记与项目的验收及结算是紧密结合在一起的,项目的推广应用也与装备研制立项密切相关。

承担装备预先研究任务的单位在项目完成后,应按要求及时整理出完整的技术资料,进行研究工作总结,按技术管理职责,组织评审和鉴定,做出相应的科研经费决算。对于重大的预先研究课题,还应由项目审批部门组织鉴定、验收。

第三节　装备预先研究项目的分类管理

装备预先研究计划的实施实行项目分类管理制度。装备预先研究计划中的应用基础研究项目,实行基金制管理。应用研究项目和先期技术开发项目,实行合同制管理。

一、应用基础研究项目管理

对列入装备预先研究五年计划的应用基础研究项目,按照指南(纲要)引导、自由申请、专家评议、择优资助的方式安排。

总装备部组织编制应用基础研究项目指南(纲要),对有关科研单位定向发布,并组织专家对科研单位上报的装备预先研究基金项目申请书进行评议,择优确定装备预先研究基金资助项目和承研单位。其中,属于重大项目的,承研单位还应当编制立项综合论证报告,由总装备部有关主管部门组织立项评审后,报总装备部批准实施。应用基础研究项目完成后,总装备部组织评价和验收。

二、应用研究项目管理

列入装备预先研究计划的应用研究项目,应在经过资格审查的单位中,通过邀请招标、竞争性谈判、单一来源谈判以及总装备部认定的其他方式选定承研单位,并根据项目的复杂程度、技术状态、经费保障等情况选择相应的合同类型,订立装备预先研究合同。其中,属于先期技术开发的演示验证项目,在订立装备预先研究合同前,应将项目任务书报总装备部审批。

除采用邀请招标方式外,采用其他方式订立装备预先研究合同的,必须进行开题论证。装备预先研究项目的开题论证应当包括研究目标、研究内容、研究进度、技术指标、成果形式及应用方向、研究方案、技术途径、研究条件、经费使用、协作单位和组织管理措施等内容。

装备预先研究合同以书面形式依法订立。对总装备部规定的重大装备预先研究项目,在与承研单位订立装备预先研究合同前,应当将合同草案文本报总装备部审查,并在该合同生效之日起30日内,将合同(副本)报总装备部备案。

合同管理机关依据国家和军队的有关规定,督促订立装备预先研究合同的双方履行合同规定的义务,并对合同的履行情况实施监督检查。在合同履行中的重要节点,按照规定对合同进行评审。通过评审的,方可转入下一阶段研究工作。

装备预先研究合同订立后,不得擅自变更、中止或解除;但遇有下列情形之一的,经总装备部批准后,可以办理合同的变更、中止或解除事宜,并将办理情况报总装备部备案:

(1)合同所依据的装备预先研究计划被修改或被撤销的。

(2)合同中确定的关键技术已经公开或已通过其他途径获得,没有必要继续履行合同的。

(3)合同的履行条件发生重大变化,无法履行合同的主要条款的。

装备预先研究合同履行完毕,应按照合同的规定组织验收。

三、先期技术开发项目管理

先期技术开发项目管理的方式方法与应用研究项目管理基本相同,在此不再赘述。

四、技术引进项目管理

装备预先研究技术引进实行立项审批和合同审批制度。

1. 技术引进项目的条件

符合下列条件之一的,可以提出技术引进项目的立项申请:

(1) 先期技术开发背景项目急需的关键技术。

(2) 长期制约装备发展的基础技术。

(3) 新概念武器技术及必需的关键仪器设备。

2. 技术引进项目的论证

申请技术引进的项目,应当根据装备预先研究计划、装备技术发展方向和装备预先研究任务的需要,对技术引进项目立项进行综合论证。综合论证应当包括技术引进的必要性和可行性、目标与内容、技术应用、引进形式、经费需求和效益评估等内容。

技术引进项目的立项申请(含综合论证报告),由总装备部审批。其中,属于重大技术引进项目的立项申请(含综合论证报告),由总装备部报中央军委审批,或者由总装备部会同国务院有关部门报国务院、中央军委审批。

3. 技术引进项目的管理

经批准立项的技术引进项目,应组织承担引进任务的单位拟制谈判预案,报总装备部审核后,按照总装备部的要求实施对外谈判并订立合同。技术引进合同经总装备部批准后生效。

技术引进项目实施过程中,应当结合装备预先研究计划,统筹安排引进技术的相关研究,提高自主创新能力。

技术引进项目完成后,应按照规定组织验收,并将有关情况报总装备部。重大技术引进项目的验收由总装备部组织。

项目管理篇

- 装备采购项目组织管理
- 装备采购项目系统工程管理
- 装备试验与评价管理
- 装备综合保障管理
- 装备全寿命费用管理
- 装备采购合同管理
- 装备采购风险管理

第九章 装备采购项目组织管理

外军装备采购管理的实践证明,采用项目管理的组织体系,按照项目管理理论和方法开展工作,是落实装备全系统全寿命管理的重要手段,更是确保装备采购综合效益最高的最有效途径。我军目前装备采购项目采用真正意义上的项目管理方式并不多,只对一些重大装备采购项目建立了项目办公室。但是推行项目管理模式是未来发展的趋势,也是我军装备采购制度改革的重要内容。据此,本章以项目办公室为装备采购项目管理的主体,以项目主任为项目唯一的责任人的方式展开叙述。

第一节 项目管理组织结构

本书所称的装备采购项目管理组织体系是指军队为了提高装备采购的效率和效益,按照项目管理的特点,对装备采购人员和部门建立的职责、职权和相互关系框架。科学合理的组织体系是装备采购项目管理取得成功的关键和基础。项目参与各方都有着自身的利益出发点,需要通过科学合理的组织体系来合理分清各方责任和权力,保证各方的协调和项目管理工作的顺畅运行。组织体系的建设和作用贯穿于整个装备采购项目管理的全过程。

一、项目组织结构设计原则

1. 目标第一

项目管理组织应是按装备采购任务和采购目标建立的,而不是按职能组织起来的。项目管理组织是对所承担项目整个过程负责的组织,协调项目涉及的各个部门的工作,综合考虑装备研制、购置、维修保障和退役报废等各阶段的要求,以保持项目管理的连续性和整体性。项目管理组织视项目的具体情况,成立时间最早可从项目立项批复开始,结束时间可到装备交付部队形成作战能力,也可以直到装备退役。

2. 精简高效

从提高管理效率、充分利用人力资源的角度出发,组织结构应尽量精简,部门力求最少,部门间职能避免重叠,以简化内部协调与人力分配。管理层次力求最少,指挥链清晰简洁,缩短信息传递的路径,明确指挥和汇报途径。由于个人能力的限制和责任落实的需要,为了实现决策的科学化和连续性,在项目管理组织的各个层次都应实施联合决策。

3. 职责明确

为了提高工作效率,加强项目管理人员的责任感,对于每个项目,都应有具体的人来负责,在项目执行中,也要实行个人负责制。在某一职责涉及两个以上的部门时,每一部门所承担的部分要有明确的规定,以避免职能组织或个人为未能按时、按质交付项目或满足项目要求而推脱责任、互相责备。坚持权责统一,使组织内各部分在整体目标下能充分发挥能力和达成各自目标。责任多但权力小,会使项目组织中的管理者感觉不能施展其才华,工作积极性和创造性受到束缚,造成工作上的被动,不利于职责的完成。而权力大但责任少,则易导致管理者滥用职权,助长瞎指挥、乱拍板,造成管理效益的低下。

4. 多方参与

项目的顺利实施需要各方面的倾力合作。外军的经验表明,项目管理机构除了专职人员外,还要吸收作战部门、装备维修保障部门、国防科技工业部门和承制单位的人员参加。要依托地方和军队的专业机构,为装备采购项目管理组织提供强有力的支撑。

二、影响项目组织结构的因素

1. 人员的素质与能力

人员的素质与能力是决定项目组织结构最主要的因素。装备采购人员对装备采购的事业心和装备采购业务的熟悉程度,决定了项目主任对其信任程度和管理强度,进而决定了放权的程度。此外,多年以来在人们头脑中形成的合作意识也会对项目的组织结构带来潜在而深远的影响。人员乐于和善于与别人合作,则会在采购过程中减少冲突的发生,工作协调性会增强,进而也影响组织结构的设计。

2. 装备建设计划的科学性

装备采购项目来源于装备建设规划计划。装备建设规划计划制定得越科学,则装备采购项目在管理过程中遇到的矛盾和困难越少,组织结构的复杂性会相应地降低。如果计划不周,则项目执行起来会面临诸多的不确定性,项目组织结构相应地要进行不断调整,项目组织的稳定性会较差。

3. 项目的复杂程度

项目越复杂,项目的组织规模越大,项目结构也会更复杂。反之亦然。

4. 信息沟通的方式方法

现代装备采购项目涉及的部门众多、专业众多,影响因素也多。为了成功地管理项目,加强信息沟通很重要。项目成员之间必须能够及时掌握多方面的信息,并据此开展相应的工作,才能有助于工作的开展。是否建立了完善的装备采购信息系统,是否实现了装备采购信息以及装备采购知识的共享,都决定了装备采购项目的组织结构。如果信息沟通不畅,需要用大量的时间去开会、去协调甚至去解决冲突,则项目主任的管理宽度会受到限制。

三、装备采购项目管理组织的模式

目前,各国运行效果良好的装备采购项目管理组织模式主要有项目办公室模式、一体化产品小组模式和采购中心模式。结合具体装备采购项目特点,可以选择使用。

1. 项目办公室模式

项目办公室从整体来看,采用独立的项目式组织结构,它把项目从职能组织中分离出来,作为独立的单元,项目办公室随着项目的立项而建立,并随着项目的结束而解散,人员相对固定。

我军目前典型的装备采购项目管理组织就是项目办公室,通常针对某个重大装备研制项目而成立,一般负责从立项到设计定型阶段的项目管理工作,通常设在各系统装备采购主管部门,个别跨军种、影响特别重大的项目,项目管理办公室设在总装备部。项目办公室一般依托本部门和本军兵种装备科研、购置、维修、财务等业务部门的支持。从其应用情况来看,由于我军装备采购项目管理制度尚未完全建立,运行的环境还不成熟,有的项目管理办公室工作开展受到限制,协调工作开展困难,因此还未完全体现项目办公室的潜力,但有的项目办公室与机关工作紧密结合,对项目进行精细化管理,取得了良好的效果,已经初步体现了其管理高效的优势。

项目办公室模式的优点主要体现在:

(1) 由于项目办公室主任对项目的结果负责,同时对项目资源有较大的控制权,因而项目管理层的决策能够得到迅速而有效的执行。

(2) 管理层次清晰,指挥链健全,组织中的每一个成员只对一个上级负责,从最底层到最顶层的每条职权线都明确而不间断,因而项目人员的职责、职权和利益清晰,项目沟通渠道顺畅。

(3) 项目办公室有固定编制,工作比较稳定,项目管理工作连续,在全寿命阶段内,项目的进度、费用和性能等方面易于进行优化。

(4) 项目办公室内部各部门在统一指挥下协调工作,上层摆脱了日常工作,有更多的时间去进行决策、监督和指导。

项目办公室模式的缺点主要体现在：

（1）人员、设施、设备等资源共享率较低，项目办公室的固定人员必须等项目结束后才能参加其他项目，项目任务不忙时资源被闲置。

（2）要实现完整的职能，组织内的一些部门必然要重复建设，维持组织的费用较多。

（3）项目办公室比较独立，必须处理好与装备业务机关的关系，否则容易被孤立，不利于管理工作的顺利进行。

（4）项目办公室内人员的发展机会受到限制。由于没有强有力的业务群体作支撑，项目人员缺乏为装备发展全局着想的能力，专业技术水平和全面管理能力容易降低，而且项目人员在一个项目中所获得的经验对其他项目不一定适用，缺乏职业的连续性。项目人员对项目结束后的去向心存忧虑，在项目结束后，如果长期不能从事新的项目，就有失去发展机会的可能，项目人员为了保持现有的状态，并寻找新的工作机会，可能会延缓项目结束的时间，造成项目执行的低效。

2. 一体化产品小组模式

一体化产品小组（Integrated Product Team，IPT）是目前美、英等国管理重要采购项目的主要组织模式。我军目前只有个别项目采用了正式的一体化产品小组模式，通常由研制、购置、维修保障各业务局抽调人员组成临时的、无编制的工作小组。

一体化产品小组是典型的矩阵式组织结构模式，指从项目有关职能部门抽调人员组成的无编制的临时性工作小组，小组成员由各职能部门人员组成，行政关系不脱离原职能部门，在项目中的任务和职能随项目的结束而自行终结。一体化产品小组的负责人可以根据项目管理的需要做必要的调整，由项目当前所处阶段对应的职能部门人员担任，主要起协调作用。

一体化产品小组模式的优点主要体现在：

（1）可以充分利用资源。由于是临时机构，组织建立快捷灵活，人员都归职能部门管理，因此维持费用低，人力资源能够得到最大的利用。

（2）人员在职能部门内可以得到较好的业务指导和支持，具备良好的专业发展环境。

一体化产品小组模式的缺点主要体现在：

（1）项目成员积极性不高。项目成员受双重领导，既承担项目任务，又是业务部门的成员，有可能因为业务部门的偏好而影响在项目中的投入和最终任务的完成。

（2）项目小组负责人要做大量的协调沟通工作，并可能因此而影响项目完成的质量和效率。

3. 采购中心模式

采购中心模式属于项目群管理模式，即将装备采购项目按专业划分为若干个项目群，每个项目群由专业采购中心所属的一个专业项目管理部门负责。在专业部门外部是独立的项目式组织结构，在专业部门内部是矩阵式组织结构。我军目前已经或正在逐步成立一些专业性质的采购中心，通常依托机关，拥有固定编制，管理同一类型的多个小项目。英军对多个机构的采购项目也采用一体化项目小组簇（Cluster）的管理方式，类似于我军的装备采购中心模式。美军则称为投资组合管理，但并未成立相应的采购中心。

专业采购中心最大的优点是按专业划分项目管理权限，使人员处于浓厚的专业氛围之中，遇到问题，能够容易地找到专业的指导，得到不断提高专业技术水平的机会。从规模效应上来讲，同专业的一类项目具有相当程度的共性，专业的项目管理人员能够熟练地完成所承担的任务，提高效率。另外，专业采购中心部门内资源共享率较高，它不像项目办公室那样把人员固定在某个项目上，而是一群项目，专业采购部门能够从全局出发平衡专业内的各项目资源，而且也不存在项目结束后的人员去向问题，一个项目完成了，能够立刻进入部门内的其他项目。

专业采购中心的主要缺点是项目间存在着争夺资源的冲突，这是多项目管理的共性，部门主管对所承担的项目群有一个先后排序，对项目的优先权衡可能使一些项目得不到足够的管理资源，而降低项目群的整体效益。另外，有些大型的项目可能不是一个专业部门就能完成的，在部门之间还存在协调问题，专业部门的严格划分，可能使项目内的协调变得困难。

四、装备采购项目管理组织的职责

根据中央军委转发的《关于深化装备采购制度改革若干问题的意见》和建立装备采购项目管理组织体系的基本原则，本书结合我军实际情况，建议装备采购项目管理组织应承担以下职责。

1. 确定项目要求

组织论证和制定项目目标，确定研制总要求。组织使用部队、军队科研院所、试验基地、承制单位及其他有关单位，论证、拟制装备研制总要求，并履行编报手续。确定项目总体方案，组织使用部队、军队科研院所、试验基地、承制单位及其他有关单位，分析比较各种备选方案，明确项目方案的主要内容，拟定性能、费用和进度的基本指标。

2. 订立合同

对于符合招标条件的项目,组织项目招标工作。自行组织或委托国家、军队授权的招标机构进行项目招标,自行组织或监督总承包单位对装备分系统和配套产品的招标工作。

对于符合竞争性谈判条件的项目或单一来源采购的项目,负责与承制单位进行谈判,并根据谈判结果订立装备采购合同。

3. 过程控制

负责制定采购项目计划,审查承制单位的工作计划,检查和报告项目进展情况,分析和预测项目的发展趋势,确保项目各项工作的协调统一和顺利完成。

管理装备的研制和生产,协同军事代表机构实施质量管理。与军事代表机构进行协调和沟通,监督承制单位的研制和生产活动,包括计划安排、人力保障、项目进展、系统规格、软硬件配置、系统测试和评审、生产工艺等,与承制单位的项目管理组织配合,确保装备的研制生产质量。

参与合同的节点审核与验收。项目的里程碑节点审查是涉及各个部门利益的关键,必须做到公正,应加强项目早期阶段的节点审查,项目管理组织应组织军事代表机构、试验鉴定机构以及工业部门的代表或配合具有权限的部门共同进行合同的节点审核与验收。

4. 经费管理

对项目经费进行分配,汇报经费使用情况,审查承制单位的经费使用。在付款节点根据项目情况,向财务部门提出拨款申请。

5. 协调保障

为装备部队后的维修保障工作提供协助。与承制单位协调,与作战使用部门和装备维修保障部门密切协作,确保操作维修资料完备,部队的培训、使用符合规范,维修条件配套齐全。协调军外与该项目有关的事宜。

第二节 项目团队建设

无论建立哪种模式的项目管理组织,作为项目负责人都需要能够领导和管理好下属,提高整个项目组织的高效运行,实现项目的目标。虽然影响一个项目成功的因素很多,有来自项目内部的,如资金不足、技术不成熟,也有来自外部的,如需求变化、体制约束,但有效工作的团队无疑是项目获得成功的一个关键因素。打造一支具有主动性、创造性和协调性的团队,是项目主任首先要考虑的问题和必须努力完成的核心任务。

一、项目团队概述

1. 项目团队的定义

团队是指在工作中紧密协作并相互负责的一小群人,他们拥有共同的目的、绩效目标以及工作方法,且以此自我约束。简言之,团队就是指为了达到某一确定目的,由分工与合作及不同层次的权力和责任构成的人群。

项目团队是为项目有效实施而建立的团队。项目团队的具体职责、组织结构、人员构成和人数配备等因项目性质、复杂程度、规模大小和持续时间长短而异。

2. 项目团队的寿命周期

任何项目团队的建设都要经历形成、震荡、正规、出成效和终结阶段。形成阶段,团队组建,成员相互认识。震荡阶段,团队成员之间发现彼此之间的分歧。正规阶段,团队成员就合作原则达成一致。出成效阶段,团队成员配合默契,工作有成效。终结阶段,团队在任务完成之后被解散。项目团队建设首先经历一段低谷,然后上升到稳定状态,最后可能出现上升或下降直至项目结束。项目主任的作用就是组建团队,并使项目团队士气尽快达到高峰,维持该效能并保持到项目结束。

3. 项目团队的核心能力

项目团队一般应具有以下核心能力:

(1)问题解决能力。项目工作中总会有问题存在,很多问题只有通过创造性的思维方式才能解决。

(2)决策制定能力。在对问题进行确认并提出不同的解决方案的同时,团队也要对不同条件下不同解决方案产生的结果进行评估。技术性团队的主要问题是他们倾向于匆忙做出判断,即针对问题的某一方面的决策一旦提出,团队就会接受它而不去考虑其他选择。在这样的团队中至少应该有一名成员来提醒大家去找寻至少一个备选方案并将之与前者进行比较。

(3)冲突管理能力。由于群体思考抑制了团队中的创造性,所以冲突在许多团队中是一个致命缺陷。如果一名团队成员提出一个方法,团队中所有人都表示同意或不同意,那么这就是群体思考,这是团队不论花多大代价也要去避免的现象。这就意味着冲突是团队中的一种有益的工作,团队需要学会积极地把握它。冲突对项目可能有害,但也有可能是巨大的动力。

二、项目团队特点

1. 共同的目标

每个组织都有自己的目标,正是在这一目标的感召下,项目团队成员凝聚在一起,并为之共同奋斗。对于一个项目,为使项目团队工作有成效,就必须明确目的和目标,并且对于要实现的项目目标,每个团队成员必须对此及其带来的收益有共同的思考。

2. 合理的分工协作

每个成员都应该明确自己的角色、权力、任务和职责。在目标明确之后,必须明确各个成员之间的相互关系。每个人的行动都会影响到其他人的工作,因此团队成员都需要了解为现实项目目标而必须做的工作及其成员之间的关系。

3. 具有凝聚力

凝聚力指维持项目团队正常运转的所有成员之间的相互吸引力。团队对成员的吸引力越强,成员遵守规范的可能性越大。一个有成效的项目团队,必须是一个有凝聚力的团队,它能使团队成员积极热情地为项目成功付出必要的时间和努力。

4. 成员相互信任

一个团队能力的大小受到团队内部成员相互信任程度的影响。在一个有成效的团队里,成员会相互关心,承认彼此存在的差异,信任其他人所做和所要做的事情。

5. 有效的沟通

高效的项目团队需要具有高效沟通的能力,应采用先进的信息技术系统与通信网络,以满足团队的高效沟通的需要。团队还要善于运用会议、座谈这种直接有效的沟通方式。沟通不仅是信息的沟通,更重要的是情感上的沟通,每个成员不仅要具有很好的交际能力,而且要拥有很高的情商,团队内要充满同情心和融洽的情感。项目团队具有开放、坦诚的沟通气氛,队员在团队会议中能充分沟通意见,倾听、接纳其他队员的意见,并能经常得到有效的反馈。

三、项目团队建设方法

1. 注重选拔和培训

选择团队成员应坚持多样化,应由各种不同技能、知识、经验、专长的成员组成。保持最佳规模,成员过多会造成协调困难,太少则会导致负担过重。有些个体不喜欢团队工作,应避免把他们选入团队。同样重要的是,应根据技能来确定人选,同时注意互补。这里的技能不仅是作业技能,还包括人际交往技能。

为了团队运作,成员必须具备所有相关工作技能和人际技能。因此,应把对团队成员的培训作为团队建设必不可少的重要环节。

2. 建立制度和目标

制定行为规则。有效团队都有明确的准则,告诉成员允许做什么,禁止做什么,因此必须事先制定详细、具体的行为规则。

强调目标管理。只有当团队成员明了团队使命与目标,他们才能为之奋斗。当团队面临挑战时,成员会焕发斗志,取得优异成就。所以,当团队完成某项任务时,可为团队设置更具有挑战性的目标。

3. 明确考评和激励

根据每位成员对团队的贡献来确定个体的奖惩,否则他们不会关心团队的成败得失。运用适当的绩效考核,开发一套具体办法与指标来测量团队绩效。这些测量工具不仅应该考虑团队的工作结果,还应该注重团队完成任务的过程。

承认并回报重大的贡献。对于那些为团队成功做出重大贡献的成员,必须给予重奖。当然,奖励既可以是物质的,也可以是精神的。

应让成员相信自己能够成功。上级领导得提供各种物质、精神支持。如果成员得不到支持与鼓励,他们就不可能全力以赴地工作。

4. 加强沟通和协调

为使决策得到顺利执行,必须允许成员参与各项决策。团队成员参与决策的程度影响着他们对决策的理解与承诺。

重视沟通。为完成共同的目标与任务,团队成员必须及时沟通、相互合作,应当千方百计地促进沟通。

定期告知新信息。新的信息可能代表一种挑战,使团队保持创新状态。同时,常与外界交往,团队不会失去进取精神。

第三节　项目沟通管理

管理的一项重要职能就是协调,也有人说管理就是协调,可见协调在管理中的重要作用。对于项目主任而言,管理好一个项目团队,做好沟通和协调工作,可以提高团队的凝聚力,及时化解冲突和矛盾。装备采购项目沟通管理,就是为了确保装备采购项目信息合理收集和传输,以及最终处理所需实施的一系列过程。

一、项目沟通的特点与方式

1. 项目沟通的特点

每一个项目的建立都与许多部门密切相关,对于矩阵型的项目管理组织更是如此。大部分项目都是由临时建立的项目团队实施的,具有临时性。因此,项目沟通管理必须协调各部门以及部门与部门之间的关系,以确保项目顺利实施。

每一个项目又都是一个开放的复杂系统。项目的确立都会不同程度地涉及军事、经济、文化等诸多方面,这就决定了项目沟通管理应从整体利益出发,运用系统的思想和分析方法,全过程、全方位地进行有效的管理。

2. 项目沟通的方式

1) 正式沟通与非正式沟通

正式沟通是通过项目组织明文规定的渠道进行信息传递和交流的方式。正式沟通的优点是沟通效果好,有较强的约束力。正式沟通的缺点是沟通速度慢。非正式沟通指在正式沟通渠道之外进行的信息传递和交流。这种沟通的优点是沟通方便,沟通速度快,且能提供一些正式沟通中难以获得的信息,缺点是容易失真。

2) 上行沟通、下行沟通和平行沟通

上行沟通是指下级的意见向上级反映,即自下而上的沟通。下行沟通是指领导者对员工进行的自上而下的信息沟通。平行沟通是指组织中各平行部门之间的信息交流。在项目实施过程中,经常可以看到各部门之间发生矛盾和冲突,除其他因素外,部门之间互不通气是重要原因之一。保证平行部门之间沟通渠道畅通,是减少部门之间冲突的一项重要措施。

3) 单向沟通与双向沟通

单向沟通是指发送者和接受者之间的地位不变(单向传递),一方只发送信息,另一方只接受信息的方式。这种方式信息传递速度快,但准确性较差,有时还容易使接受者产生抗拒心理。双向沟通中,发送者和接受者之间的位置不断交换,且发送者是以协商和讨论的姿态面对接受者,信息发出以后还需及时听取反馈意见,必要时双方可进行多次重复商谈,直到双方共同明确和满意为止,如交谈、协商等。其优点是沟通信息准确性较高,接受者有反馈意见的机会,产生平等感和参与感,增加自信心和责任心,有助于建立双方的感情。

二、项目沟通管理的重要性

对于项目来说,要科学地组织、指挥、协调和控制项目的实施过程,就必须进行信息沟通。没有良好的信息沟通,对项目的发展和人际关系的改善,都会存在着制约作用。具体来说,加强项目沟通管理主要有以下几方面的作用。

1. 决策和计划的基础

项目团队要想做出正确的决策,必须以准确、完整、及时的信息作为基础。

2. 组织和控制管理过程的依据和手段

只有通过信息沟通,掌握项目团队内的各方面情况,才能为科学管理提供依据,才能有效提高项目团队的组织效能。

3. 建立和改善人际关系是必不可少的条件

信息沟通,意见交流,将许多独立的个人、团体组织贯通起来,成为一个整体。畅通的信息沟通,可以减少人与人的冲突,改善人与人之间、人与团队之间的关系。

4. 项目主任成功领导的重要手段

项目主任是通过各种途径将意图传递给下级人员并使下级人员理解和执行。如果沟通不畅,下级人员就不能正确理解和执行领导意图,项目就不能按照项目主任的意图进行,最终导致项目混乱甚至项目失败。

无论何种规模及类型的项目都有其特定的周期。项目周期的每一个阶段都是重要的甚至是关键性的,特别是大型复杂武器装备项目更是如此。显而易见,为做好每一个阶段的工作,以达到预期标准和效果,就必须在项目部门内、部门与部门之间,以及项目与外界之间建立沟通渠道,快速准确地传递和沟通信息,以使项目内各部门达到协调一致。要使项目成员明确各自的职责,并了解他们的工作对实现整个项目目标所做的贡献。通过大量的信息沟通,找出项目管理的问题及解决问题,制定政策并控制评价结果。因此,通过良好的项目沟通管理,必将更好地实现项目目标。

三、项目沟通管理的方法

沟通的有效性,主要看发送者转交接受者态度的状态及其程度。人际沟通是否成功,取决于领导者所要向下级人员提供的信息与下级人员通过理解而获得的意义是否相一致。为了增加沟通成功的可能性,必须保证领导者提供的信息与下级人员对信息理解的最大限度的吻合性。

事先要系统地思考、分析和明确沟通信息,并对接受者及可能受到该项沟通的影响者予以考虑。

明确沟通的真正目的和目标,考虑沟通时的一切环境情况。计划沟通内容时应尽可能取得他人的意见。沟通时不仅要着眼于现在,还应该着眼于未来。

要使用精确的表达,要把主要人员的想法用语言和非语言精确地表达出来,而且要使接收者从沟通的语言或非语言中得出所期望的理解。要进行信息的追踪和反馈,信息沟通后,必须同时设法取得反馈,以明确下属是否真正了解,是否愿意遵循,是否采取了相应的行动等。

四、项目主任的沟通管理职能

在项目环境下,项目主任很可能花费90%或更多的个人时间来沟通。项目主任在进行沟通管理时,他所做的主要沟通管理工作是确定沟通计划、明确沟通依据和检验沟通结果处理。

1. 确定沟通计划

沟通计划的主要内容应包括沟通对象、沟通目的和目标、沟通的信息、沟通时间和沟通地点等。

2. 明确沟通依据

沟通依据的主要内容包括：

(1) 沟通要求。它是项目参加者信息要求的总和。

(2) 沟通技术。它包括根据沟通的严肃性程度所分的正式沟通和非正式沟通。根据沟通的方式所分的单向沟通和双向沟通,横向沟通和纵向沟通。根据沟通的工具所分的书面沟通和口头沟通等。

(3) 制约因素和假设。

3. 检验沟通结果处理

检验沟通结果处理的主要内容包括：

(1) 分析确定项目的利害关系者。确定他们的需要和期望,而后对这些期望进行管理和施加影响,确保项目获得成功。

(2) 制定沟通管理计划。

(3) 说明待分发信息的形式、内容、详细程度和要采用的符号规定与定义。

(4) 定出信息发生的日程表。

(5) 制定随着项目的进展而对沟通计划更新和细化的方法。

第四节　项目冲突管理

冲突是双方感知到矛盾与对立,是一方感觉到另一方对自己关心的事情产生或将要产生消极影响,因而与另一方产生互动的过程。装备采购项目管理的对象是复杂的武器装备,项目周期长、经费花费高,涉及众多部门,需要协调多方利益、多个部门和多项活动,冲突的发生是不可避免的。管理好项目冲突,有利于装备采购项目的顺利进行,可以更好地促使项目成功。

一、项目冲突的类型

1. 人员使用的冲突

对有来自于其他职能部门或参谋部门人员的项目团队而言,围绕着用人问题,会产生冲突。当人员支配权在职能部门或参谋部门的领导手中时,双方会在如何使用这些队员上存在冲突。

2. 成本费用的冲突

成本费用冲突往往出现在费用分配上。例如,项目主任分配给各职能部门的资金总被认为相对于支持要求是不足的,甲工作的负责人认为该工作中预算过小,而乙工作的预算过大。

3. 技术上的冲突

在面向技术的项目中,在技术质量、技术性能要求、技术权衡以及实现性能的手段上都会发生冲突。例如,客户认为应该采用最先进的技术方案,而项目团队则认为采用成熟的技术更为稳妥。

4. 管理程序上的冲突

许多冲突来源于项目应如何管理,即项目主任的报告关系定义、责任定义、界面关系、项目工作范围、运行要求、实施的计划、与其他组织协商的工作协议,以及管理支持程序等。

5. 项目优先权的冲突

项目参加者经常对实现项目目标应该执行的工作活动和任务的次序关系有不同的看法。优先权冲突不仅发生在项目团队与其他合作队伍之间,而且在项目团队内部也会经常发生。

6. 项目进度的冲突

围绕项目工作任务或工作活动的时间确定次序安排和进度计划会产生冲突。

二、项目冲突的起因

如何进行冲突管理,在很大程度上取决于对冲突产生原因的判断。项目中冲突产生原因主要有以下几项。

1. 沟通与知觉差异

沟通不畅容易造成双方的误解,引发冲突。由于人们看待事物往往是根据主观的认识和经验来解释事物,而不是根据客观存在的事实来理性地看待它,因而容易因对问题的理解不同而产生冲突。

2. 角色混淆

项目中的每一个成员虽然都被赋予特定的角色,并给予一定的期望,但项目中却常存在角色混淆和定位错误的情况,进而导致冲突的发生。

3. 资源分配及利益格局的变化

普遍采用的竞聘上岗活动,会引起项目中原有利益格局的变化,导致既得利益者与潜在利益者的矛盾,因为项目中某些成员由于掌控了各种资源和优势而想维持现状,另一些人则希望通过变革在未来获取这些资源和优势,由此会引发冲突甚至对抗。

4. 目标差异

不同价值理念及成长经历的项目成员有着各自不同的奋斗目标,而且往往与项目目标不一致。同时,由于所处部门及管理层面的局限,成员在看待问题及如何实现项目目标上也有很大差异,存在"屁股决定脑袋"的现象,并由此产生冲突。

三、项目冲突的影响

过去人们普遍认为冲突是有害无益的,强调管理者应尽可能避免和消除冲突。但近些年,这种观念有了很大的改变,人们意识到冲突在项目中存在的必然性和合理性,认为冲突并不一定会导致低效,建设性冲突有利于改变反应迟缓、缺乏创新的局面,提高工作效率。因此,项目有时需要建设性的冲突,管理者也需要在适当的时候激发一定水平的冲突。坦诚、建设性的冲突能够让不同观点交锋,碰撞出新的思想火花,有利于管理者顺势推动改革与创新。经常与成员面对面地沟通、辩论,诱发与成员的冲突,可以不断发现问题,改进项目的管理。项目主任应该适当地利用建设性的冲突,避免破坏性的冲突,但这两种冲突是共生的,通常只是一线之差,项目主任能否应用得好也是管理艺术的体现。

四、项目冲突的解决策略

1. 回避和冷处理

项目主任对所有的冲突不应一视同仁。当冲突微不足道、不值得花费大量时间和精力去解决时,回避是一种巧妙而有效的策略。通过回避琐碎的冲突,项目主任可以提高整体的管理效率。尤其当冲突各方情绪过于激动,需要时间使他们恢复平静时,或者立即采取行动所带来的负面效果可能超过解决冲突所获得的利益时,采取冷处理是一种明智的策略。总之,项目主任应该审慎地选择所要解决的冲突,不能天真地认为优秀的管理者就必须介入到每一个冲突中。

2. 强调共同的战略目标

共同的战略目标的作用在于使冲突各方感到使命感和向心力,意识到任何一方单凭自己的资源和力量无法实现目标,只有在全体成员通力协作下才能取得成功。各个部门和人员都会不自觉地强调自己部门或自己工作的重要性,需要使其意识到要从项目整体高度看待问题,而不是从部门甚至个人的角度。在这种情况下,冲突各方可能为这个共同的战略目标相互谦让或做出牺牲,避免冲突的发生。

3. 制度的建立和执行

制度的存在虽然让许多人觉得受到约束,但它是一条警戒线,足以规范成员的作为。因此通过制定一套切实可行的制度并将项目成员的行为纳入到制度的规范范围,靠法治而不是人治来回避和降低冲突。

4. 进行必要的妥协

妥协是在彼此之间的看法、观点的交集基础上,建立共识,彼此都做出一定的让步,达到各方都有所赢、有所输的目的。当冲突双方势均力敌或焦点问题纷繁复杂时,妥协是避免冲突,达成一致的有效策略。

5. 强制执行

强制执行是与妥协相对立的解决方式,当管理者需要对重大事件做出迅速的处理时,或者需要采取不同寻常的行动而无法顾及其他因素时,以牺牲某些利益来保证决策效率也是解决冲突的途径之一。

第五节　项目时间管理

合理地安排项目时间是项目管理中一项关键内容,它的目的是保证按时完成项目、合理分配资源、发挥最佳工作效率。

一、基本要求

按时、保质地完成项目是每一位项目主任最希望做到的,但项目进度拖延的情况却时常发生。因而合理地安排项目时间是项目管理中一项关键内容,它的目的是保证按时完成项目、合理分配资源、发挥最佳工作效率。它的主要工作包括定义项目活动、任务、活动排序、每项活动的合理工期估算、制定项目完整的进度计划、资源共享分配、监控项目进度等内容。

1. 明确项目范围

时间管理工作开始以前应该先完成项目管理工作中的范围管理部分。如果只图节省时间,把这些前期工作省略,后面的工作必然会走弯路,反而会耽误时间。项目一开始首先要有明确的项目目标、可交付产品的范围定义文档和项目的工作分解结构。由于一些是明显的、项目所必需的工作,而另一些则具有一定的隐蔽性,所以要以经验为基础,列出完整的完成项目所必需的工作,同时要有专家审定过程,以此为基础才能制定出可行的项目时间计划,进行合理的时间管理。

2. 强化第一时间观念

做任何事情都需要占用时间,时间是最珍贵、最稀有的资源,因此,必须强化在"第一时间"内完成任务的观念。要严格遵守作息时间,在规定时间段内的"起始点"完成任务。要充分地利用时间,不占用、不浪费任何一块时间。要有效地利用时间,提高工作效率。时间观念是一个意识上的问题,是工作责任心的一个方面。对于项目成员而言是内因、是根本。所以,项目主任应当利用各种可以利用的时机和场合,采取各种不同的手段和方法来强化项目团队成员的"第一时间"观念,增强整个团队和每个人的责任感、紧迫感,在第一时间完成任务的意识。在此基础上,通过培训、自我学习、实践、工作交流等方法,提高项目团队成员的专业水平和团队的整体协调能力。

3. 建好时间日志

建立一个时间日志,完整、准确记录时间是怎样花费掉的,既是时间管理的开始,也是时间管理中一项重要的准备工作。项目主任不但自己要这样做,而且要督促团队成员都要养成这样一个良好的习惯。对于这个问题,不能靠回忆来讲做了些什么,因为想象和现实常常有很大的不同,甚至有时会完全不同。在通常情况下,可以根据需要选用适合个人特点的时间管理工具,也可以每半小时自己手动记录一次时间的使用情况,每两周或一个月对记录情况进行一次分析。这样就会发现自己在时间利用上不合理的地方,从而找到改进时间管理的办法。记录时间间隔不要太短,以防产生负面效应。不要在一个时间周期(如一天)结束之后再去填写,以防记录结果带有欺骗性。记录"时间日志"贵在坚持,不能时断时续。

二、主要方法

1. 活动定义

将项目工作分解为更小、更易管理的工作包也称活动或任务,这些小的活动应该是能够保障完成交付产品的可实施的详细任务。在项目实施中,要将所有活动列成一个明确的活动清单,并且让项目团队的每一个成员能够清楚有多少工作需要处理。活动清单应该采取文档形式,以便于项目其他过程的使用和管理。当然,随着项目活动分解的深入和细化,工作分解结构可能会需要修改,这也会影响项目的其他部分。

2. 活动排序

在产品描述、活动清单的基础上,要找出项目活动之间的依赖关系和特殊领域的依赖关系、工作顺序。在这里,既要考虑团队内部希望的特殊顺序和优先逻辑关系,也要考虑内部与外部、外部与外部的各种依赖关系以及为完成项目所要做的一些相关工作。

设立项目里程碑是排序工作中很重要的一部分。里程碑是项目中关键的事件及关键的目标时间,是项目成功的重要因素。里程碑事件是确保完成项目需求的活动序列中不可或缺的一部分。

在进行项目活动关系的定义时,一般采用优先图示法、箭线图示法、条件图示法、网络模板等方法,最终形成一套项目网络图。其中比较常用的方法是优先图示法,也称为单代号网络图法。

3. 活动工期估算

项目工期估算是根据项目范围、资源状况计划列出项目活动所需要的工期。估算的工期应该现实、有效并能保证质量。所以在估算工期时要充分考虑活动清单、合理的资源需求、人员的能力因素以及环境因素对项目工期的影响。在对每项活动的工期估算中应充分考虑风险因素对工期的影响。项目工期估算完成后,可以得到量化的工期估算数据,将其文档化,同时完善并更新活动清单。

一般而言,工期估算可采取以下几种方式:

(1)专家评审形式。由有经验、有能力的人员进行分析和评估。

(2)模拟估算。使用以前类似的活动作为未来活动工期的估算基础,计算评估工期。

(3)定量型的基础工期。当产品可以用定量标准计算工期时,则采用计量单位为基础数据整体估算。

(4)保留时间。工期估算中预留一定比例作为冗余时间以应付项目风险。随着项目进展,冗余时间可以逐步减少。

4. 安排进度表

项目的进度计划意味着明确定义项目活动的开始和结束日期,这是一个反复确认的过程。进度表的确定应根据项目网络图、估算的活动工期、资源需求、资源共享情况、项目执行的工作日历、进度限制、最早和最晚时间、风险管理计划、活动特征等统一考虑。

在制定项目进度表时,先以数学分析的方法计算每个活动最早开始和结束时间、最迟开始和结束日期,得出时间进度网络图,再根据资源因素、活动时间和可冗余因素调整活动时间,最终形成最佳活动进度表。

5. 进度控制

进度控制主要是监督进度的执行状况,及时发现和纠正偏差、错误。在控制中要考虑影响项目进度变化的因素、项目进度变更对其他部分的影响因素、进度表变更时应采取的实际措施。

第十章　装备采购项目系统工程管理

装备采购项目系统工程是通过采用迭代、综合的方法,对项目技术方面进行评价、管理和控制的技术过程及技术管理过程。系统工程方法无论在国防项目的管理,还是一般商业项目都已经得到一致认同和广泛应用。装备能够形成战斗力,不仅要求装备主要作战性能指标满足要求,而且可靠性、维修性和保障性要高。将系统工程方法应用于整个采购各阶段和各项活动,可以构建一种综合机制,权衡装备规划、设计、研制、生产和保障过程中的各种技术、预算和进度等方面的约束条件,获得平衡的解决方案,有利于实现项目目标,并最终将作战有效、费用较低的装备及时交付部队。

第一节　概　　述

一、基本概念

1. 系统工程

系统工程是涵盖范围非常宽广的命题,系统工程的定义也有很多。本文采用美军2011年5月发布的《国防采购手册》中使用的定义。

系统工程是采用跨学科的方法,管理装备研制、验证和维持过程中的技术活动,实现装备、人员和过程的集成并在全寿命周期内保持平衡,最终满足用户要求。系统工程是一种技术综合的机制,涵盖了装备各构成要素和装备寿命周期内的总体方案分析、装备方案分析、工程与制造开发、生产和部署、使用与保障、退役处置以及用户训练等各个过程的技术工作和技术管理工作。

但是,对于系统工程在装备领域的应用,可以从更宽的视角加以认识。总的来说,应包括三个层次:

(1) 军事能力工程(Military Capability Engineering),主要适用于国家最高决策层,是用系统工程方法对国家面临的安全环境、国内环境特别是可用的战略资源和国防目标等进行系统分析,并对军事能力建设进行统一规划和综合管理。

(2) 系统的系统工程(System of Systems Engineering),主要适用于军队高层领导机关,是用系统工程方法对构成军事能力的各种系统,如组织系统、信息系统、后勤系统、基础设施和训练系统等进行系统分析,并对各系统建设进行统一规划和综合实施。

（3）项目系统工程(Project Systems Engineering),主要适用于项目管理组织,是用系统工程方法管理项目的各个要素和各个过程,最终目的是向用户交付能够满足要求的产品和服务。

2. 装备项目系统工程

系统工程方法无论在国防项目的管理,还是一般商业项目都已经得到一致认同和广泛应用。从本质上说,装备项目系统工程包括装备的设计、开发、试验、生产和保障所涉及的所有学科。本书将装备项目系统工程限定为:对于装备项目,采用系统工程方法对技术方面进行评价、管理和控制的活动,包括技术过程和技术管理过程。

本书将技术管理过程作为装备项目系统工程管理的重点,对技术过程只阐述最基本的内容。

3. 设计考虑要素

设计考虑因素(Design Considerations)是指在整个装备项目的系统工程活动中应当考虑的因素。设计考虑因素主要包括可生产性、可用性、维修性、保障性、可达性、生存能力、敏感性、互操作性、关键安全部件、腐蚀预防和控制、减少制造来源和材料短缺、民用货架产品、环境、安全和职业健康、人机整合、非敏感弹药(Insensitive Munitions)、开放系统设计、部件管理、项目信息防护、质量、软件、标准化、唯一性标识、退役处理和非军事化等。

4. 设计约束

设计约束(Design Constraints)是指在整个装备项目的系统工程活动中,各种技术、预算和进度等方面的约束条件。

二、项目系统工程管理的目的

系统工程采用跨工程专业的方法,开展结构完整、规范有序的技术工作,其作用是对产品和过程进行同步的设计和开发来满足用户需求。系统工程方法并行考虑整个寿命周期的所有需求,从而将所需的作战使用能力转化为综合的系统设计。由于装备变得日益庞大而复杂,设计、研制和生产这样的装备,需要综合考虑众多的活动和过程。系统工程便是协调和综合装备寿命周期内所有活动的方法,它综合运用各种技术管理过程完成综合的装备设计。

项目主任要充分运用系统工程方法,将作战使用需求和能力需求转化成适于作战使用的装备。系统工程贯穿于设计、生产、试验与评价、保障等全过程,系统工程原理会影响装备性能、费用和进度参数及相关风险间的平衡。由于项目主任领导、决定和监督项目的整个寿命周期,实施系统工程方法可使过程更为有序,可以给项目主任提供必要的信息,有助于做出有效的权衡决策。

系统工程提供一整套方法,帮助协调和综合装备整个寿命周期内的各项活动,它构建一个技术框架,指导对装备的性能、风险、费用和进度做正确的综合权衡决策。成功运用经过考验的有序的系统工程过程,可以使装备方案更好地适应不断变化的技术、生产和使用环境,更好地适合用户需求,更好地实现多种要求、设计考虑因素、设计约束条件和项目预算间的平衡。

三、项目系统工程管理的基本要求

1. 树立全系统全寿命管理的理念

系统工程的精髓是运用全系统全寿命的方法进行装备的规划、设计、研制、生产和保障。装备全系统全寿命管理要贯穿于采购各阶段所有采购职能部门和采购人员的决策。

明确项目主任是完成项目全寿命系统管理目标的唯一责任人。出于负责全系统全寿命管理的需要,项目主任在装备研制的每项决策时,都要考虑这种决策对装备作战效能和保障承受性的长期影响。

项目主任应运用人机整合以优化整个装备系统的性能(硬件、软件和人员)、作战效能、适用性、生存力、安全性和经济承受性,考虑保障性、寿命周期费用、性能和进度,做出相应的项目决策。使用和保障规划及全寿命费用估算均应尽早进行。

全系统全寿命管理理念内容丰富,对于不同的采购项目可能会有不同的表现方式,但核心是:明确具体责任,将保障性和维持为关键性能,将最终满足使用要求放在第一位,提高可靠性并缩减后勤规模、不断审查保障策略。

2. 明确系统工程管理的职责

要履行全系统全寿命管理职责,项目主任就要运用系统工程的过程和方法,以降低费用、性能和进度方面的风险,最终形成的解决方案应当是可互操作的,符合装备性能能力需求。项目主任要充分运用系统工程方法,实现性能与全寿命费用的最佳平衡。武器系统的有效维持源自平衡的解决方案,系统工程要在每一个采购阶段都扮演主要角色。

对于所有重要的备选方案和重大采购决策过程,决策部门要切实做到充分掌握其决策结果,将对装备使用和维持阶段的装备效能和经济承受性带来的后果。项目在其寿命周期中走得越远,装备更改所引发的费用就越高。要避免这种情况,最有效的方法是在研制早期采取措施。因为在这个阶段,项目的灵活余地最大。在寿命周期的早期,深入分析整个寿命周期的有关问题,开展费用—效能权衡研究可以获得平衡的寿命周期设计,防止在装备寿命周期的较晚阶段再要求更改。

3. 及早规划并严格过程审查

系统工程要在项目提出的初始阶段即行运用,以构建项目的技术基础。根据最初确定的要求制定项目策略和采购计划,开展需求管理、风险管理和设计权衡管理,对所有利益相关者在技术、保障、试验、费用估算等方面所做的工作加以综合。系统工程计划也应早在项目定义阶段就要制定,并随着项目的不断成熟而定期更新。系统工程总体策略要融入项目的其他各项策略。系统工程可以实现全系统全寿命管理,可以作为工作框架,据以在装备性能、费用和进度之间做权衡决策。

采购项用应制定系统工程实施计划,供里程碑决策者在里程碑审查时一并批准,并纳入采购策略。该计划需规定项目的总体技术途径,包括过程、资源、衡量准则和相应的履约激励措施,同时规定各种审查的详细时间节点、审查过程和通用准则。

四、系统工程过程的组织领导

1. 系统工程的负责人

采购单位的业务部门对项目实施技术监督。作为技术监督的内容之一,采购单位的业务部门也是系统工程的技术权力单位。技术权力单位是独立于项目主任指挥线的一个组织,其责任和任务是在装备研制、生产和保障诸阶段规定、批准和判断装备与技术过程是否符合各项技术要求及政策,确保将正确的系统工程过程应用于项目,确保对项目系统工程的工作人员进行培训、资质认证和监督。

在项目提出的初始阶段,项目主任应任命一名主任系统工程师(有时也称首席系统工程师、总工程师、总设计师)。主任系统工程师对项目主任的责任是实现项目目标,对系统工程技术权力部门的责任是正确运用系统工程。

2. 系统工程的参与方

系统工程一般要由多学科的专家组成工作组实施。系统工程工作组将用户定义的能力转化为满足费用、进度和性能约束条件的作战使用规范。系统工程过程的实施一般要由主任系统工程师负责,但非系统工程机构的人员也可以执行与系统工程有关的活动。

项目的大多数人员都要把自己看成是系统工程过程的参与者。

与系统工程有关的其他活动,包括定义体系结构和能力、实施功能分析,一般由作战人员、采购单位和计划人员在项目启动前完成。

五、对承制单位系统工程过程的评价

装备承制单位应使用各种标准和模型及其配套评估方法,建设其初始的系统工程过程能力,并不断加以改进。军方应依据承制单位经过验证的系统工程过程能力、系统工程过程的成熟度,经过验证的专业经验以及与项目需求相称的既往履约记录,来选择承制单位。

1. 选择评价标准

要在使用标准还是能力和成熟度模型进行评价之间做出选择。标准与能力和成熟度模型的主要区别在于其目的。标准提供的是推荐性过程,供装备承制单位内使用,其用途是规定预期的任务和结果,规定如何将过程和任务综合起来,提供所需的输入和输出。标准为装备承制单位提供了规范过程,有资质的人员通过合适的工具和方法实施这些过程,就可以产生高效率、高效益的系统工程。能力和成熟度模型的目的则是过程改进。利用能力和成熟度模型,评估装备承制单位执行标准过程的情况。无论是能力和成熟度模型还是标准过程,对承制单位都是有用的。要掌握它们各自的作用,做招标工作时要力求说明潜在承制单位的模型和标准。从原则上说,应确保承制单位正在建立一种或数种系统工程实施过程,确保承制单位维护这些过程,在整个承制单位内统一执行这些过程。如果选择的承制单位的系统工程过程不理想,就会导致出现一些问题,如不能正确理解要求和约束条件、不知道如何管理它们、装备设计更改文件缺失、技术状态控制不良和制造质量控制不力等。

2. 能力审查

能力审查,如制造能力和软件能力审查,对进行来源选择很有作用,可以评估承制单位在一些指定的关键过程方面的能力。能力审查是评定一些项目专用关键过程的有力手段,如系统工程、软件开发、技术状态管理等。通过审查可以明确对过程的既往执行记录,确定选择某个承制单位有无风险。当该承制单位获得合同后,能力审查又可以帮助确定军方需要实施何种水平的监督才能有效管理伴随该过程的风险。而判断是否做能力审查,则要综合考虑过程的重要程度,进行能力审查所需的时间和资源以及承制单位既往履行该过程的数据的可用性、充足性和现行有效性。

3. 能力评价

在任何情况下,都应鼓励在合同签约前或签约后,独立评价所选承制单位的过程能力,以便更好地把握承制单位能力的风险。承制单位一经选定,即可实施评价,以便对承制单位的能力风险进行早期评估。应将定期评估作为合同过程监控活动之一,但评估或评价方法可根据具体项目、伴随项目产生的风险水平和所关心的问题而定,重点关注:①评价结果。判断选择该承制单位是否正确和承制单位能否履行合同要求。②评价对象。如果针对承制单位的全部管理机构,而不仅仅针对装备承制单位的局部,其作用最大。③评价重点。评价承制单位的能力时,至少应将专业经验与过程成熟度等级置于同等重要的地位。

第二节 系统工程过程

系统工程过程是将用户提出的使用要求转化为装备性能参数、装备技术状态描述和各项活动与决策的逻辑序列。系统工程过程是把用户的需求转化为设计的过程,是项目系统工程管理的核心。

一、系统工程过程的组成

从总体上说,系统工程过程在采购过程某个阶段中是反复迭代,在装备的系统结构由高到低层次上是逐步递归。系统工程过程通过受控的基线使项目从一个层次向下一个更详细的层次逐步推进。这一过程应用于装备系统、分系统、部件,应用于支持装备的生产、使用、训练、保障和退役处理。通过技术管理过程和活动,可以发现一些具体的要求、接口或设计方案并非最佳并加以更改,从而提高整个装备的性能,实现费用节约,达到进度要求。系统工程过程的价值不仅在于将设计转化为装备,也在于它构成一个综合框架,在这个框架的指导下,可以从整体上对通用要求进行规定、分析、分解、权衡、管理、分配、指定、综合、测试、部署和维持。

系统工程过程分为技术管理过程和技术过程。系统工程过程见图 10-1。

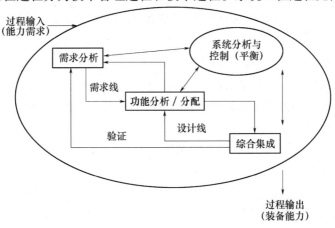

图 10-1 系统工程过程

二、技术过程

技术过程包括需求形成、逻辑分析、设计方案、实施、集成、验证、确认和转移。

项目主任利用技术过程设计装备系统、分系统和部件，包括装备生产、保障、使用所需的保障系统。（分系统的选择要视系统工程活动内容和所处采购阶段而定）。

1. 需求形成

装备项目需求形成是吸取利益相关者的各种输入，并将这些输入转化为技术要求。系统工程管理人员主要将需求文件中明确的能力不足，需要用装备方案加以解决。项目主任会同用户确定并细化作战使用需求、属性、性能参数和约束条件，确保所有相关要求都得到考虑。通过与用户协调，项目主任要将能力需求转化为下述项目要求和装备要求：性能参数目标值和门限值、经济承受性约束条件、进度约束条件和技术约束条件。

由于有一些需求只有在晚些时候通过系统分解才能确定，所以要特别注意系统工程是要反复迭代运用的。需求形成的任务是规定和细化系统、分系统、较低层次功能和性能等方面的要求以及接口，以便进行开放系统设计。在需求形成过程中，要将互操作性要求在有互操作关系的诸系统间进行分配和平衡，使之成功实现互操作，满足研制装备的综合体系结构和顶层需求文件的规定。

规定和细化需求为项目早期进行的市场研究提供了技术支持。在规定需求时，面临着要分析现有商品是否能够满足用户要求，或怎样才能满足的问题。这样的分析确保最大限度地应用开放系统原理，以减少全寿命费用，缩短研制周期。

需求形成过程是对逻辑解决方案和设计解决方案两种技术过程的补充。这三种过程在系统结构的每个层次上反复迭代，再在整个研制的物理体系结构的较低层次上以递归方式加以运用。目标是帮助确保用户提出的能力需求转化为装备实际可行、费效比要好的要求。如果通过分析获得更多的信息，对要求和接口的认识进一步加深，就要对这些需求加以更新。

2. 逻辑分析

逻辑分析是获取一组合乎逻辑的解决方案的过程。运用这些解决方案，可以加深理解规定的各项要求及要求之间的相互关系，如功能、状况、所处时间等。这组解决方案形成后，即可分配参数和约束条件，再规定导出的技术要求，用于装备的设计。

获取这组解决方案的方法有多种,通常是功能分析/分配法,但其他诸如状况分析法、时间线分析法、面向目标分析法、数据流分析法和结构分析法也都可以用。

运用逻辑分析得出的设计方法是:

(1)将装备划分成各自成一体的、有内聚力的、有逻辑关系的若干组成部分。这些组成部分包含可互换的和适配的组成单元,可以实现易更改、技术透明并降低因过时而造成的风险。

(2)利用严格、有序的接口定义。凡适当之处,均应根据广泛接受的标准规定系统内部的关键接口(包括接口标准、协议和数据交换语言及标准)。

3. 设计方案

设计方案是将需求形成过程和逻辑分析过程的输出转化为备选的设计方案,并从中选择一种最终解决方案,备选的设计方案包括:

(1)人员、产品和过程实体。

(2)相关的内部和外部接口。

解决方案的设计过程不仅要与需求形成和逻辑分析反复迭代,还要与项目的决策过程整合,以最终选定最佳解决方案。如果通过这个过程发现规定的目标值和门限值不可行、无效乃至会导向一个无效装备,则可能必须重新评价原定的性能参数。这个过程的输出是设计的物理体系结构,这种体系结构是制定规范、基线和工作分解结构的依据。物理体系结构应足够详细,能够做到:①要求的自上向下的追溯性。②确认互换性和开放系统性能要求。③验证相应的产品以满足相应的采购阶段放行准则。

要实现需求的追溯性,保证所选的物理体系结构正确无误,可以将设计分析、设计建模和仿真等手段,以高费效比的方式综合运用。

4. 实施

实施是具体实现系统层次结构中的最低层系统单元的过程。系统单元可以制造、外购或重复使用。这将牵涉加工成形、拆卸、连接等硬件加工过程,或者牵涉编码等软件开发过程。如实施涉及生产过程,则需要运用同样的技术和技术管理过程建构一个制造系统。

如果决定要生产某个装备部件,则当时的技术和被选的装备会给设计方案的实施过程造成一定的约束。如果决定外购或重复使用现有的装备部件,则实施过程中可能要对现有装备部件进行匹配或调整。总之,实施过程就是将装备各部件准备就绪,供集成、验证和确认。当然,在实际进入集成过程前,可能还需要对部件进行某些测试。部件需要集成为高级组件之处(或之时),根据情况,实施过程还可能涉及包装、装运和储存,随之亦需编制系统单元的保障文件,如使用手册、维修手册和/或安装手册。

5. 集成

集成是在物理体系结构指导下,将低一级系统单元装配成高一级系统单元的过程。集成过程的计划或策略包括装配顺序,有可能对设计解决方案形成约束。装配的系统单元亦需相应的技术和技术管理方法。

集成也指将最终装备系统置于其作战使用环境并与其规定的外部接口连接。接口管理对集成十分重要,两个过程之间会产生反复迭代。

6. 验证

验证用于证明系统单元的设计和建造是否符合规范。验证过程依据系统单元的需求对其进行测试,查验是否按规范做了。验证的目的是:

(1)对已经建成的(已实施或集成的)系统单元(含接口)进行验证,从最底层系统单元直至全系统逐一验证,确保已建成的产品按规范规定建造。

(2)生成必要的证据,证明系统层次结构中的每个层次都符合建造规范。

(3)验证系统解决方案使用的材料安全且环境友好。

随着设计由方案向详细设计再向物理产品的逐步演进,验证活动的性质亦随之变化。在装备的寿命周期内,对物理体系结构的各个层次都要加以验证,验证手段包括分析、审核、演示和测试。要以高费效比的方式将这些手段组合起来运用,这些手段都可以辅以建模和仿真。

7. 确认

确认是在装备预定的使用环境下,由预定的操作人员和用户一道测试装备性能。在装备寿命周期的早期阶段,确认可能涉及装备的样机、仿真和改装,也可能涉及一个模型或装备预定使用环境的仿真。

8. 转移

转移过程是将物理体系结构中的系统单元向下层次转移。对最终项目,转移就是把最终项目交给用户。该过程可能在操作者或用户的场所进行安装。

三、技术管理过程

项目主任运用技术管理过程,管理装备的技术研制,包括保障装备。技术管理过程包括决策分析、技术规划、技术评估、需求管理、风险管理、技术状态管理、技术数据管理、接口管理。技术管理过程的作用见表10-1。

表 10 – 1　技术管理过程的作用

过程名称	具体作用
决策分析	以正式或非正式方式做出有效权衡
技术规划	对所开展的工作建立综合规划
技术评估	真实评价项目技术进展程度
需求管理	确保装备系统满足所有利益相关方的需要
风险管理	避免出现对研制产生冲击的问题
技术状态管理	识别、管理和控制技术状态基线
技术数据管理	使装备全寿命中数据及时可用
接口管理	使整个装备系统整合在一起更有效

1. 决策分析

在需要进行决策时,决策分析可以为评定和选择备选方案奠定基础。决策分析的内容是选择决策准则和分析方法。在装备设计阶段,必须进行分析以帮助选择备选方案,实现一种平衡的、可保障的、健壮的和高费效比的装备设计。这种分析内容包括但不限于权衡研究、建模和仿真、保障性分析、修理等级分析以及费用分析。可行时,应在分析中辅以虚拟样机或实体样机验证最佳备选方案,再作决策。决策时需要考虑的因素包括互操作性约束条件、尺寸、保障性要求、维修方案、经济承受性、可靠性、可用性和维修性目标、进度。

2. 技术规划

技术规划是将系统工程过程正确应用于装备全寿命周期的保证。相对于项目规划而言,技术规划的作用是确定装备研制所需的技术工作的涵盖范围。技术规划的必备工具是系统工程计划。每种技术过程都要求做技术规划,装备的实施、综合、验证、确认和转移等过程都有可能产生一些约束条件和接口关系,这些约束条件和接口关系导出的是技术要求。

3. 技术评估

技术评估活动是监视和测量各种计划和要求的技术进展。技术评估活动包括技术性能测量和技术评审。结构完整的审查过程可以验证和确认项目及装备规划规定的放行准则的完成情况。技术评估活动可以暴露缺陷或异常,以便采取纠正措施。

本章第四节将对装备技术评估进行专门阐述。

4. 需求管理

需求管理应运用系统工程原理来获取、分析、设计、表述、传达及管理能力要求。采用全寿命渐进式的需求过程,整合所有需求利益相关者的利益,应用"系统的系统"方法,切实为部队交付经济可承受、作战有效和好保障的装备。具体应做到:①从使用的角度定义需求。②尽早吸纳主要的利益相关部门参与。③关注能力而非具体装备。④尽早识别并解决互操作性。⑤正确处理作战需求和解决方案的关系。⑥需求定义要清楚、可量化和可测量。⑦有助于客观地识别、分析和选择最佳方案。⑧从装备形成能力的各个方面考虑全寿命管理问题。⑨控制频繁变更需求。⑩对可实现性进行评估。⑪对风险及不确定性加以管理。⑫在性能、成本和时间之间进行充分权衡。⑬确保装备需求文件的可追溯性。

需求管理的核心是通过加强需求管理文件管理,确保对由用户规定的能力需求始终保持可追溯性。在能力需求提出后,始终保持各个需求的可追溯。对所有的需求更改及更改理由进行记录。

5. 风险管理

系统工程中的风险管理是研究偏离项目计划的风险。它对装备进行全面分析研究,从方案提出直至退役处理。这种分析研究在项目的早期进行,并研究装备系统各方面的相互关系。许多风险管理方法都是将设计要求与装备寿命周期内的其他问题综合起来考虑,如制造、使用、环境、安全性、人员健康考虑同素和保障。

项目主任规定风险管理过程,包括风险规划、评估辨识和分析、处理和监控,将这些加以综合并持续应用于整个项目,包括但不限于设计过程。风险管理的主要内容有风险规划、风险评估、风险处理和降低策略以及风险监控方法。

风险评估包括对项目计划中潜在的风险源进行辨识和分析,其中包括但不限于费用、性能、进度等方面的风险,分析的依据主要是项目所使用的技术及与此相关的设计、制造能力、潜在的工业货源以及试验和保障过程。

本书第十五章,将结合装备采购项目的其他风险,对装备采购风险管理进行详细阐述。

6. 技术状态管理

技术状态管理的作用是建立并保持产品特性与其要求及产品技术状态信息之间的一致性。技术状态管理需要军方与承制单位之间的良性互动。技术状态管理的对象是系统硬件、软件和文件(数据)。其工作成果则是对决策和设计更改的完整的审核轨迹。

本章第四节将对装备技术状态管理进行专门阐述。

7. 数据管理

1)项目数据的范围

数据是以各种形式或方法记录的信息,包括技术数据、计算机软件文件、管理信息、事实表述、数字或按合同或协议由军方提交或访问的某种性质的成套资料。项目数据指装备研制和维持所必需的信息,包括装备研制、研制或试验中的建模和仿真、试验与评价、安装、零件、备件、修理件、产品维修所需的使用数据、货源和/或承制单位数据。明确不属于数据范畴的是战术作战行动信息、传感器或通信信息、金融交易、人员数据、交易数据以及其他纯商务性数据。

2) 数据管理的作用

数据的作用是认识、管理和指导装备研制。数据管理在系统工程过程中作用重大。在项目办公室,数据管理指对技术性数据进行规划、采集、访问、管理、保护和使用的有序过程和制度,目的是对装备全寿命提供支持。依据全系统全寿命管理原则,数据管理由项目主任负责,并制定装备全寿命周期各阶段的数据管理计划。数据管理通过政策、制度和程序提出并控制数据要求,有针对性而经济地采集、访问和发布信息,分析数据使用情况。数据管理原则是使军方和承制单位能够共享、集成、管理数据,确保数据产品达到甚至超过用户的要求。

数据管理在采集、归纳和提供信息方面起主导作用,运用于系统工程过程的以下环节:

(1) 实现采购装备数据的协作和在寿命周期内使用。

(2) 采集和归纳所有系统工程输入以及现行、过渡性和最终输出。

(3) 建立要求、设计、解决方案、决策、依据等方面的数据的相互关系和追溯性。

(4) 记录工程决策,包括程序、方法、结果和分析。

(5) 作为系统工程工作和过程的参考和支持工具。

(6) 推动技术嵌入以改进重复采购和停产后保障期间的经济承受性。

(7) 必要时,支持技术状态管理程序。

3) 数据管理的主要活动

项目主任应制定装备寿命周期各阶段的数据管理计划。军方需要审阅和接受技术出版物、产品定义数据单元和采购人员将要使用的其他数据,他们要将这些数据用于装配或软件的安装、使用或维护。规定数据交换格式可以推动数据重复使用,促进竞争,帮助将数据始终一贯地应用于整个装备系统。

(1) 数据获取。军方应获取装备有关数据,以支持装备的采购、使用、维修或退役处理,评定承制单位的履约情况。要应用系统工程过程,也需要访问有关数据以帮助决策,但不一定要获取所有的数据。数据管理过程可协助决策,通过数据管理,可以确定哪些数据需要获取,哪些可以访问。如果认为访问数据不足以支持寿命规划和装备维修,则需要决策获取数据。获取数据所需费用应着重考虑,同时还要考虑备件和修理件的数据要求、临时采购装备的技术数据要求和数据更新要求。

（2）数据保护。项目主任负责数据保护,不论这些数据是由军方还是承制单位保存和管理的。凡含有受限制信息的数据都需要加以保护。所有数据交付件均应标有分发说明,同时制定相应办法,保护含有关键技术信息的数据,从而确保在进行系统工程活动期间正确处置限制发行的数据、知识产权数据。

（3）数据存储。项目主任亦有责任处理数据及项目相关信息的长期存储和检索。要制定计划,使持续需求的信息以适当的方式高费效比地实现数字化,保证相关数据以连续不断的格式使用、保存和累积,以利于下一步规划和使用。

8. 接口管理

接口管理过程可以确保装备各组成部分间的接口定义和符合性,保证装备与其他有互操作性要求的装备或装备组成部分间的接口定义和符合性。接口管理控制度量则保证内部和外部接口要求的各项更改都按照技术状态管理计划的规定加以记录,并将这些更改通知到所有受影响的技术状态项目。

许多外部接口都是需求文件和装备体系规定的。装备接口控制需求形成后,要形成文件,供相关部门和人员使用。这种书面记录的接口控制要求是装备系统各层次的关键功能,其中包括推动开展竞争性投标,实现装备系统和分系统的集成,支持装备系统维修、后续改进和升级,为持续风险管理工作提供输入数据。接口的细化完善是一个反复迭代的过程。设计阶段,随着对装备系统的认识日益深化,涉及的层次逐步向下延伸,可以逐步规定可验证的细化的要求和接口。定义更改接口时,要评估其对初始定义的能力和接口、性能参数门限值和目标值的影响,以及对整个装备系统的影响。

第三节　技术评审管理

技术评估活动包括技术性能测量和技术评审,其作用是及早暴露缺陷或异常,以便采取纠正措施。技术评审是随着大型复杂武器装备的发展而逐步形成的,最早由美国空军开始使用,后来得到了迅速的发展和推广。我国的技术评审工作是20世纪70年代末开始起步的,现已在装备研制过程中得到了广泛应用。我军实行装备定型制度,定型也是一种特殊形式的技术评审。本节对我军经常采用的评审做一简要介绍,详细细节请参见相关国家军用标准。

一、设计评审

设计评审是在产品研制阶段转移的关键时刻,组织主要由非直接参加设计的同行专家和有关方面人员对设计进行正式的、综合的、系统的分析、审查和评审。由于它不是设计单位内部的自我评审,因而具有客观性。有效的设计评审可以加速设计的成熟,并能降低研制费用和缩短研制周期。

1. 设计评审的时机

设计评审点的设置,一般安排在研制阶段的关键时刻。由于设计评审点是一个重要的研制质量控制点,所以它应与研制的阶段划分相适应,即选在上一个研制阶段完成,转入下一个研制阶段之前。这样可以对上一个阶段的设计工作进行评价,对转入下一个阶段进行质量把关。设计评审结果便成为批准研制阶段转移的依据。

2. 设计评审的类型

一般按照型号的系统和分系统及所有各功能设备所处的研制阶段,即设计状态来划分。例如,我国军用飞机按其研制程序规定了八种评审类型,即设计任务可行性评审、总体设计方案评审、技术设计评审(或初步设计评审)、样机审查、详细设计评审、重要试验评审、首飞评审、设计定型评审(或正式鉴定评审)。

3. 设计评审项目的选择和评审内容

设计评审项目的一般选择对象是:

(1) 系统、分系统和重大设备的设计(试验、试飞)方案。

(2) 影响系统性能、功能、安全、交联匹配、寿命的关键项目。

(3) 采用新技术、新成品、新材料、新工艺的重要设计项目。

(4) 风险大、问题多的设计项目。

(5) 标志研制阶段的转折点。

(6) 影响技术状态变化的重点设计更改。

(7) 用户提出要求评审的特定项目。

设计评审的主要内容是审查设计是否符合装备研制总要求中确定的质量及可靠性水平,审查设计方案,技术要求,计算数据,参数的正确性,接口关系的系统性、协调性以及工艺性、维修性和经济性等。根据评审对象(阶段、产品)的不同特点,评审的内容和要求应有相应的侧重点,如方案设计评审主要评审设计方案的正确性。

4. 设计评审的组织管理

设计评审的主要形式是召开评审会议。评审组织管理的主要工作内容是做好评审准备、开好评审会议和对评审结论的处置工作。

(1) 评审准备。设计评审必须有组织、有计划、有准备地进行。评审准备由被评审单位负责,主要进行三个方面的工作。组织上的准备要确定评审会议的主持人和参加者及其职责,编制出评审大纲和实施计划,并按照规定的程序提出评审申请报告。技术上的准备要为评审会议提供评审资料,包括设计报告、图样、试验文件、测试数据、原始资料、计算机软件、质量复查报告以及模型、实物等。会议上的准备要编订会议日程表、检查表,并提供会议所需的各种物资保证。

(2)召开设计评审会议。评审会议由主管设计师作技术报告,评审小组讨论、审查技术报告及设计质量。必要时,设计师可以作答辩和补充说明。通过充分讨论后,评审组长宣布评审结论。评审结论包括:对是否已满足本阶段设计要求,可否转入下一设计阶段做出结论,对设计工作及水平做出技术上的评价。

(3)评审结论的处置。根据评审结论和需要进一步做好工作的项目,由设计负责人按规定编制"改进项目措施表",限期解决。质量部门应跟踪检查完成情况,评审资料应及时归档。

二、工艺评审

工艺设计是产品设计意图物化过程所必需的中间环节,工艺设计质量的好坏,直接关系到能否经济地、有效地实现设计的要求。工艺评审是及早发现和纠正工艺设计中缺陷的工程管理方法,也是承制单位保证研制质量的一种自我完善的手段。

工艺评审的作用主要是:

(1)为批准工艺设计提供决策咨询。

(2)为对工艺设计进行质量跟踪管理提供监控信息。

(3)集思广益,弥补工艺设计者知识和经验的局限性。

(4)促使工艺设计者及时总结经验、系统整理资料、加深论证分析。

工艺评审的依据主要是研制合同、研制产品的成套技术资料以及有关的条例、标准和规范等。

工艺评审的主要形式、组织实施和结论处理等事项与设计评审类似。

三、产品质量评审

产品质量评审的目的是确保产品的研制质量,实现产品研制"一次成功"。它是由承制单位组织的,邀请设计、工艺、质量保证部门和使用方代表以及同行专家或专业技术人员参加的、对研制的产品质量及其制造过程的质量保证工作进行的评审。

产品质量评审在研制产品(分系统、系统)检验合格之后进行。

产品质量评审的依据主要是装备研制总要求或合同,研制产品的成套技术资料,以及有关的条例、标准和规范等。

产品质量评审的主要形式、组织实施和结论处理等事项与设计评审类似。

四、产品标准化检查

标准化是人们在经济、技术科学管理等社会实践中,对重复事物或概念,通过制定、发布和实施标准,达到统一,以获得最佳秩序和社会效益的一种活动。标准化是一种现代化的管理手段,也是项目系统管理的有力工具。通过制定和贯彻各种有关标准,对提高装备采购质量发挥着极为重要的作用。"没有标准化的进步,就没有质量的成功,质量与标准化是一辆马车的两个轮子。假若不了解这种关系,标准不得力,质量控制最后将以失败而告终。"新产品研制的标准化工作贯穿于从论证到定型的整个过程。

1. 标准化工作过程

1)论证阶段

论证阶段是新产品研制标准化工作的起点。标准化工作的主要内容是根据新产品的作战使用要求、全寿命周期费用以及对国内外有关标准情报的分析,提出有关标准化要求。

2)方案阶段

方案阶段是确定新产品研制标准化工作全面要求和计划的关键阶段。主要内容是根据研制总要求中的战术技术指标进行产品标准化目标分析,明确新产品标准化全部目标、工作范围和各阶段、各层次应达到的具体目标及标准化程度,通过对确定采用的标准进行剪裁,编制新产品标准化大纲。这是指导整个研制过程标准化工作的纲领。

3)工程研制阶段

工程研制阶段是具体贯彻标准和标准化要求的实施阶段。标准化工作的基本任务是贯彻实施新产品标准化大纲,并对贯彻实施情况进行监督、检查。工作的主要内容有:

(1)分析有关新产品的标准及资料,完成贯彻标准的准备工作。

(2)实施新产品通用化、系列化、组合化设计。

(3)对标准和标准化要求的实施情况进行监督检查,并协调解决有关问题。

(4)对新产品图样和技术文件进行标准化检查等。

4)设计定型阶段

设计定型阶段是对标准化工作全面考核的阶段。要根据新产品标准化大纲对新产品设计的标准化工作进行全面审查,确认其是否已达到规定的目标和要求,该阶段标准化工作的主要内容是对提交设计定型的图样和技术文件进行标准化检查、审查贯彻有关标准和标准化要求的情况、解决工程研制阶段遗留的以及设计定型审查中提出的标准化问题和编写新产品设计定型标准化审查报告。

5）生产定型阶段

生产定型阶段是对新产品生产标准化工作进行全面考核的阶段。其基本任务是根据设计定型资料及由承制单位编制的新产品工艺标准化综合要求，对新产品生产工艺、生产条件及质量控制等方面的标准化要求进行全面审查，确认其是否达到批量生产条件。该阶段标准化工作的主要内容还包括：

（1）对提交生产定型的工装、图样、工艺文件进行标准化检查。

（2）制定和审查工艺及工装标准。

（3）解决试生产及设计定型时遗留的标准化问题。

（4）编写新产品生产定型标准化审查报告。

2. 标准化工作内容

军方在新产品研制各阶段对标准化工作主要任务是：

（1）使用部门在研制初期提出标准化要求。

（2）审查新产品研制采用的标准目录。

（3）通过抽查设计图样和技术文件，检查标准化工作的贯彻落实情况。

（4）在参加新产品技术鉴定和定型工作过程中，参加标准化检查，重点审查产品图样、产品规范（技术条件）和工艺文件是否符合标准化要求。

（5）对于大型复杂装备，要督促总设计师单位做好标准化工作的统一管理工作，规范新产品标准化大纲的编制工作，保证参加研制的各单位的新产品标准化大纲相互协调一致。

3. 标准化检查

标准化检查通常与设计评审和工艺评审结合进行，主要形式、组织实施和结论处理等事项与设计评审类似。

五、产品定型审查

新产品的定型工作是新产品研制的最后阶段，也是考核研制任务最终完成和全面评定研制质量的关键环节。

1. 一般要求

（1）产品定型是国家对新研制产品进行全面考核，确认其达到规定的标准，并按规定的程序和要求办理上报审批手续。

（2）在国务院、中央军委的领导下，设立"国务院、中央军委军工产品定型委员会"（一级定委），统一领导军工产品定型工作。在一级定委领导下，设立若干个按产品类别区分的定型委员会（二级定委），负责管理各自分工范围内的军工产品定型工作。

（3）凡拟正式装备部队的新型武器装备、器材等产品（不含战略核武器），均应按《军工产品定型工作条例》及其实施细则的规定实行产品定型。

（4）新研制的产品必须实行设计定型，确认其达到规定的设计定型标准，并按规定办理审批手续。

经设计定型的产品，在正式批量投产前，必须实行生产定型，确认其达到规定的定型标准，并按规定办理审批手续。

（5）未经定型（或鉴定）的产品，除报请上级主管部门批准外，一律不得投入生产。

2. 定型原则

（1）新研制的产品，一般应先进行设计定型，后进行生产定型。生产批量很小的产品，可以只进行设计定型。

（2）按引进的图样、资料仿制的产品，只进行生产定型。

（3）单件生产的或技术简单的产品不进行定型，可用技术鉴定的方式考核。考核的内容、方法、批准手续，由组织鉴定的部门参照《军工产品定型工作条例》确定。

（4）凡能单独考核的一般零部件、元器件、原材料，应在产品定型前进行鉴定。

（5）产品必须依照国家规定的标准化、系列化、通用化原则成套定型。凡能单独考核的配套产品，应在主产品（主机）定型前定型。

产品只进行何种定型或只进行鉴定，应在下达装备研制总要求时预先做出规定。

3. 设计定型的标准和要求

（1）经过设计定型试验，证明产品的性能达到批准的战术技术指标和使用要求。

（2）符合标准化、系列化、通用化的要求。

（3）设计图样及技术文件完整、准确，验收技术条件及使用说明书等齐备。

（4）产品配套齐全。

（5）构成产品的所有配套设备、零部件、元器件、原材料等有供货来源。

4. 生产定型的标准和要求

（1）具备成套批量生产条件，质量稳定。

（2）经试验和部队试用，产品性能符合批准设计定型时的要求和实战需要。

（3）生产与验收的各种技术文件齐备。

（4）配套设备与零部件、元器件、原材料能保证供应。

第四节　技术状态管理

技术状态管理是技术过程管理的一个重要组成部分,应用于产品的整个寿命周期中。技术状态管理在装备研制过程中起着非常重要的作用,而且产品研制过程中的诸多技术管理活动也是围绕技术状态控制来开展的,技术状态管理是否到位、技术状态是否受控,关系到装备研制的成败。根据有关标准和合同的要求,装备承制单位应建立装备技术状态管理程序并加以实施,军方主要是对承制单位的实施过程进行监督、控制和管理。

一、概述

1. 基本概念

1）技术状态

技术状态是在技术文件中规定的并且在装备中达到的功能特性和物理特性。其中,功能特性是指装备的性能指标、设计约束条件和使用保障要求,如装备的使用范围、速度、杀伤力等性能指标以及可靠性、维修性和安全性等。物理特性是指装备的形体特性,如装备的结构、尺寸、粗糙度、形状、配合、公差等。

2）技术状态项

技术状态项是能满足最终使用功能,并被指定作为单个实体进行技术状态管理的硬件、软件或其集合体。

3）技术状态文件

技术状态文件是规定技术状态项的功能特性和物理特性,或者从这些内容发展而来的关于技术状态验证、使用、保障和报废要求的技术文件。技术状态文件分为功能技术状态文件、分配技术状态文件、产品技术状态文件。这三种技术状态文件,在不同的研制阶段进行编制、批准和保持,且在内容上逐级细化。功能技术状态文件规定产品的功能特性、接口特性和验证要求;分配技术状态文件规定技术状态项的接口特性、从高一层技术状态项分配下来的功能特性和接口特性、附加的设计约束,以及上述特性的验证要求;产品技术状态文件规定技术状态项所有必需的功能特性、物理特性,以及检验验收、使用、保障和报废要求。

4）功能基线

功能基线是经批准形成的用以描述系统或技术状态项目功能、共用性、接口特性,以及验证这些特性是否达到规定要求所需的检查程序与方法的文件。

5）分配基线

分配基线是经批准形成的用以描述技术状态项目从系统或高一层技术状态

项目分配下来的功能特性和接口特性、技术状态项目的接口要求、附加的设计约束条件以及为验证上述特性是否达到规定要求所需的检查程序和方法的文件。

6）产品基线

产品基线是经批准形成的用以规定技术状态项目所有必需的功能特性和物理特性及其生产验收程序与方法的一类文件。

7）技术状态管理

技术状态管理是在装备全寿命周期内，为确立和维持产品的功能特性、物理特性与产品需求、技术状态文件规定保持一致的管理活动。其主要内容包括技术状态标识、技术状态控制、技术状态纪实和技术状态审核。

技术状态标识是指确定技术状态项及其所需技术状态文件，标识技术状态项及其技术状态文件，发放和保持技术状态文件，建立技术状态基线的活动。

技术状态控制是指技术状态基线建立后，对提出的技术状态更改申请、偏离许可申请和让步申请所进行的论证、评定、协调、审批和实施活动。

技术状态纪实是指在产品寿命周期内，为说明产品的技术状态所进行的记录和报告活动。

技术状态审核是指为确定技术状态项与其技术状态文件的一致程度而进行的正式检查，包括功能技术状态审核和物理技术状态审核。

2. 技术状态管理的过程

技术状态管理的基本过程是：

（1）选定所有技术状态项，并明确其功能特性和物理特性。

（2）控制这些特性的更改，使其始终处于受控状态。

（3）报告和记录更改处理过程及验证实施情况，保持技术状态的可追溯性。

（4）对每一个技术状态项进行功能技术状态审核和物理技术状态审核，据此确定技术状态项与其技术状态文件的一致程度。

3. 技术状态管理的要求

这里所指的技术状态管理的要求是指军方在技术状态管理中的要求，而不是对承制单位如何进行技术状态管理的要求。承制单位开展技术状态管理应按照有关军用标准执行。

军方管理装备承制单位的技术状态管理，应按以下要求进行：

（1）依据有关法规和合同要求，对承制单位技术状态管理进行监督，落实管理措施，确保管理的有效性。

（2）监督承制单位按照装备类别、合同要求和有关标准，制定并执行技术状态管理形成文件的程序。

（3）监督承制单位在装备系统或技术状态项目研制过程的不同阶段，分别编制出能全面反映其在某一特定时刻能够确定下来的技术状态的文件,经军方确认后建立功能基线、分配基线、产品基线,并控制对这些基线的更改,使对这些基线所做出的全部更改都具有可追溯性,以确保装备系统或技术状态项目在其研制、生产和使用的任何时刻,都能使用正确的技术文件。

(4)监督承制单位制定技术状态管理计划。技术状态管理计划应符合合同要求,明确对技术状态项目的功能特性和物理特性进行管理所采取的程序和方法。

(5)军方应对承制单位技术状态管理过程相互关联的活动实施管理。

二、技术状态标识管理

技术状态标识为技术状态控制、技术状态纪实和技术状态审核建立并保持了一个确定的文件依据。装备的技术状态是通过技术状态的逐步标识确定的。也就是说,技术状态标识决定了装备的技术状态。技术状态标识始于论证阶段,其标志是编制出描述该项目功能特性的一系列文件中的第一份文件。技术状态标识随着研制的进展越来越具体;到工程研制阶段结束时,已形成一系列的文件。正式投产的产品只有完全符合这些文件规定的要求才能被接收。军方应监督承制单位进行技术状态标识,为技术状态控制、技术状态纪实和技术状态审核建立并保持系统的文件依据。

1. 选择技术状态项目

军方应监督承制单位选择功能特性和物理特性能被单独管理的项目作为技术状态项目,一般选择:

(1)装备系统、分系统级项目和跨承制单位、分承制单位研制的项目。

(2)在风险、安全、完成作战任务等方面具有关键性的项目。

(3)采用了新技术、新设计或全新研制的项目。

(4)与其他项目有重要接口的项目和共用分系统。

(5)单独采购的项目。

(6)使用和维修方面需着重考虑的项目。选择的技术状态项目应由承制单位和军方协商后共同提出,经批准的技术状态项目应在合同中规定。

2. 建立技术状态基线

军方应要求承制单位建立三种技术状态基线:

(1)在论证阶段,编制功能技术状态文件,形成功能基线,功能基线应与装备战术技术指标协调一致。

(2)在方案阶段,编制分配技术状态文件,形成分配基线,分配基线应与装备研制总要求的技术内容协调一致。

（3）在工程研制阶段，编制产品技术状态文件，形成产品基线，产品基线应与研制合同中的技术要求协调一致。

3. 编制技术状态文件

军方应监督承制单位功能技术状态文件的编制，确认其满足装备主要作战使用性能要求。监督承制单位分配技术状态文件的编制，确认其符合装备研制总要求。监督承制单位产品技术状态文件的编制，确认其符合研制合同的要求。

技术状态基线建立后，军方应要求承制单位控制并保持所有现行已批准技术状态文件的原件。监督承制单位指定用以标识每个技术状态项目、技术状态文件、技术状态文件更改建议以及偏离许可与让步的标识号并进行编码。监督承制单位制定并执行发放技术状态文件的程序，使其工程文件发放系统将有关的技术状态文件发放到各有关部门。

军方应要求承制单位规定装备系统和技术状态项目的接口要求。在研制期间，检查合同中规定必须控制的接口要求是否纳入功能技术状态文件或分配技术状态文件。监督承制单位确保所设计的各种硬件和软件之间的兼容性，并确保它们与技术状态文件中规定的相应接口要求之间的兼容性。

三、技术状态控制管理

技术状态控制是技术状态管理的核心，也是最重要的管理内容。

技术状态控制一般应包括：

（1）有效控制对所有技术状态项目及其技术状态文件的更改。

（2）制定有效控制技术状态文件更改、偏离许可和让步的程序与方法。

（3）确保已批准的更改得到实施。

按对装备的影响程度不同，将技术状态文件更改分为以下三类：

（1）Ⅰ类技术状态文件更改：影响装备战术技术性能、结构、强度、互换性、通用性、安全性等的更改。

（2）Ⅱ类技术状态文件更改：对不涉及装备性能、结构、强度、互换性、通用性、安全性等的更改和其他一般性修改、补充。

（3）Ⅲ类技术状态文件更改：勘误译印、修正描图等不影响装备质量的更改和补充。

技术状态文件更改应坚持以下基本原则：

（1）纠正缺陷。

（2）满足装备使用需要，主要是指增加或修改接口和共用性要求等需求。

（3）提高装备质量，降低装备成本。

（4）确保图样、资料的完整、正确和统一。

（5）偏离许可、让步不得进行技术状态文件更改。

技术状态文件更改按以下程序要求进行：

（1）提出技术状态文件更改，判定技术状态文件更改的必要性。

（2）确定技术状态文件更改类别。

（3）审查和评价更改。

（4）拟定技术状态文件更改建议。

（5）将技术状态文件更改建议提交军方审签或备案。Ⅰ类技术状态文件更改应上报主管装备机关审批或备案。

（6）将已确认的技术状态文件更改纳入技术状态文件，必要时将其纳入合同。

（7）对相关文件实施更改。

四、技术状态纪实管理

军方应监督承制单位进行技术状态纪实，以准确记录每一技术状态项的技术状态，保证可追溯性。

技术状态纪实一般应包括：

（1）标识各技术状态项目的已批准的现行技术状态文件，给出各有关技术状态项目的标识号。

（2）记录并报告技术状态文件更改建议提出及其审批情况。

（3）记录并报告技术状态审核的结果，包括不符合的状况和最终处理情况。

（4）记录并报告技术状态项目的所有偏离许可和让步的状况。

（5）记录并报告已批准更改的实施状况。

（6）提供每一技术状态项目的所有更改对初始确定的基线的可追溯性。

应检查承制单位技术状态状况记录是否准确、及时，记录内容是否符合要求，审查承制单位下述不同类型的报告：技术状态项目及其技术状态基线文件清单、当前的技术状态状况、技术状态文件更改、偏离许可和让步状况报告、技术状态文件更改实施和检查或验证的报告。

五、技术状态审核管理

军方按合同或装备主管机关（部门）的要求，参加在承制单位现场进行的技术状态审核工作。对每个技术状态项目进行功能技术状态审核和物理技术状态审核。如果合同要求，还应对整个装备系统进行功能技术状态审核和物理技术状态审核。功能技术状态审核应在设计定型（鉴定）前根据拟正式提交设计定型（鉴定）的样机或装备的试验情况进行。物理技术状态审核应在完成功能技术状态审核之后,或与功能技术状态审核同时,根据按正式生产工艺制造的首批(个)生产件的试验与检验情况进行。

技术状态审核完成后,军方应进行下列工作:

(1)审查有关审核记录,保证其内容正确、完整地反映军方的所有重要意见。

(2)做出技术状态审核的结论。

(3)跟踪管理审核遗留问题的解决及效果。

第十一章 装备试验与评价管理

装备试验与评价不是装备寿命周期中的某个阶段，而是贯穿于始终的一类活动。装备试验与评价包括装备科研、装备生产和装备使用期间所有的物理试验、建模与仿真、作战试验以及相应的评价。"试验是采购的良心"，是验证和衡量采购效果的根本手段。试验不充分、试验管理不严格甚至于弄虚作假，如果发生在装备研制生产过程，可能只是对后续阶段造成损失。但如果发生在装备验收过程，则会使所有保证装备质量的努力付诸东流，装备发挥不出期望的作战性能，必然会导致战斗甚至于一场战争的失败。

第一节 概　　述

一、基本概念

1. 装备试验

《军事大辞海》将试验定义为："为考察某种事物的性能或效果而从事的活动。"

美军的《国防采办缩略语和术语汇编》(Glossary：Defense Acquisition Acronyms and Terms)中，对试验的解释是："任何旨在获得、验证或提供数据，用于评价以下内容的一项计划或程序：

（1）实现研制目标的进展情况；

（2）系统、分系统、部件和相关设备的性能、作战能力和作战适用性；

（3）系统、分系统、部件和设备的易损性及杀伤力。"

GJB 9001B—2009《质量管理体系要求》将试验定义为：按照程序确定一个或多个特性。

《装备条例》第五十条规定装备试验的任务是："对被试验装备提出准确的试验结果，做出正确的试验结论，为装备的定型工作、部队使用、装备承制单位验证设计思想和检验生产工艺提供科学依据。"

中国军事百科全书的《军事装备发展》分册对"装备试验"做出了以下描述："按照规定的程序和指标要求，对装备性能进行考核验证的活动。是装备研制工作的重要环节,是验证设计思想正确与否的重要途径,是确定产品能否定型的重要依据,是确保装备质量的重要手段。目的是通过试验获取、核实和提供准确的试验数据,为装备定型、部队使用、装备管理,以及装备承制单位验证设计思想和检验生产工艺提供科学依据,减少装备科研技术风险,降低装备采办费用。"

综合以上定义,本书将装备试验定义为:"在特定的环境或规定的条件下,按照规定的程序,测量装备特性的活动。"

2. 装备试验与评价

试验与评价一词多见于外军译著。美军的《国防采办缩略语和术语汇编》对试验与评价(Test and Evaluation,T&E)的解释是:"演练系统或部件、对结果进行分析以提供与性能相关的信息的过程。该信息有很多用途,包括风险识别、风险降低及为验证模型和仿真提供经验数据。试验与评价能对技术性能、技术规范的实现情况和系统成熟度进行评估,以确定系统是否具备预期的作战效能、适用性、生存性和/或杀伤力。"

《装备条例》明确规定:"装备试验要对被试验装备做出正确的试验结论",因此试验的过程包含了评价的过程,试验的概念涵盖了试验和评价两个词的含义。可见,试验与评价的意义不尽相同,试验是获取信息的过程,评价是通过试验获取的信息进行分析、判断,归纳出结论的活动过程。试验和评价两词是密切相关而且不可分割的活动过程,试验是评价的前提和基础,评价是试验的延伸和目的。没有通过试验获取可靠的信息,就不可能得出正确评价。

本书对试验和试验与评价不做严格区分,通常使用试验与评价,在某些语境中也直接用试验来代表试验与评价。

3. 研制试验与评价和作战试验与评价

美军将试验与评价划分为研制试验与评价(Developmental Test and Evaluation,DT&E)和作战试验与评价(Operational Test and Evaluation,OT&E)。

研制试验与评价的作用是指导产品研制与生产、掌握产品的构造原理、评估生产与保障过程,验证技术改进的情况,寻求降低设计风险的途径,判定合同要求的技术性能,检查初始作战试验准备情况。研制试验通常由工程技术人员或负责作战与保障的军事人员在受控的环境下使用仪器设备进行。

作战试验与评价的作用是对装备的作战有效性和作战适宜性做出评价。作战试验由具有代表性的部队,在尽可能真实的条件下进行,并对试验结果进行评价。另外,对于带防护的系统、重要的弹药项目和导弹项目,在超越初始小批量生产前,还应进行实弹试验与评价(Live Fire Test and Evaluation,LFT&E),对装备的易受伤害性和/或杀伤性进行试验与评价。其中带防护的系统是指对装备使用人员提供某种程度防护的车辆。研制试验与评价和装备作战试验与评价的区别见表11 – 1。

表 11 – 1　研制试验与评价和作战试验与评价的差别

试验类别	研制试验与评价	作战试验与评价
监管部门	项目主任	军种独立的机构或国防部的机构
承制单位是否参与	参与	不参与
承试单位(人员)	训练有素的操作人员	新近培训的部队用户
试验内容	单项试验和分系统试验	主装备与配套装备的综合试验
试验条件和环境	可控条件	实际作战环境
试验依据	按规定的技术要求进行试验	按用户需求进行试验
评定标准	技术性能是否达到设计目标	装备的作战效能与适用性
试验样品	研制品或样机	最终产品或试用品

4. 试验基地试验与部队试验

我军装备设计定型试验包括试验基地试验和部队试验,其中试验基地包括总装备部授权或经二级定委认可的试验场、试验中心以及其他试验单位。试验基地试验主要考核装备的战术技术指标,部队试验主要考核装备的作战使用性能和部队适用性(含编配方案、训练要求等)。试验基地试验与部队试验的区别见表11 – 2。

表 11 – 2　试验基地试验与部队试验的区别

试验类别	部队试验	试验基地试验
承试单位	作战部队	试验基地
试验环境	实际使用环境	特定的可控环境
考核内容	作战使用性能、部队适用性等	战术技术性能指标
试验依据	部队试验规程	定型试验规程
评定标准	作战效能、使用保障要求等	战术技术指标

二、装备试验与评价的基本程序

各种试验与评价的过程不尽相同,但是一般都包括以下基本步骤:

(1)明确决策所需的试验与评价信息,确定试验与评价的关键问题、目标并形成文件。

(2)进行试验前分析,以确定所需的数据类型和数量、预期或预计能从试验得到的结果和进行试验与评价所需的各种手段或工具。在分析中可以采用各种经过验证的模型并进行仿真。

（3）制定试验大纲和具体实施计划，其主要内容包括任务依据、试验性质、试验目的、受试装备及其技术状态、试验科目、试验流程、试验组织、试验评价标准等。

（4）试验实施和数据收集与管理。按照计划实施试验，按照试验前分析确定的数据要求详细地收集各种数据，对数据进行分析处理，根据试验过程及结果编写试验报告。

（5）试验后的综合与评价，包括对试验数据进行分析和处理，与预计结果进行比较做出评价，若有偏离，研究其原因。

（6）将试验与评价信息与其他信息结合，通过综合权衡，确定具体的对策措施。

三、装备试验与评价的基本要求

试验与评价是一项贯穿于装备采购过程始终的重要活动。在装备研制生产过程中，通过试验与评价来验证技术方案，有利于及早发现问题。在装备验收过程中，通过试验与评价来判断装备是否满足要求，有利于保证合格装备交付部队。装备试验必须做到科学求实、严密组织、周到细致、稳妥可靠，严格保证试验质量，做好技术反馈工作，为部队使用负责，为装备科研生产服务。

1. 健全组织体系

对试验与评价的重视程度和试验与评价管理水平的高低，首先体现在组织体系是否健全上。总体而言，根据试验特点和所发挥作用的不同，应包括三个组织体系，即承包商试验与评价体系、研制试验与评价体系和作战试验与评价体系。承包商试验与评价体系应纳入承包商质量管理体系之中，采购部门承担着对其监督的职能。研制试验与评价体系由采购部门负责。作战试验与评价体系则要独立于采购部门之外。

2. 制定整体规划

虽然试验与评价起着监督和把关的作用，但也不能将其与整个采购过程分离开来。试验与评价本来就是系统工程的一部分，必须与项目管理其他活动协调一致。在项目启动之初，就要制定试验与评价的规划，并随着项目进展，及时加以更新。通过制定整体规划，协调开展各种试验与评价的要求、承担的部门、实施的时间和资源保障等，既保证完成必要的试验与评价内容，也避免因试验与评价计划不周影响整个项目的进展。

3. 强化资源共享

在装备全寿命周期中，需要进行各种各样的试验。不同类型的试验，试验目的也不同。但不同类型的试验，彼此之间也存在着紧密联系，有时甚至在试验内容、试验方法和试验数据上存在很多的相似之处。因此,要通过资源共享提高试验资源的使用效益,提高整体效能,减少重复和浪费。有时,也可以避免因试验与评价结果的差异产生分歧,还可以防止因资源的不足导致试验与评价不充分的现象发生。试验资源是一个整体概念,包括试验设施设备、试验技术、试验人员、试验信息,甚至包括受试装备本身。部队的训练也可以看做是一种装备使用试验。但是,实现试验资源共享,要建立在不能降低试验与评价要求的前提下,特别是作战试验与评价的要求。实现资源共享是一个非常复杂的过程,需要协调多个部门、统筹多个采购环节和建立信息保证机制。

4. 注重互操作性试验

互操作性试验是最复杂的一类试验,也是最重要的试验。互操作性试验用于评价多种装备之间、多个部队之间、多个军种之间,甚至多个国家军队之间在进行作战时,是否能够协调一致,信息是否能够互联互通,是否形成了整体作战能力。开展互操作性试验需要协调的方面很多,包括受试装备、试验部队、试验管理部门、试验设施等。从长远发展来看,除了进行专门的互操作性试验以外,更多情况下,应该在完成其他试验任务的同时,加入互操作性试验项目。而且,要将部队的一体化联合作战训练和演习,看做是互操作性试验的重要组织部分,把在训练与演习中获得的数据、信息和发现的问题,及时反馈到装备采购部门,作为装备采购过程提高装备互操作性的重要依据。

四、装备试验与评价管理组织

装备试验与评价管理组织是国家和军队对装备试验工作实施领导和决策的组织领导系统,是国防领导体制特别是国防科技与装备领导体制的重要组成部分。试验管理组织是一个由多个层次、多种机构组成的综合系统,主要包括国家和军队领导及管理装备试验的机构设置、各级职责和权限划分。

我国装备试验与评价工作实行的是统分结合的管理模式,总装备部在中央军委领导下,负责装备试验工作的统一管理。

我国装备试验执行层次主要包括总装备部、各军兵种、国防科技工业机构管理的试验基地、靶场、试验场和担负试验任务的部队。国防科技工业机构负责组织和实施装备研制阶段的各项试验活动,部分大型试验如不具备条件可申请在军方试验基地进行。总装备部和各军兵种所属的试验基地是装备试验工作的主体,主要负责定型试验的实施,基地及所属部、所、团站(室)具体组织实施受领的装备试验任务。装备部队后的改进、改型、加改装等试验则由承担试验任务的部队组织实施。

装备试验任务由试验实施机构的上级主管机关负责受理和下达,由试验组织实施机构完成装备试验任务的具体实施。装备试验实施单位的主要工作是根据装备试验年度计划和装备试验大纲严密组织实施装备试验。

装备研制完成后,由军事代表机构审核并会同装备承制单位提出装备设计定型的申请,经二级定委审批后,进行装备的设计定型试验。设计定型试验完成后,若符合要求,对重要装备则由二级定委审查后报一级定委审批。

设计定型完成后,可组织试生产和进行试生产装备的部队试用,根据试生产和部队试用情况,由驻厂军事代表会同装备承制单位向二级定委提出装备生产定型的申请,必要时进行生产定型试验。

第二节　装备试验与评价计划

装备试验与评价计划是对装备采购过程中所涉及的试验与评价活动做出的整体安排,对于提高试验与评价管理水平具有非常重要的作用。虽然目前我军在相关法规标准中,尚没有对此做出明确的要求,但在装备研制项目中也存在着类似的计划,但系统性有待提高。

一、制定试验与评价计划的作用

制定《试验与评价总计划》(Test and Evaluation Master Plan,TEMP)是美军对装备采购项目管理和装备试验与评价的明确要求。

《试验与评价总计划》是与装备采购有关的试验与评价的基本规划性文件,由项目管理办公室负责制定。《试验与评价总计划》确定了关键技术参数、性能特性和关键作战使用问题,描述了所有已完成的和正在规划中的试验与评价的目标、责任、资源和进度。由于《试验与评价总计划》不提供承制单位试验的详细内容,项目管理办公室会制定详细的试验计划,以确保承制单位试验在时间上安排合理,有充分的资源可供利用,使不必要的试验减到最少。项目主任通过试验与评价一体化工作组制定和协调整个计划。

通过制定该规划,协调开展各种试验与评价的要求、承担的部门、实施的时间和资源保障等,既保证完成必要的试验与评价内容,也避免因试验与评价计划不周影响到整个项目的进展。美国国防科学委员会在2008年针对美国目前的试验鉴定现状的研究报告中指出,应当将试验与评价的计划作为试验要求,将试验与评价计划的执行作为试验战略,写入《试验与评价总计划》中。

二、制定试验与评价计划的基本要求

《装备条例》第四十六条规定:"装备研制进入工程研制阶段之前,军兵种装备部、总部分管有关装备的部门必须进行装备研制总要求的综合论证。"《装备科研条例》第二十条明确规定:"装备研制总要求的论证包括科研、定型等大型试验的方案。"

因此,开展装备试验应制定类似于美军的《装备试验与评价总计划》,并将该计划写入装备研制总要求,一同报批。《装备试验与评价总计划》是装备寿命周期试验活动的基本规划性文件,由装备采购主管部门组织装备试验工作组制定,为寿命周期各阶段详细的试验规划计划文件提供编制依据。《装备试验与评价总计划》还应报定委审批,对列为军队主要装备研制项目的军工产品,报一级定委审批,对列为军队一般装备研制项目的军工产品,报二级定委审批。

我国装备寿命周期各阶段的试验活动目前还是由各单位自行组织,没有一个统一的涵盖装备寿命周期各阶段试验的总体计划,试验项目和内容缺乏统筹规划,存在试验缺项、漏项,各阶段试验内容重复等问题,造成了对装备试验不全面、试验周期较长、试验消耗较大等问题。为解决这些问题,应将制定《装备试验与评价总计划》作为一项重要举措尽快做出明确要求。

三、装备试验与评价总计划的内容

《装备试验与评价总计划》注重的是全寿命周期装备试验的整体构架、主要因素和目标,为各阶段试验的计划、进度和资源等提供基本规划,必须与装备研制总要求其他部分相一致。《装备试验与评价总计划》明确装备的关键战术技术性能参数和关键作战使用问题,规定各阶段试验的目标、责任、资源和进度,并描述试验的类型、数量及资源要求,从源头上解决了试验漏项和重复问题。该计划一般应包含以下内容。

1. 装备介绍

装备介绍的主要内容包括:

(1) 简要描述装备的作战能力目标,包括装备的使用和保障的远景描述。

(2) 关键特性和分系统,与现有装备的互操作性。

(3) 战术技术性能和作战使用性能指标,各种关键战术技术参数。

2. 总体计划

总体计划的主要内容包括:

(1) 试验的总进度,各阶段主要试验活动的进度及经费的综合安排。说明研制试验、设计定型试验(包括基地试验和部队试验)、生产定型试验等试验的时间以及提交试验报告的时间。

(2) 明确试验工作组的构成与职能,说明装备承制单位、试验基地、承担部队试验任务的部队、使用部队等在试验中的职责。

3. 研制试验

研制试验的主要内容包括：

（1）描述本阶段试验的目标，需要确定的关键战术技术参数。

（2）定量描述试验过程，包括试验时间、试验的准备、实施和评价。列出对确定试验目标有关键作用的分系统、代用品等，说明采用的评价方法，并证明其可信度。

（3）讨论本阶段试验的局限性、影响程度和解决途径。

4. 设计定型试验

设计定型试验的主要内容包括：

（1）基地试验。描述基地试验的目标，需要确定的关键战术技术参数。明确试验时间、试验内容，试验要求、试验场地、试验资源等，定量描述试验过程。对试验结果进行评价，确定装备的战术技术性能是否达到研制总要求的规定。讨论本阶段试验的局限性、影响程度和解决途径。

（2）部队试验。描述部队试验的目标，需要确定的作战使用性能指标。明确承试部队、试验时间、试验要求、试验场地、试验内容等，采用定量与定性相结合的方式描述试验过程。对试验结果进行评价，确定装备的作战使用性能是否达到研制总要求的规定。讨论本阶段试验的局限性、影响程度和解决途径。

5. 生产定型试验

生产定型试验的主要内容包括：

（1）部队试用。描述部队试用的目标。明确承试部队、试验时间、试验内容、试验要求、试验场地、试验资源等，定量与定性相结合描述试验过程。对部队试用结果进行评价，确定批量生产后装备的作战使用要求和部队适应性是否达到研制总要求的规定。讨论本阶段试验的局限性、影响程度和解决途径。

（2）生产定型试验。描述生产定型试验的目标，需要确定的关键参数和指标。明确试验时间、试验要求、试验场地、试验内容等，采用定量与定性相结合的方式描述试验过程。对试验结果进行评价，确定批量生产后装备的战术技术性能和作战使用性能是否达到研制总要求的规定。讨论本阶段试验的局限性、影响程度和解决途径。

6. 试验资源

试验资源的主要内容包括：

（1）试验样品，包括需要的数量、时间、保障设备及技术信息等。

（2）试验地点及仪器，包括靶场设施、环境要求，并说明与真实使用环境的不同及由此造成对试验充分性的影响。

（3）靶标及消耗品，包括需要的种类、数量、可获得性、真实性等。

（4）作战部队保障,如所需飞机的飞行时间、类型,卫星的在轨覆盖时间等所需要部队保障的要求。

（5）仿真模型,说明需要使用的各类仿真模型的相关信息及可信性。

（6）特殊要求。

（7）经费需求。

第三节　装备试验与评价实施

装备试验与评价工作贯穿于全寿命周期,但主要的试验与评价活动集中于装备研制过程中。

一、装备试验与评价的分阶段管理

1. 论证阶段

论证阶段由总部分管该研制项目的部门牵头组织成立试验工作组,制定试验与评价计划,并将该计划写入研制立项论证报告。本阶段的试验主要由论证部门具体组织实施,通过必要的试验,分析装备作战性能指标及要求的合理性、可能性、经济性、实施步骤、研制周期等,论证关键技术、新工艺、新材料和新型元器件等。

2. 方案阶段

方案阶段试验的主要工作是根据批准的装备研制立项报告,对研制方案进行论证、验证,对新部件、分系统进行试制与试验,并进行模型样机或原理性样机的试验。本阶段的试验主要由装备承制单位组织实施,试验工作组应参与监督和确认试验过程。方案阶段试验是整个装备试验的前提,试验结果对装备型号的发展具有决定性的影响,不仅要对产品设计本身进行验证,还要对研制单位能力和水平进行验证,以保证装备研制目的的实现。

3. 工程研制阶段

工程研制阶段的主要工作是装备承制单位根据批准的研制总要求进行设计、试制、试验工作,完成样机研制。试制一般包括初样机、正样机试制。常规装备一般只研制正样机,战略武器和人造卫星研制则包括初样机、正样机两轮试制。试验项目主要包括材料及元器件性能、零部件结构及力学性能、整机性能等的试验。工程研制阶段试验重点是解决装备研制中的工程问题,主要由装备承制单位组织实施,装备承制单位应在试验工作组的指导下,制定详细的研制试验计划,确保研制阶段试验充分,避免漏项和重复,充分利用试验资源。工程研制阶段是装备研制的关键阶段,要充分试验以暴露技术问题,完善总体和分系统方案。在完成总体设计后,要组织大型试验,全面检验型号设计方案的正确性、协调性、可靠性,评价战术技术指标是否满足研制总要求。整个研制试验过程特别是组织大型试验时,试验基地和承试部队应派人员参与,以了解装备研制过程,确认试验标准,避免定型阶段重复试验。

4. 设计定型阶段

设计定型阶段主要是通过装备设计定型试验考核装备的战术技术指标和作战使用性能。设计定型试验包括试验基地试验和部队试验。试验基地试验主要考核产品是否达到研制总要求规定的战术技术指标。部队试验主要考核产品作战使用性能和部队适应性,并对编配方案、训练要求等提出建议。部队试验一般在试验基地试验合格后进行。首先承试单位(试验基地和承试部队)应在试验工作组的指导下依据《试验与评价总计划》和研制总要求规定的战术技术指标、作战使用要求、维修保障要求以及有关试验规范拟制详细的设计定型试验大纲,呈报相应的定委审批。试验大纲主要包括任务依据、试验性质、试验目的、被试验装备及技术状态、试验科目、试验流程、组织分工、试验评定标准等内容,基地试验和部队试验内容应避免重复。当试验基地不具备试验条件时,试验基地试验内容应在部队试验中进行。

需要重点强调的是部队试验。虽然规定了要由部队负责进行设计定型部队试验,但往往是由于承试部队不具备试验条件而放松了试验要求,有些试验项目甚至未能全部完成。

在装备研制总要求中,最高层次的指标要求莫过于"武器系统的作战使命和任务"这一定性指标,满足定量指标并不表示一定满足定性指标。作战使用方面的问题只有在野战条件环境下的部队试验才能发现,部队试验是最贴近作战环境的试验,最具有说服力。

现代战争是由多个武器系统组成的作战平台之间的对抗,部队试验应着眼于在实战背景下将武器系统及其作战平台作为统一的有机整体进行试验鉴定,更加突出对武器系统综合性能和作战使用性能的考核,这是"横向"装备试验的要求,也是适应未来"网络中心战"的要求。同时,部队试验应探索与部队演习、训练相结合的新路子,在节约资源的同时,提高装备试验效益和部队训练水平。

5. 生产定型阶段

生产定型阶段试验是对按设计定型图样试生产的产品或引进图样、资料仿制的产品,考核其性能是否符合原设计定型的要求以及生产工艺和水平是否达到批量生产能力为目的所进行的试验。一般而言,设计定型试验通过后或设计定型遗留问题得到解决后,才能进行生产定型试验。本阶段首先组织工艺和生产条件考核,若满足批量生产条件,则应按试验与评价计划和有关规范编制部队试用大纲和生产定型试验大纲,进行部队试用和生产定型试验。部队试用主要考核批量生产后装备的作战使用性能和部队适用性是否仍符合要求,试用部队一般为试生产产品的列装部队。生产定型试验主要进行抽样试验,考核生产工艺变化后装备的质量稳定性和成套、批量生产条件,并检验前面试验暴露问题的解决程度。

6. 使用保障阶段

装备生产并装备部队后进入使用保障阶段和退役阶段,但装备试验活动并没有终止,对部队作战、训练及勤务使用中发现的问题进行改进和技术革新同样需要进行试验。使用阶段试验同样具有重要意义,通过使用阶段试验,使装备的战术技术性能、可靠性、维护性和保障性等得到进一步提升,从而保证装备作战效能的最大发挥,并能为装备的改进、改型、加改装及后续新型号的研制提供重要的信息支持。使用阶段试验一般由使用单位组织实施,主管业务部门和承制单位派人参加。

二、装备试验与评价的分类管理

根据装备的不同类别和试验的不同性质,装备试验有不同的分类方法。按装备的技术特性分为常规装备试验、战略装备试验、电子信息装备试验和航天装备试验等。按试验目的又可分为定型试验(包括设计定型试验和生产定型试验)、性能鉴定试验、科研摸底试验、生产交验试验和编制射表试验等。按组织方式不同可分为工厂试验、试验基地试验和部队试验。

我军对装备试验实行分类管理,不同类别的装备试验由不同的单位负责组织管理,总装备部直接组织战略装备、航天装备、电子信息装备及部分常规武器(主要指陆军常规武器)的试验工作,海军、空军和二炮的装备的试验工作由其装备部自行组织实施。总装备部直管的靶场大体占我国重点靶场的1/2,主要包括航天器试验场,核武器试验场和部分战略武器、常规武器(主要是陆军常规武器)靶场,海军、空军和二炮归口管理海军、空军、二炮装备试验靶场。

靶场由总装备部统管,有利于平衡研制与使用双方的利益,有利于组织协作攻关和对靶场的科学管理和综合利用,但不利于调动军兵种的积极性。靶场由军兵种管理,有利于试验与使用、试验与训练的有机结合,有利于调动军兵种的积极性,但不利于靶场的统一规划和综合利用。

对装备试验实行分类管理,导致不同的试验主体(各试验单位)之间缺乏有效的信息沟通和数据共享,降低了试验信息利用率,试验资源使用率偏低。各类别装备分别试验,其在体系对抗中作战效能的试验鉴定难度很大,难以满足未来信息化战争对装备试验的要求。

三、装备试验与评价的监督

对装备试验过程的监督,就是监督试验计划是否合理,试验过程是否规范,试验文件是否完整,试验结果是否可信,以及是否达到了降低试验消耗、缩短试验周期、提高试验效益的目的。

在装备试验计划制定过程,要监督计划是否经过了相应定委的审批。在试验实施过程上,要监督承试单位是否建立了质量管理体系并有效运行,保证试验过程的标准化和试验结果的可信度。要落实定型审查制度,由定委组织产品定型审查组,采取调查、抽查、审查等方式对定型试验的准备情况、试验情况、定型文件等进行审查,必要时,对产品性能进行抽查,保证了定型结论真实可信。

对研制过程试验结果的监督,除要将被试验装备的战术技术性能定量指标与研制总要求中的规定逐条比对之外,更应注重对其作战使用性能的定性评价。要特别注重对建模与仿真可信性评估、作战使用性能评估等问题的研究,不但注重对装备单台套作战效能的试验鉴定,更要加强对装备在作战平台中综合效能发挥的评价,确保试验结果真正地反映出装备所能发挥的作战效能。

第十二章 装备综合保障管理

装备综合保障是在装备研制时研究解决与装备保障有关问题的一门学科，其目的是在获得主装备的同时获得与其匹配的保障资源，建立装备保障系统，以期使装备及时形成作战能力。装备越复杂，对装备保障的要求越高。在装备采购过程特别是装备采购的早期阶段，对装备综合保障工作做出全面规划，并做好围绕着提高装备保障性的各项工作，无疑是装备采购部门的重要职责，更是提高装备采购效益的重要途径。

第一节 概　述

一、基本概念

1. 保障性

保障性是装备的设计特性和计划的保障资源能满足平时战备和战时使用要求的能力。

设计特性是指与装备保障有关的设计特性，如可靠性、维修性、运输性等，以及使装备便于操作、检测、维修、装卸、运输、消耗品（油、水、气、弹）补给等方面的设计特性，这些设计特性都是通过设计途径赋予装备的硬件和软件。装备具有满足使用与维修要求的设计特性，才是可保障的。此外，装备的保障方案和所能达到的战备完好性水平，也是通过对配套装备保障的规划与设计来实现的。从某种意义上讲，还需要用保障方案的规划与设计来约束主装备的设计。

计划的保障资源是指为保证装备实现平时战备和战时使用要求所规划的人力、物质和信息资源。保障资源的满足程度有两方面的含义：①数量与品种上满足。②保障资源要与装备相互匹配，两者都需要通过保障性分析和保障性要求用以定性和定量描述装备的保障性需求。由于保障性的目标是多样的，难以用单一的参数来评价，某些保障资源参数很难用简单的术语进行表述。因此，一般是通过对装备的使用任务进行分析，考虑现有装备保障方面存在的缺陷以及保障人力费用等约束条件，综合归纳为一整套保障性参数，有些参数还要采用与现装备对比的方式进行表述。

2. 装备综合保障工程

装备综合保障工程是指在装备寿命周期内,为满足装备战备完好性要求和降低全寿命费用,综合考虑装备的保障问题,确定保障性要求,进行保障性设计,规划并研制保障资源,提供装备所需保障的一系列技术与管理活动。在国外,装备综合保障工程称为"综合后勤保障"(Integrated Logistics Support,ILS)。

装备综合保障工程的主要任务是对装备设计实施影响,使装备设计得便于保障。进行保障装备设计,在获得装备的同时,获得经济有效的保障资源和建立相应的保障系统,使所部署的装备是可以得到保障的。装备综合保障工程的目标是提高装备战备完好性和任务成功性,减少人力和全寿命费用。

装备综合保障工程的具体工作有:

(1)制定与装备战备完好性目标和与装备设计间有最佳关系的保障性要求。

(2)有效地将保障考虑纳入装备设计。

(3)研制与获取所需的保障资源。

(4)建立保障系统,实施装备早期部署,形成初始战斗能力。

装备综合保障工程的主要特点是进行保障装备与主装备的同步论证、同步设计、同步试验和同步交付部队使用。采用系统分析的方法,在装备的使用要求与保障要求之间、在装备设计与保障系统设计之间、在装备所需的各类保障资源之间、在研制装备与现役装备保障系统之间以及在作战性能、保障性能、研制进度和费用之间进行综合协调。

3. 装备保障

装备保障是指为使装备处于战备完好状态并能持续完成作战任务所需的保障工作,可分为装备的使用保障与维修保障。装备的使用保障是指为保证装备正确操作使用,以便能充分发挥其作战性能所进行的一系列保障工作。装备的维修保障是指为保持和恢复装备完好的技术状况所应进行的一系列维修工作。维修保障除包括预防性维修、修复性维修和战场应急修理外,还包括保证维修所需的各种人员培训、器材供应、设备设施、技术资料等保障工作,是部队技术保障的主要内容。

综合保障工程在装备研制过程中对使用保障的考虑主要包括:

(1)使所设计的装备便于操作。

(2)能迅速有效地供应能源和提供良好的补充能力。

(3)有完善适用的使用保障技术文件。

(4)使用中所需的检测设备及工具便于操作。

(5)适用的运输方式和运输工具。

（6）装备具有自保障能力。

（7）有抢救与自救能力。

（8）装备能合理和方便地储存，并保障使用完好。

（9）有装备适用的场站、训练场所、仓库、码头设施等。

综合保障工程在装备研制过程中对维修保障的考虑主要包括：

（1）制定合理的维修保障方案（预防性维修、修复性维修、战时应急修理等），规划维修所需的保障资源。

（2）优化预防性维修工作，以减少维修停机时间和维修人员配备。

（3）便于进行修复性维修，尽量采用通用和简易的工具和设备。

（4）有简明而适用的维修技术文件，便于维修人员操作。

（5）易于实施维修人员的训练，不需要对维修人员提出过高要求。

（6）战场维修所需工具及设备便于使用、携带和随同战斗部队转移。

（7）维修备件配套定额和供应方案力求标准化，减少供应品种和数量。

（8）有适应各维修级别的固定设施及相应的维修设备等。

4. 装备保障方案

装备保障方案是装备保障系统完整的总体说明，它满足装备的保障要求并与设计方案及使用方案相互协调，一般包括使用保障方案与维修保障方案，使用保障方案规定了装备规模、使用地域、任务剖面和装备使用方式与主要内容、装备集中和分散使用的保障供应、装备储存和运输的方式、油料与弹药的补充、使用人员的约束及主要保障资源的要求等。

维修保障方案包括维修类型、维修级别及其任务、维修间隔期、预计的主要维修资源和维修活动约束条件等。

装备保障方案在各阶段有不同的作用。论证阶段提出的初始保障方案是保障影响设计的基础和确定保障性指标的依据。方案阶段经过优化的保障方案是制定保障计划提出保障资源要求的基本依据；工程研制阶段修订和实施保障方案，作为研制保障资源的基本依据。生产和使用阶段的保障方案是建立装备保障系统、制定维修制度和进行保障资源配置的基本依据。

在装备研制时要强调按照保障方案进行设计，以便使装备与其保障系统互相匹配，并有助于各装备之间实现最大的通用性。

二、装备综合保障的组成要素

装备综合保障涉及的内容非常广泛，不同的装备其组成要素略有不同。每个组织要素称为装备综合保障单元，是指为保障新装备在交付部队后，进行装备保障时需要同时提供的新的或改进后的保障资源。装备综合保障采用综合的方式来解决一系列保障过程的问题,从事装备综合保障的人员要充分考虑全部装备综合保障的保障单元以使装备全寿命费用最低。通过在装备寿命周期阶段早期的装备保障性分析来确定装备综合保障单元的要求,并记录在装备保障分析报告中,以确定相关性、适用性和费用。以下对装备综合保障单元分别加以说明。

1. 供应保障

及时配备、分发和补充备件、维修器件或特殊的或消耗性供应品。

2. 技术信息和数据

在装备全寿命周期中,提供安装、使用、维护、修理和保障所需要的技术信息和数据。

3. 维修规划

使用一系列分析工具和技术,建立装备的维修方案和要求,如失效模式和效能分析(Failure Mode and Effects Analysis,FMECA)、以可靠性为中心的维修(Reliability Centred Maintenance,RCM)、修理级别分析(Level Of Repair Analysis,LORA)等。

4. 保障和测试装备

保障装备使用和维护所需要的保障装备和测试设备,如工具、维护装备、计量和校准设备、测试设备和自动测试设备。

5. 可靠性和维修性

由于可靠性和维修性是决定装备全寿命费用的主要因素,影响到装备持续实现其要求的性能。因此,为实现装备投入使用后能够持续发挥其功能,在装备研制和生产过程中必须将其作为重要指标进行设计和实现。

6. 设施

提供集成、使用和维修装备所必需的属于实物的基础设施。

7. 包装、搬运、存储和运输

确保装备和保障物品可以便于包装、搬运、存储和运输,并且要满足相关法规要求,特别是对于危险品。

8. 训练和训练装备

训练装备使用和维修人员,保障装备效能的发挥。好的训练可以减少全寿命费用,并可以更好地发挥装备使用效率、安全能力和可用性。

9. 人力和人体因素

人力是指需要多少人和什么时候需要,人体因素则是关注于人与技术、人与环境的相互作用。在确定使用和维护装备需求时,必须对人员的能力和约束做出明确规定。

10. 处置

在装备全寿命周期中,要考虑到处置装备、备件和消耗品时所涉及的效率、效果和安全问题,同时也要考虑到重新使用、出售、废品处置、对环境的影响以及对其中某些材料的再利用问题。

11. 软件保障

通过管理和控制软件,以确保装备的安装、样式和功能不受影响。

12. 使用监督

要对装备使用中实际的性能与预期的性能和使用费用进行比较,以便对保障策略做出是否需要改进的决定。在合适的情况下,改进装备设计和保障性指标。

13. 全寿命费用

确定装备的全部费用,包括起始研制费用、采购费用、使用费用、保障费用和处置费用。在选择竞争承制单位和项目设计时,必须充分考虑全寿命费用,并且要作为对承制单位评估的一部分,以规定的格式提供全寿命费用分析的数据。

14. 供应中断

供应中断(Obsolescence)是指缺乏或迫近缺乏某种物品的制造商、供应商或某种原材料。由于技术创新与较长的装备使用周期间存在矛盾冲突,导致供应中断在装备采购的任何阶段都可能对项目造成影响,因此要尽早做出应对供应中断的安排。

15. 技术状态管理

适用于装备项目的全寿命周期,用于明确产品的功能特性和物理特性参数,并进行控制。技术状态管理提供了产品满足要求的验证证据,并且可以为保障性目标的实现提供足够细化的要求。

三、装备综合保障的主要任务

装备综合保障是贯穿于装备整个寿命周期的一项复杂而重要的任务,其重点在于研制过程,许多具体的规划、设计、分析工作主要是由装备承制单位来完成的。但是,军方在装备综合保障工作中应充分发挥主导作用,不应只作为监督者,也时还要深入地参与其中。

军方的主要任务包括:

(1)提出装备综合保障和相关的保障性要求以及有关保障方案设想等约束,作为装备承制单位开展综合保障工作的依据。

(2)制定装备综合保障计划,这是装备承制单位制定装备综合保障工作计划的主要依据。

（3）对装备承制单位的综合保障工作进行监督,包括组织和参与各种评审、检查、试验、验收以及指导。

（4）为装备承制单位进行保障性分析提供某些数据输入。

（5）根据需要,参与或独自进行某些必要的保障性分析。

第二节 装备保障性分析

开展装备综合保障工作,必须进行保障性分析。通过进行保障性分析,可以确定在装备整个寿命周期中,如何采用费效比最高的保障方式。保障性分析的结果是相关设计要求的基础,并且要写入产品规范。我国早在 1992 年就发布了国家军用标准 GJB 1371—92《装备保障性分析》,明确了装备保障性分析的要求和方法,对装备保障性分析进行了规范和指导。

一、装备保障性分析的作用

保障性分析是进行装备研制和实现战备完好性目标的基础,是装备交付部队使用时能及时建立保障系统,提供经济有效地保障的重要保证。装备保障性分析的具体作用主要体现在：

（1）确保在研制过程考虑保障问题,以影响装备设计。

（2）确定与设计及彼此之间有最佳关系的保障要求。

（3）获得装备所需的保障。

（4）在使用阶段,以最低的费用与人力提供所需的保障。

（5）降低保障性风险。

二、装备保障性分析的任务

1. 制定装备保障性要求

在装备研制早期,及时、合理地提出一套相互协调的保障性要求,是进行与保障性有关的设计、验证与评估等一系列综合保障工作的前提条件。在论证阶段和方案阶段,应根据研制装备的作战需求和部队使用保障的约束条件,制定装备的保障性要求,并将其写入装备研制总要求或装备研制合同中,作为装备设计的输入影响设计。

制定保障性要求是一个过程,需要进行一系列工作：

（1）使用研究。根据对研制装备的作战任务与使用要求及使用部队现场调研,分析现役装备在保障性方面的缺陷,现行保障体制与现役装备的保障系统所提供的保障资源适用性与充分程度,提出改进要求,作为研制装备的保障性约束。

（2）比较分析。建立能代表或接近研制装备的各种特性和特征的基准比较系统,通过比较分析判明提出的有关保障性参数的可行性和改进目标。

（3）硬件、软件、保障系统的标准化。分析和提出使研制装备能最大限度地利用现役系统的硬件、软件和已规划的保障资源要求,以便减少备件的种类与数量,减少保障设备设计工作量,抑制保障设备的增长,降低装备的设计风险。

（4）改进保障性的技术途径。研究与提出改进和提高研制装备的保障性水平的技术途径,以及由此可能带来的风险。

（5）确定保障性的定性与定量要求。综合上述分析结果,确定装备保障性和与保障性有关的设计特性的定性和定量要求,写入有关合同或文件。

2. 制定和优化保障方案

按照所提出的保障性要求,制定并优化装备保障方案以影响装备设计,使研制装备与其保障系统得到最佳的匹配,使研制装备能在费用、进度、性能与保障性之间达到最佳的平衡。保障方案的制定是一个动态过程,自装备论证时提出初始保障方案,在方案阶段和工程研制阶段对不同备选保障方案进行权衡分析得到优化的保障方案,并在工程研制阶段的后期进一步完善。

3. 确定和优化保障资源要求

确定并优化研制装备在使用环境中达到预期的战备完好性和保障性水平所需的保障资源要求,特别是新的、关键的保障资源要求。此外,还要分析研制装备投入使用后的保障问题并提出解决办法,以及制定停产后的保障计划。这项工作应在工程研制阶段完成,以便在装备生产以前有时间安排保障资源的研制、购置和供应等,保证装备部署时能同时提供所需的保障资源。在装备使用阶段,应根据有关维修保障数据对保障资源进行不断优化与完善。

4. 评估装备的保障性

在装备寿命周期的各个阶段,利用保障性试验来验证与评价保障性分析的完整性和维修保障的有效性。对装备的保障性进行评估,是实现装备维修工程目标的有效控制手段。

5. 建立保障性分析数据库

在实施保障性分析的过程中,应对保障性分析的大量数据进行收集,建立包括可靠性、维修性、测试性、运输性及各保障要素等信息在内的保障性分析数据库。该数据库可用于装备维修保障和保障性分析的决策,有关装备保障性的设计、研制、评估与改进,保障资源的研制、筹措与供应,协调可靠性、维修性等工程专业的分析,减少分析的重复性,还可以作为后续装备研制的历史数据。对这些信息的记录、处理和应用也是保障性分析工作的重要组成部分。

三、保障性分析过程

保障性分析是一个贯穿于装备寿命周期各个阶段并与装备研制进展相适应的反复迭代过程。在装备研制的早期阶段,保障性分析的主要目标是通过设计接口影响装备保障特性的设计。这种用以影响设计的分析,由系统级开始按硬件层次由上而下顺序延伸。在后期阶段,通过详细的维修规划,自下而上地详细标识全部保障资源。此外,在寿命周期各个阶段还要进行保障性的验证与评价工作。

1. 系统级的保障性分析

根据保障性分析的任务,主要是进行以下两个方面的系统级保障性分析。

1）确定装备的作战使用特性和保障特性,制定保障性要求

系统级的保障性分析开始于装备使用研究,即从分析研制装备的任务要求和使用要求出发,根据装备的使用方案,提出与预期使用有关的保障性要求。在了解研制装备设计特性、使用特性、保障特性的基础上,通过比较分析,确定保障性、费用和战备完好性的主导因素,明确研制装备及其维修保障系统的改进目标,确定保障性参数及预期指标。进行改进保障性技术途径的分析,分析采用新技术后使保障性可能提高的范围。进行研制装备的硬件、软件与维修保障系统的标准化分析,明确标准化的要求,确定标准化的设计约束。通过确定保障性和有关保障性设计因素的分析,确定研制装备的作战使用特性、保障特性,制定包括战备完好性、可靠性、维修性以及保障资源等参数指标的保障性指标要求。通过备选方案的评价和权衡分析进一步优化保障性指标要求。制定保障性要求的分析应在方案阶段完成。

2）确定最佳的维修保障方案

根据新装备的初步使用方案和保障性要求,对确定的装备备选方案进行功能要求分析,分析装备每一个备选方案的任务剖面,并为每一备选方案确定在预期环境中所必须具备的使用、维修与保障功能。对满足功能要求的装备备选方案制定备选保障方案和备选保障计划。在备选保障方案之间以及装备的备选设计方案、使用方案与保障方案之间进行评价与权衡分析,确定最能满足使用与保障要求的最佳保障方案,并影响装备设计。

2. 单元级的保障性分析

一旦系统级的权衡分析结束,保障性分析工作就要转入到较低层次,进行保障单元级的保障性分析。单元级的保障性分析的目的是确定研制装备的全部保障资源要求,并为制定各项保障文件提供原始资料。

单元级的保障性分析过程是:①利用故障模式影响及危害性分析,以可靠性为中心的维修分析与功能要求分析,分别确定研制装备的修复性维修、预防性维

修、战场抢修及其他保障工作要求。②通过功能要求分析,确定所需的各种维修工作。③通过维修工作分析详细地分析每项工作,确定全部保障资源要求,将结果记入保障性分析记录,并形成分析结果文件。

在这一分析过程中,还要进行早期现场分析,评估研制装备在使用现场对现有其他装备,特别是资源保障方面的影响,以及进行停产后保障分析,规划研制装备停产后的保障资源,特别是备件的供应问题。

3. 保障性评估与验证

通过保障性评估和验证,可以考核所建立的维修保障系统在装备使用期间是否达到规定的保障性目标,判明偏离的原因,确定纠正措施以便有效地加以解决。保障性评估与验证贯穿于装备全寿命周期的各个阶段。为确保评估与验证顺利有效地进行,应在评估和验证之前制定评估与验证的计划,对评估的目的和原则、试验和评价的方案、评估的保障条件和环境要求、进度、人员、数据收集与处理等进行规划。保障性评估与验证的重点应放在保障性要求、费用和战备完好性主导因素以及重要的保障资源的基础上,但每个阶段应有所侧重。例如,在方案阶段应着重评估维修保障方案的有效性和可行性,工程研制阶段应重点评估基层级、中继级有关维修保障问题和保障性设计目标,保障资源的充分性及其有关维修保障的定量要求,生产阶段应重点评估在生产前未能充分试验的装备的硬件、软件及其维修保障项目,验证在使用环境下是否符合保障要求,必要时可提出对作战使用、维修训练要求与部队编制方案的调整。使用阶段应对保障系统做出全面的评估和验证。通过对装备的保障性水平和计划的保障资源的有效性与充分程度进行评估,不断地完善装备维修保障系统。

装备保障性分析要应用许多分析技术,如可用度分析、故障模式影响及危害性分析、以可靠性为中心的维修分析、修理级别分析、使用与维修任务分析、生存性分析和费用分析等。

第三节　装备综合保障实施

通常来讲,除了由装备承制单位为部队提供的装备保障外,部队建制内的装备保障不是采购部门的职责。但装备保障又是衡量装备采购好坏的重要指标,装备保障好依赖于采购的装备好保障,采购的装备不好保障则肯定保障不好。随着装备技术含量越来越高,操作、维修甚至维护装备也日益复杂,部队的装备保障将越来越依赖于装备采购部门,依赖于装备承制单位。因此,在采购过程中特别是在采购的早期阶段,做好装备综合保障工作,既是装备采购部门必须完成的工作,也是提高装备保障水平以至提高战斗力的重要途径。

一、制定装备综合保障策略

装备综合保障策略用于说明确定和采购保障资源所用的方法。该策略重点关注装备综合保障目标,即以最适宜的全寿命费用保证装备的可用性。制定装备综合保障策略的主要依据是项目所采用的采购策略,通常包括以下内容:

(1) 项目特定的裁剪要求。

(2) 要求的保障方式和所要实现的保障能力。

(3) 证明承制单位达到保障性可接受水平的演示方法。

(4) 在主装备交付部队时,交付保障资源的方式和时间。

(5) 管理保障性风险的方法,包括合同策略与采购要求的保障资源和数据的能力之间的接口。

(6) 建立工作分解结构,以确定开展装备综合保障工作所需要的资源。如果已有足够的保障资源,则主要考虑如何进行保障资源外包的问题。

为了提高装备采购效益并将风险控制在可接受的范围内,需要认真选择哪些装备保障可以外包。由于最低费用的保障往往会存在一定风险,在考虑利用较低费用满足保障要求时,也要时刻确保作战效果不受影响,有时也要确定能力要求和存货保障的底线。

在论证阶段和方案阶段,装备综合保障策略的重点要放在确定每种装备选择时的保障方案,重点获得全寿命费用估算来为投资决策提供支撑。在这一阶段以及后续的工程研制阶段,保障性要求可以影响设计,装备综合保障应重点加以考虑。在后续阶段,装备综合保障策略的重点则是如何精练保障方案并纳入到保障规划中,如何精练全寿命费用估算以及确定和采购必需的保障资源。

在装备综合保障策略中要包括正式的风险管理过程,要对费用与能力之间的权衡进行量化,确保按照装备研制总要求实现性能与费用间的平衡。要充分考虑装备的作战使用、现有政策和现有设施,因为用户的工作程序和资源与如何进行新装备的保障密切相关。在确定设计中的保障性要求以及后续装备交付部队以后的管理方法时,都需要获得大量的数据。对于非研制或货架产品的采购,进行充分的保障性选择分析是不现实的,因为拟选择的承制单位可能没有应用装备综合保障或不具有要求的数据,重点应放在对保障性风险进行深入分析和如何管理上。

二、落实保障性分析

在装备全寿命过程中,要着重于落实保障性分析工作,并制定保障性分析策略和编制保障性分析报告。

开展保障性分析,首先是制定保障性分析策略。保障性分析策略用于建立保障性的主要目标,决策了需要采购的保障装备类型、保障装备需要达到的要求、装备保障方式和进行长期保障所涉及的所有方面。保障性分析策略决定了装备综合保障负责人剪裁保障性分析的要求。选择特定的保障性分析策略需要取得保障目标与优化全寿命费用之间的平衡。保障性分析过程在识别、定义、分析、量化和处理保障要求时,需要采购部门与工业部门持续互动。保障性分析策略应该尽早编制完成,并在每个采购阶段开始前予以更新。

最初的保障性分析策略应该在方案阶段与编制研制总要求同时进行,并且定时进行更新。保障性分析策略与采购策略紧密相关,并且要包括在装备综合保障规划之中。如果采用招标方式采购,保障性分析策略也应在向承制单位发出投标邀请前完成,要对编制招标文件提供指导,因为招标文件中应包括对保障性分析的要求,随后的合同中也要包括装备综合保障的有关条款。如果不能尽早制定保障性分析策略,则意味着保障性分析过程并未达到最好的物有所值。

在方案阶段,军方需要在装备综合保障相关行动中应用保障性分析,如制定初步装备保障要求、制定初始装备保障方案、预设初始可用性目标、预设初始装备保障规划和开展有限的装备保障分析等。根据保障性分析策略,由总承制单位进行保障性分析。总承制单位在完成保障性分析后,需要编制保障性分析报告。保障性分析报告提供了详细的设计反馈,是制定保障政策和采购保障资源的主要信息来源。保障性分析报告应包括保障性分析过程的全部细节,并且要反映出如何影响了产品设计。通过编写保障性分析报告,还可以防止数据的不一致和重复,并且有助于提高数据使用、存储、录入和提取能力。保障性分析报告通常是由总承制单位保存,但军方应可以方便地看到相关数据、传输数据或复制。

在工程研制阶段,要通过有限的保障性分析数据来确定和记录系统级的要求。保障性分析的结果是决定能否进入下一采购阶段的依据。编制保障性分析报告重点是保障性分析控制号码的结构,用于标识在物理分解结构和/或功能分解结构中管理保障性分析报告数据的唯一标记。编制保障性分析预备项目单,用于确定保障性分析的预备项目。

当项目进入购置阶段时,产品设计已经基本固定。此时,要完成保障性分析报告数据表,用于制定试验、部署和使用装备的装备保障要求。

三、编制装备综合保障规划

军方负责制定项目的装备综合保障规划。装备综合保障规划是关于项目整个装备综合保障计划的一个说明,也是装备保障的执行规划。主要内容包括现阶段装备综合保障的要求、任务、接口和里程碑以及后续阶段的规划。装备综合保障规划为其他项目文件提供必要的保障性方面的输入,包括保障性目标、保障策略和所有相关联的规划。装备综合保障规划要在整个项目周期中都加以及时更新,并且构成保障方案文件的一部分,也要包括对具体项目活动的子规划,并确定相关活动间的接口。装备综合保障规划要在项目启动时尽快制定,并在项目寿命周期过程的主要阶段不断改进、更新或重新发布,并且作为管理政策文件一直持续到装备投入服役。

装备综合保障可能包括很多活动,为能够充分理解装备综合保障的每个要素是如何实现的,在制定装备综合保障规划时要重点考虑以下方面:

(1) 作战要求和组织要求。

(2) 在立项报告、装备研制总要求、用户研究、技术规范中已经确定的可靠性和维修性要求。

(3) 采购策略、装备综合保障策略和退役处置策略。

(4) 保障策略书,包括任何后勤约束、可能影响装备服役保障方案的战略保障方案。

(5) 保障性分析策略。

(6) 项目管理中的资源分配、工作说明、风险和里程碑。

(7) 训练、人力和技能要求。

(8) 评估和评价标准。

(9) 装备综合保障单元规划。

(10) 装备生产线停产时继续提供供应的规划。

(11) 部署装备及其保障资源的安排和如何将职责过渡给装备保障负责人员。

在装备综合保障规划中,也要包括对装备综合保障单元的规划。这些规划包括影响到装备研制或全部保障装备所涉及的领域和要求。以供应保障规划为例,在供应保障规划中要说明军方是如何确保承制单位在方案阶段、工程研制阶段和生产阶段提供备件信息和保障要求,也要说明在装备使用过程中如何进行信息更新。在供应保障规划中,一定要确保军方的需求被承制单位充分理解,而且只要可能,就要在承制单位综合保障规划中加以体现。

军方必须确保承制单位能够按照商定的备件等级供应充足的备件,以满足保障策略的要求。军方要与承制单位商定需要提供的文件以及作为装备综合保障技术文件规划的一部分所要求的格式。承制单位要从保障性分析报告中,根据维修政策与程序的要求提供关于承制单位备件的介绍。军方要确保承制单位编制总体存货规划表,并且交由相关保障部门进行验证、分类、编码。军方负责评估承制单位备件介绍的范围和有效性。在决定是否进行初始备件采购时要考虑现有库存。供应保障规划中的所有活动都要列入项目整个质量规划中,以确保所有的数据、计算和交付都得到批准,并且可以进行验证,可以追溯到最初来源。

四、装备采购各阶段的工作

装备综合保障以及保障性分析的要求根据项目所处的不同阶段而有所不同。在论证阶段,获取顶层保障要求和约束,并记录在装备立项论证报告中。在方案阶段,要制定保障策略和概要保障规划,对全寿命费用进行估算,装备综合保障的工作主要集中于与保障相关的装备设计问题和权衡。在工程研制阶段,将保障性分析策略细化到保障规划、保障数据和保障装备,装备综合保障过程将集中于与保障相关的装备设计问题和权衡。对保障性分析报告的数据要求进行剪裁,以便能在装备周期的后续阶段在订立合同时取得更有意义的数据,并将剪裁的保障性分析报告中的数据添加到数据选择表中。在生产阶段,评审保障性分析策略,更新保障规划和数据要求。装备综合保障过程关注于与保障相关的装备设计或再设计以及权衡。只要在制造过程发生了变化,就要重新进行装备保障分析。需要时,再次查看保障性分析报告。军方和承制单位要在整个项目周期中,针对不同阶段确定需要完成的工作,用于规划、管理、执行和评审装备综合保障。装备采购各阶段的装备综合保障工作见表 12 - 1。

表 12 - 1　装备采购各阶段的装备综合保障工作

采购阶段	需要完成的综合保障工作	需要为其他过程提供的支撑
论证阶段	· 制定和记录装备综合保障策略 · 起草保障性分析策略 · 启动使用研究 · 编制工作分解结构 · 编制装备综合保障工作说明 · 编制装备综合保障规划和装备综合保障单元规划	· 立项报告中需要关注的保障问题 · 保障性目标 · 供审查的保障策略 · 项目组织结构策略 · 纳入风险管理计划和全寿命费用规划
方案阶段	· 评审和编制装备综合保障策略 · 细化保障性分析策略 · 剪裁保障性分析 · 编制使用研究报告 · 编制工作分解结构 · 编写装备综合保障工作说明 · 细化装备综合保障规划和装备综合保障单元规划 · 编制供应保障程序 · 编制技术文件规划 · 编制候选物品清单	· 研制总要求中需要关注的保障问题 · 确保研制总要求保障详细的保障策略 · 确定并证实保障性目标 · 编制并记录供审查提案中使用的保障方案 · 纳入风险管理计划和全寿命费用规划

（续）

采购阶段	需要完成的综合保障工作	需要为其他过程提供的支撑
工程研制阶段	· 评审和编制装备综合保障策略 · 评审和编制保障性分析策略 · 提供保障性分析报告 · 剪裁保障性分析 · 编制使用研究报告 · 编制和更新工作分解结构 · 编写装备综合保障工作说明 · 细化装备综合保障规划和装备综合保障单元规划 · 编制供应保障程序 · 更新技术文件规划 · 更新候选物品清单	· 确保研制总要求保障详细的保障策略 · 确定并证实保障性目标 · 编制并记录供审查的保障方案 · 纳入风险管理计划和全寿命费用规划
生产阶段	· 评审和更新装备综合保障策略 · 评审和编制保障性分析策略 · 评审更新的保障性分析报告 · 提供保障性分析剪裁后的版本 · 编制使用研究报告 · 编制和更新工作分解结构 · 评审和更新装备综合保障工作说明 · 编制处置计划 · 更新服役时的装备综合保障规划和装备综合保障单元规划 · 更新供应保障程序 · 更新技术文件规划	· 确保在研制总要求中关于装备综合保障的详细要求得到满足 · 确保保障方案已纳入到保障方案包中 · 为风险管理计划和全寿命费用规划提供装备综合保障的要求 · 进行装备综合保障剪裁

第十三章　装备全寿命费用管理

随着装备日益复杂,装备性能在不断提高,不仅带来了采购费用的增加,更为突出的是带来了保障费用增加,"买得起、用不起"的问题越来越突出。如何在装备采购过程特别是装备研制过程中,综合考虑装备全寿命周期将要发生的费用,并采取相应的手段加以控制,努力降低全寿命费用,是装备采购管理工作的一项重要内容。世界各国目前都将加强装备全寿命费用控制作为装备采购改革的重点内容,我军虽已对全寿命费用管理给予了高度重视,但实际工作中落实得很不够,迫切需要加以改进。

第一节　概　述

一、基本概念

1. 装备全寿命费用

装备全寿命费用是指在预期的装备寿命周期内,为装备研制、购置、使用与保障及退役处置所支付的所有费用之和。装备全寿命费用不仅包括采购和使用该装备直接花费的费用,也包括从逻辑上因该装备存在而发生的费用(如军事建筑费用、训练费用、人员费用等)。

研制费用一般包括方案细化权衡研究和先期技术开发费用;装备设计和总成费用;样机和/或工程研制模型的研制、制造、组装、硬件试验、软件测试费用;装备试验与评价费用;系统工程和项目管理费用:样机和/或工程研制模型专用保障和初始备件费用。

购置费用一般包括主要硬件生产和部署费用;系统工程和项目管理费用;专用保障(专用和通用保障设备、专用训练设备/初始训练设备和技术出版物/资料)和生产用初始备件及修理件费用;装备场站运行所需的军事建筑、使用和维护费用。

使用与保障费用一般包括已部署装备的全部费用、维修和保障费用,主要是(部队内部的和装备承制单位的)人员费、设备费、供应品费、软件费和服务费。用于进入库存目录的装备的使用、改造、维修、供应、训练和保障费用,包括直接和间接属于该装备的费用(直接费用指与装备直接相关的资源,间接费用指对装备的人力或设施进行间接保障的资源)。

退役处置费用一般包括非军事化和退役处理费用,如拆卸费、材料和/或废弃物处理费、安全防护费、运入和运出处理场所的运输费。退役处置费用一般只占装备全寿命费用的很小比例,在进行全寿命费用估算时,通常不予考虑。

2. 装备全寿命费用分解结构

全寿命费用分解结构是指按装备的硬件、软件和寿命周期各阶段的工作项目,将全寿命费用逐级分解,直至基本费用单元为止,所构成的按序分类排列的费用单元的体系,简称为费用分解结构。费用单元是指构成全寿命费用的费用项目;基本费用单元是指可以单独进行计算的费用单元。

为了估算与分析全寿命费用,需要根据全寿命费用的构成建立全寿命费用分解结构。典型的全寿命费用分解结构的主要费用单元包括研制费、购置费、使用与保障费及退役处置费。

不同类型的装备和同类装备在不同的条件下可以有不同的费用分解结构。全寿命费用分解结构的详细程度可以因估算的目的和估算所处的寿命周期阶段的不同而异。但是,建立费用分解结构一般应遵循以下要求:

(1)必须考虑装备整个系统在寿命周期内发生的所有费用。

(2)每个费用单元必须有明确的定义,与其他相关费用单元的界面分明,并为使用方与装备承制的费用分析人员及项目管理人员所共识。

(3)费用分解结构应当与装备研制项目的计价、购置定价,以及管理部门的财会类目相协调。

(4)每个费用单元要有明确的数据来源,要赋予可识别的标记符号及数据单元编号。

3. 装备全寿命费用帕莱托曲线

装备全寿命帕莱托曲线是用于描述装备全寿命费用形成过程的曲线,如图13-1所示,它由两条曲线构成:一条为按寿命周期阶段决策点对全寿命费用影响的累积曲线;另一条是寿命周期各阶段实际费用消耗累积曲线。

从两条曲线可以得出,在方案设计阶段结束,即进行需求与可行性分析、确定使用要求与战术技术指标以及初步的总体技术方案时,就决定了其全寿命费用的70%。到初步系统设计阶段结束,即进行了功能分析与设计指标的分配、总体技术方案的权衡优化与系统综合及定义之后,就决定了其全寿命费用的85%。到详细设计与研制阶段结束时,研制了正式样机并进行了研制与作战试验,确定了保障计划之后,就已决定了其全寿命费用的95%,该装备全寿命费用已成定局。到生产及部署阶段结束时,装备正式生产出来,已决定了全寿命费用

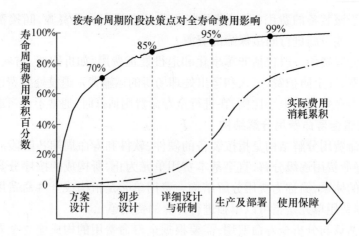

图 13-1 装备全寿命费用帕莱托曲线

的 99%。而研制阶段实际消耗经费的比例却很少,在详细设计与研制之前仅占全寿命费用的 3%,在投产之前占 15%～20%。因此,控制全寿命费用的最佳时机是装备研制早期。在研制早期,正确的设计与决策,采用创新的技术,提高装备的质量和可靠性、维修性、测试性及保障系统特性,虽然增加了研制费用,却可以显著地减少使用与保障费用。

4. 装备全寿命费用管理

装备全寿命费用管理是以追求全寿命费用最小为目标,在装备全寿命周期各阶段,进行的装备全寿命费用估算、全寿命费用分析、全寿命费用控制等活动的总称。装备全寿命费用管理的核心是通过在装备寿命周期过程中,特别是装备研制早期采取影响设计、费用—效能权衡等一系列的方法手段,在实现装备性能和采购进度的要求下,努力降低装备全寿命费用。

准确理解装备全寿命费用管理的内涵,应注意区分与装备成本管理、装备价格管理和装备经费管理的区别。否则,将导致对装备全寿命费用管理的曲解,也不能把握全寿命费用管理的实质,进而影响到全寿命管理理论的研究和全寿命费用管理实际工作的开展。

装备成本管理的主体是装备承制单位,成本与利润之和构成了装备价格。在装备成本管理中,军方的职能是督促承制单位加强成本控制,最终降低装备的价格。可见,降低成本有利于降低装备价格,也有利于降低装备全寿命费用,但成本管理不是装备全寿命费用管理的全部,更不能代替全寿命费用管理。

装备价格管理是指依据装备价格管理有关法规,如《军品价格管理办法》、《国防科研计价管理办法》等,对装备价格进行审查、报批和定价等活动。不实行全寿命费用管理,同样需要进行价格管理。装备价格管理关注的是价格的合理性,主要是用于合同管理的目的。控制装备的价格有利于降低装备全寿命费用,但二者所采用的方法手段截然不同。价格管理主要通过审查、报批、谈判等手段完成,而全寿命费用管理则是估算、分析、评价、控制等手段进行。

装备经费管理是装备经费的领取与筹措、预算与决算、分配与使用、监督与控制等活动。装备经费管理手段主要包括计划管理、标准化管理、责任制管理等。在装备全寿命过程中,都要进行装备经费管理,但绝不能等同于装备全寿命费用管理。装备全寿命过程中的各项经费管理做得再好,也不能说装备全寿命费用管理就做好了。装备经费管理不好,装备全寿命费用会受到影响,但二者没有绝对的必然联系。

二、装备全寿命费用管理的基本要求

全寿命费用管理是装备全寿命管理的重要组成部分,装备的研制、生产与使用应实行全寿命费用管理。装备全寿命费用管理的目标是从全寿命费用的角度,对设计、生产及使用与保障中的问题做出正确的决策,力图能以最低的全寿命费用确保实现装备的作战使用要求,或者以可承受的全寿命费用实现满意的作战使用要求。

1. 明确管理职责

将全寿命费用管理列入装备研制项目的管理内容,使用方与装备承制方应建立适当的费用管理机构,配备有费用管理与分析人员负责全寿命费用估算与分析。在装备的寿命周期各阶段都应进行全寿命费用估算与分析。在研制与生产的各个阶段应按要求提交全寿命费用估算与分析报告。

2. 实行目标管理

全寿命费用管理应采用目标管理的方法,制定装备的价格和使用与保障费的目标值及门限值,并纳入装备的立项报告、装备的研制总要求和有关的合同文件。在寿命周期各阶段以费用指标为准则对装备当前的和未来的费用后果实行有效监督与控制。

3. 落实控制措施

全寿命费用应列为研制各阶段评审的重要议题,其评审结果应作为能否转入下一阶段的基本依据之一。在能取得装备全寿命费用管理成效最佳时机的研制早期,要尽早对潜在的高费用项目和影响费用的主宰因素进行费用估算与分析,及时地制定解决措施。

4. 加强数据管理

应建立全寿命费用数据库,实行计算机辅助全寿命费用管理,收集与积累各种费用数据。

三、装备全寿命费用管理的主要内容

1. 制定全寿命费用管理策略与计划

制定全寿命费用管理策略,确立全寿命费用管理在项目中的地位,规定如何采用竞争、激励、评价等方法降低全寿命费用。制定全寿命费用工作计划并纳入装备研制管理总计划中。在论证阶段由军方提出全寿命费用管理的要求,在方案阶段的前期由承制单位编制具体的全寿命费用工作计划。

2. 建立全寿命费用管理的程序与措施

明确全寿命费用管理目标,落实全寿命费用管理计划,确定全寿命费用的评审点和评审内容,建立全寿命费用数据库。

3. 开展全寿命费用估算与分析

按照确定的原则、程序和方法进行全寿命费用估算与分析,并编制全寿命费用估算与分析报告。在论证阶段及使用阶段可由军方编制,在装备研制与生产的各个阶段通常由承制单位编制。

4. 采取全寿命费用控制措施

根据全寿命费用分析结果,在项目决策、工程设计、成本控制等方面采取措施,降低全寿命费用。

第二节　全寿命费用估算

全寿命费用是装备全寿命过程所发生的费用总和,控制全寿命费用的最佳时机是研制的早期,应把全寿命费用作为装备一项重要的设计指标在研制过程加以控制。为了能把握全寿命费用变化和发展趋势,在装备研制阶段要持续地采用预测技术估算全寿命费用。

全寿命费用估算一般由以下六个过程组成。

一、确定估算方法和估算范围

1. 确定估算方法

确定关键性基本规则和假设条件,界定估算的涵盖范围,定义估算的项目。

项目定义不仅包括装备的技术描述和物理描述,可能还要延伸至分系统,还要说明装备的计划进度、采购策略、使用和保障方案。有时还必须规定哪些费用要估算,哪些费用不估算。

装备定义一般都要包括项目工作分解结构。项目工作分解结构是面向产品单元的层次结构(硬件、软件、数据和服务),这些产品单元的总成就是要研制或生产的装备。工作分解结构建立产品诸单元的相互关系及其与最终产品的关系,它可以扩充为合同工作分解结构。合同工作分解结构则是建立项目诸单元与对应的合同工作说明单元间的相互关系。工作分解结构构建起一个框架,其作用是指导项目规划和技术规划、费用估算、资源配置、履约度量、技术评估和状况报告。

2. 建立费用单元结构

规定要将哪些费用纳入使用和保障费用加以估算,并将这些费用要素归纳成有序的层次结构。利用这样一种正规的费用要素结构来标识所有待考虑的费用,归纳它们的估算结果,这种结构是在实际进行估算前建立的,利用它归纳使用和保障费用估算。这与利用工作分解结构归纳研制和生产费用估算的方法类似。费用估算的分析性方法还要做书面记录并经过有关各方审查,然后才能实际开始做估算。这样做可以保证工作一开始无分歧,其后亦不会出现误解。

3. 明确费用估算分工

费用估算一般均由项目办公室提议,由财务管理、维修保障、工程和其他专业人员组成一个工作组负责实施。工作组中还应包括来自各主要相关组织的参与者和审查者。费用估算的分析性方法一般要求制定书面设计计划,规定主要进度节点。

二、选用估算技术或模型

有许多技术可以用于估算装备的全寿命费用,具体适于采用哪种技术在很大程度上取决于项目的成熟度和可用数据的详细程度。大多数费用估算都是将以下几种估算技术结合起来使用。

1. 参数法

参数法使用回归法或其他统计方法建立费用估算关系式。费用估算关系式是一个方程式,用于估算某项费用要素,参加该方程关系式运算的是一个或两个独立变量。这个关系式可能就是一个简单的数学公式(如某个简单的比值),也可能涉及某个复杂方程(往往依据历史装备或分系统经过回归分析导出)。费用估算关系式应当现行有效,适合于被估算的装备,同时适应所考虑数据的范围。

2. 类推法

类推法是依据类似装备的历史数据进行费用估算的方法。这种方法是将某个正在研制和准备研制的装备与已部署服役装备的全寿命费用进行类比,从而得出估算结果。也就是说,待研制或正在研制装备的全寿命费用是通过修正现有装备的历史费用数据估算出来的。但要对已部署装备的全寿命费用进行修正,通常是使用某个系数。该系数代表的是在规模、性能、技术和/或复杂程度等方面的差别。以量化数据为基础的修正系数要优于以专家经验判断为依据的修正系数。

3. 工程估算法

运用工程估算法时,要将进行费用估算的装备分解至较低层次(如零件或组件级),再逐一估算其直接人工费、直接材料费和其他费用。其中,估算直接人工费时,要分析工程图样和承制单位的企业标准或行业标准。估算直接材料费时,可依据各种原材料和外购件要求。估算其他费用要素(如质量控制和各种管理费)时,则可表示为直接人工费和直接材料费的某个系数。将各种费用估算值,通过代数方程进行累计。工程估算法要求对装备及其部件的特性有深入了解并拥有大批详细数据。

4. 实际费用法

实际费用法是利用在样机、工程研制模型和/或早期生产件上取得的实际费用经验,预测同一装备的未来费用。预测值的详细程度因数据的可用性而各不相同。支持全面生产决策的费用估算要尽量依据实际费用数据。一种常见的错误做法是用合同价格代替实际费用经验,合同价格不能用于预测未来费用,除非确实知道合同价格真实反映了费用情况,且可合理假设后续合同仍可取得类似的价格经验。

实际进行费用估算时,一般都不止用一种估算方法。第一种为优先方法,第二种方法则是第一种的验算。类推法往往作为验算方法,即使对成熟装备也可使用。

三、采集、确认和修正数据

可用于费用估算的数据有多种来源,不论是哪种数据来源,费用分析人员都应针对估算对象和预定用途对数据进行确认,有时还需对数据进行修正或标准化。举例说,用类推法做估算,参照装备的费用就是通过一些差值来修正,这些差值有的体现在装备特性方面(技术、物理、复杂性或硬件费用),有的体现在使用环境方面。差值是指参照装备和被估算的新装备之间的差别。

过去的采购项目和当前的采购项目,其实际费用经验往往可作为未来装备费用估算的基础。承制单位费用数据报告是军方的主要信息采集渠道,用于采集承制单位履行采购合同时产生的研制和生产费用数据。对现已部署服役的装备,其历史使用和保障费用数据可从使用和保障费用数据库查得。

四、进行费用估算

完成上述工作后,就可以进行费用估算。估算中,要特别重视评估通过选定的估算方法和模型所获得的结果输出,对其合理性和有效性给出结论。此时进行公正审查很有帮助。对复杂的费用估算,因其经费要素多,数据来源不一,所以要做大量的工作,以消除矛盾,对各种要素加以综合处理。

五、评估风险和敏感性

对任何装备未来全寿命费用的估算总是有不同程度的不确定性。这种不确定性一方面源自费用估算方法本身的不确定性,一方面源自项目或装备定义的不确定性或技术性能的不确定性。虽然不能完全消除这种不确定性,但是可以努力量化不确定性的程度,辨识由此造成的风险。敏感性分析或正规的风险分析就是一种有效的方法。

敏感性分析用于验证假设条件对费用估算产生的影响。对主要费用要素,分析人员的通常做法是确定相关的费用主宰因素,再研究一旦这些主宰因素数值发生变化,整个费用将怎样变化。敏感性分析可以研究随着装备可靠性和维修性数值假设的不同,其维修的人力要求将如何变化;或者研究一旦装备重量增加,装备的加工人工费和材料费将发生什么变化。做得好的敏感性分析,假设费用主宰因素的变化不是随意增减某些百分比,而是认真评估深层次风险。敏感性分析对确定关键性评估假设条件有作用,但对把握整个不确定性则作用有限。

风险分析用于对费用估算变化性做出总体评估。进行定量风险分析时,所选择的因素(技术、进度和费用)以概率分布表述。全寿命费用估算值是基于历史数据建模导出的,因此,费用估算误差的影响应放在费用风险评估的考虑范围之内。风险分析就是评估各项输入概率分布的变化率累加形成的整个估算值的变化率,一般是通过蒙特卡罗仿真。由此可以得出总的全寿命费用的一个估计的经验概率分布,分析人员以此来描述估算值变化率的性质和程度。

六、记录结果

完整的费用估算应有正式书面记录,作为源数据、估算方法和估算结果的溯源。记录文件应易读、完整、条理清晰,使任何审查者都能一目了然。记录文件也可以在项目将来从一个采购阶段转入另一阶段而做费用分析时,成为有价值的参考资料。

记录文件应对费用估算做全面记录,内容包括基本规则和假定条件、装备描述和使用及保障方案、费用估算方法选择、数据源、实际估算计算、敏感性分析或风险分析的结果。

第三节　全寿命费用分析

装备全寿命费用分析是采用系统分析技术,以全寿命费用为决策准则,通过对装备从研制、生产、使用、维修和综合保障等各种因素的综合权衡分析,达到费用与效能的最优化。装备全寿命费用分析是全寿命管理的重点,没有全寿命费用分析就等于没有全寿命费用管理。

一、全寿命费用分析的作用

全寿命费用分析在保障性分析中应用十分广泛,与保障性分析及相关的故障模式影响危害性分析、以可靠性为中心分析、修理级别分析、使用与维修工作分析等分析技术之间的存在密切关系。全寿命费用分析在采购中主要用于以下几个方面:

(1)通过类似装备的全寿命费用结构分析,为制定全寿命费用指标提供依据。

(2)通过全寿命费用权衡分析评价备选使用方案、保障方案、设计方案,寻求费用进度、性能之间达到最佳平衡的方案。

(3)确定全寿命费用主宰因素,为装备的设计、改进、使用方案与保障计划的修改及调整提供决策依据。

(4)为制定装备研制计划和购置计划提供有关全寿命费用分析的信息和决策依据,以便能获得具有最佳费用效能或以最低全寿命费用实现作战任务的装备。

二、全寿命费用分析程序

全寿命费用分析是对全寿命费用及各费用单元的估计值进行结构性分析研究,旨在确定全寿命费用主宰因素(如可靠性、维修性、保障设备及某些新技术的引入)、费用风险项目及费用效能变化因素的一种系统分析方法。

全寿命费用估算是全寿命费用分析的基础,因此,全寿命费用分析程序的大部分与装备全寿命费用估算的一般程序相同,只是在得出估算结果后根据需要进一步分析全寿命费用的主宰因素、费用风险项目和费用效能变化因素等。

三、全寿命费用权衡分析

全寿命费用权衡分析是以全寿命费用或某个主要费用单元作为权衡的目标在备选方案之间进行权衡分析,以确定最佳方案。常见的全寿命费用权衡分析的对象有：

（1）全寿命费用与战备完好性的权衡分析。

（2）全寿命费用与可靠性、维修性的权衡分析。

（3）全寿命费用与主要作战性能的权衡分析。

（4）研制费用与使用保障费用的权衡分析。

（5）采购费用与使用保障费用的权衡分析。

（6）研制费用与研制周期的权衡分析。

（7）使用保障费用中各费用单元之间的权衡分析。下面重点介绍费用—效能分析。

全寿命费用权衡分析经常应用于全寿命费用与系统效能或各项指标效能之间进行权衡分析，通常称这种分析为费用—效能分析。费用—效能分析是通过确定目标，建立备选方案，从全寿命费用和效能两个方面综合评价各方案的过程。其中，装备的效能是指在规定的条件下，装备达到规定使用目标的能力。费用效能是装备使用能力的一种度量，是全寿命费用的函数。

费用—效能分析的目的是为决策者提供有关装备费用效能方面的信息，使决策者可以根据费用—效能分析的结果及其他需要考虑的因素进行决策，以提高装备的费用效能。在装备寿命周期各阶段，当达到规定的目标存在多种方案，且方案的选择需要考虑多方案的费用和效能时，就应进行费用—效能分析。对于装备的重大决策问题，应进行费用—效能分析。装备重大决策问题主要有：装备规划计划决策、战术技术指标决策、方案决策、重大设计变更决策、购置决策、部署后的使用方案决策、退役决策等。

进行效能—费用分析时，通常应考虑下列六个基本要素：

（1）目标。分析所要达到的目的，也是决策的出发点。

（2）方案。为实现某一目标而采用的多种手段，它是整个分析工作的基础。

（3）效能。必须考虑影响装备效能的各种主要因素，效能应给出定量结果。为了能够对效能进行定量描述，需要建立效能方程。基本的效能方程式是可用度向量、可信度矩阵与能力向量的乘积。对于某些特定的系统来说，如果不能建立完备的数学模型，可以某种方式把可用度、可信度和能力这三个要素结合起来，从而建立起适用于需解决问题的模型。

（4）费用。为了实现某一目标，在整个寿命周期内要消耗的全部费用。

（5）模型。对所研究问题的一种描述，运用模型分析的过程应当是模型自身不断完善的过程。

（6）准则。评价各可行方案优劣的标准。

第四节　全寿命费用控制

装备全寿命费用控制是指在装备寿命周期内,应用全寿命费用估算与分析的结果,采取相应的技术手段和管理措施,将装备全寿命费用控制在限定的目标内的一系列活动。装备全寿命费用控制是装备全寿命费用管理的核心,遏止装备全寿命费用不断上涨的趋势也是装备全寿命费用管理的最终目的。

一、基本要求

1. 明确全寿命费用控制的目标

力求达到最低的全寿命费用,是装备全寿命费用控制的目标,也是装备设计与决策的准则。在设计与研制时多下功夫,采用创新技术,提高装备的质量和可靠性、维修性、测试性及保障系统特性,虽然增加了研制费用和生产费用,却可以从显著地降低使用与保障费用方面得到回报,两者可以找到最佳的平衡点。因此,应以最低的全寿命费用作为费用控制的目标,在研制生产过程中使费用、进度、性能达到最佳的平衡。

2. 将研制早期作为控制全寿命费用的最佳时机

根据全寿命费用的帕莱托曲线可知,在装备详细设计之前,仅投入不到全寿命费用的3%的费用,却决定了装备85%的全寿命费用,而在装备详细设计与研制结束,一旦技术状态冻结以后,全寿命费用已成定局,任何活动与措施仅能影响全寿命费用的5%。因此,在研制早期对方案精心设计和重视资金的早期投入,是减少并有效控制全寿命费用的最佳时机。

3. 持续地进行全寿命费用估算和分析

只有把握全寿命费用的发展趋势,才能进行有效的控制。因此,必须从装备论证阶段开始,持续地特别是在重要的节点,都应进行全寿命费用估算和分析。同时,要特别注意收集费用数据,既作为检查估算与分析工作的证据,也可为后续的估算与分析工作打下基础。

4. 加强全寿命费用控制检查评估

在设计定型、生产定型及使用阶段设置全寿命费用评估点,评估全寿命费用以检查对全寿命费用控制的成效和是否满足全寿命费用的设计要求。必要时,从费用要求出发对装备的硬件、软件及保障计划提出改进建议。

5. 引入全寿命费用控制激励机制

将全寿命费用指标纳入招标书及有关合同文件,通过竞争选择研制与生产单位。同时,在费用管理上引入激励机制,对于完成费用指标好的单位与个人给予奖励,费用超标严重的予以处罚。这种激励机制不仅在研制与生产单位中使用,也可在装备采购部门中使用。

二、基本方法

在装备寿命周期的各个阶段都要进行装备全寿命费用控制。

1. 论证阶段

估算全寿命费用,进行初步的全寿命费用分析和费用—效能分析,以论证总体技术方案。制定与评审全寿命费用参数设计指标的初定目标值和门限值并列入装备研制立项综合论证报告。

2. 方案阶段

估算全寿命费用并进行全寿命费用分析,确定全寿命费用主宰因素。进行费用—效能权衡分析,为确定使用方案、保障方案与设计方案提供依据。确定与评审全寿命费用参数(含装备单价)设计指标的目标值和门限值,并纳入装备研制总要求或研制合同。

3. 工程研制阶段

收集研制及设计定型试验费用数据,估算全寿命费用。评审与检查全寿命费用参数设计指标的执行情况,需要时调整费用指标。评估全寿命费用,分析偏离费用指标的原因,采取降低全寿命费用的措施。复审装备单价,核算研制费,按规定实施奖励。

4. 购置阶段

收集制造及生产定型试验费用数据,估算全寿命费用。初审装备单价,订立试生产或小批量生产合同。复审装备单价,订立批生产合同。评估全寿命费用,分析偏离费用指标的原因,采取降低全寿命费用的措施。

5. 使用与保障阶段

收集使用与维修费用数据,估算全寿命费用。评估全寿命费用,分析偏离费用指标的原因,采取降低全寿命费用的措施。

6. 退役阶段

确定装备残值。收集退役处置费用数据,核准实际的全寿命费用并归档。

三、基础建设

为了使装备全寿命费用管理真正落实,需要加强与全寿命费用管理相关的配套措施和运行环境建设。

1. 成立全寿命费用管理机构

目前,我军装备费用管理,多半只停留在财务管理层面,为很好地控制全寿

命费用,应成立类似于美军的费用分析改进组等专门的全寿命费用管理机构。该机构主要职责包括:

(1)制定装备全寿命费用管理的政策、法规和标准。

(2)制定装备全寿命费用工作计划。

(3)对装备全寿命费用报告进行审查及鉴定。

(4)对装备全寿命费用管理进行监督。

(5)根据费用计划执行情况,提出继续或中断研制或追加拨款的决策建议。

2. 细化装备全寿命费用管理要求

我军虽然在相关法规范中,将装备全系统全寿命管理确定为装备管理的基本原则,但在实施层面还缺少相应的细化的要求。全寿命费用控制更多地还停留在理论研究层面,迫切需要固化研究成果,转化为实用的操作办法和控制措施。

3. 建立装备费用综合数据库

开展全寿命费用管理,需要充足的数据支撑。无论全寿命费用的估算,还是各种综合分析,以及具体控制措施的选择,都需要及时、准确地收集、存取、交换和使用费用信息。应建立装备费用综合数据库,充分利用现代信息技术,建立开放型分布式费用数据环境,实现费用信息的收集、存取、交换、使用与管理的数字化、自动化和网络化。

4. 吸收借鉴成熟全寿命费用控制技术

加强装备全寿命费用管理已是世界各国的共识,外军已开发了多种成熟的技术,我军应加以吸收借鉴,如定费用设计(Design to Cost,DTC)、费用作为独立变量(Cost as an Independent Variable ,CAIV)等。

第十四章　装备采购合同管理

装备采购实行合同制是装备采购发展的必然要求。通过订立合同的方式采购装备,可以充分利用竞争手段,提高装备经费的使用效益。随着市场经济体制的逐步改善和装备采购制度改革的不断深入,装备采购合同管理越来越得到广泛关注,加强装备采购合同管理已成为装备采购管理中非常重要的一项工作。

第一节　概　述

一、基本概念

1. 合同

合同是平等主体的自然人、法人、其他组织之间设立、变更、终止民事权利义务关系的协议。

依法成立的合同,受法律保护,对当事人具有法律约束力。当事人应当按照约定履行自己的义务,不得擅自变更或者解除合同。

2. 装备采购合同

装备采购合同是由军队装备机关、有关部门和授权的其他机构(以下简称军方),依据装备采购有关的法律、法规和规章,与具有法人资格的装备承制单位订立的采购装备的合同。

装备采购合同有多种分类方式:

(1)按照装备采购阶段,可以分为装备预先研究合同、装备研制合同和装备购置合同。

(2)按照合同定价方式,可以分为固定价格合同和成本补偿合同。采用固定价格合同时,合同甲乙双方在订立合同时约定最终支付费用,不因乙方的成本开支变化而变化。采用成本补偿合同时,合同甲乙双方在订立合同时不约定最终支付费用,而是根据事先商定的约束条件,对乙方发生的实际费用进行补偿。

(3)按照承担任务的方式,可以分为总承包合同和分承包合同。总承包合同是指军方将某项装备采购任务,全部委托给某一装备承制单位(即总承包商)所订立的合同。分承包合同是指总承包商就其总承包合同的一部分,委托给其他装备承制单位(即分承包商)所订立的合同。总承包合同的甲方是军方,乙方是总承包商;分承包合同的甲乙双方都是装备承制单位,必要时军方作为合同的第三方对有关事项予以认可。

(4) 按照合同的审批权限,我军将装备采购合同分为重要合同和一般合同。重要合同是指总装备部规定的重要装备采购合同;一般合同是指除重要合同以外的装备采购合同。

3. 装备采购合同管理

装备采购合同管理有广义和狭义之分。狭义的装备采购合同管理是指合同履行过程的管理;广义的装备采购合同管理是指装备采购合同的订立、履行、变更、监督等一系列有组织的活动。本书采用广义的概念。

装备采购合同管理的主体是军方的合同管理机构以及管理人员。合同管理的客体是装备承制单位和装备采购合同。合同管理的目的是为合同双方提供合作的共识,约束合同双方之间的相互关系,降低交易成本,优化资源配置,保证双方效用最大化。在合同管理过程中,要通过管理合同相关信息,实现对合同的闭环管理。

二、装备采购合同文本

装备采购合同不同于一般的民事合同,对合同的条款和文本都有明确要求。全军建立装备采购合同标准文本,采用统一规范的合同格式。

1. 装备采购合同的条款

由于装备采购合同的种类繁多,可以根据交易的性质和方式制定不同的条款。

按照性质的不同,可将合同条款通常分为通用条款和专用条款两类。通用条款是指一项正式合同必须具备的条款,专用条款是指双方根据约定的任务特点而拟定的专用性条款。

装备购置合同一般应包括以下条款:

(1) 合同当事人。

(2) 合同订立的依据。

(3) 合同标的和数量。

(4) 交付技术状态。

(5) 价格、经费支付方式和条件、开户银行和账号。

(6) 履行期限。

(7) 包装、储存、运输及交付要求。

(8) 质量保证要求。

（9）质量监督、检验验收内容和要求。

（10）服务保障要求。

（11）合同变更、解除、终止及违约处理，解决争议的方法。

（12）保密要求。

（13）其他约定的事项。

2. 装备采购合同文本的内容

装备采购合同文本是指对合同的内容要求、条款、涉及的文件和有关事件进行陈述说明的文件，一般包括合同首部、合同主文和合同尾部三部分。合同首部一般由标题、名称、编号、保密要求和合同订立地点等组成。合同主文即合同的主要内容，包括订立合同的依据、标的、数量和质量、价格、履行期限、履行地点和方式、违约责任等。合同尾部包括合同双方签字、盖章，合同订立日期等。

3. 装备采购合同基准文本

建立装备采购合同基准文本，可以简化军方和装备承制单位的合同拟定工作，可以提高工作效率。同时，规范化的合同文本，可以有效保证合同的可操作性，避免纠纷。

在《装备采购合同管理规定》中（注：该规定所称采购不包括装备预先研究和装备研制），规定了装备购置合同基准文本。主要内容包括合同当事人与合同摘要、采购依据、合同标的、生产进度和交付时间、交付地点和运输方式、合同价款与支付、质量保证、质量监督与检验验收、技术服务、合同变更和解除、违约责任、合同纠纷的处理、合同生效与终止、其他合同附件。

三、装备采购合同管理组织

装备采购合同管理是装备采购管理的重要组成部分，合同管理组织体系也是整个采购组织体系的重要组成部分，不是孤立于采购体系之外独立存在。但单就合同事务而言，也要建立机构齐全、分工合理、责任清晰和相互监督的组织框架。可以成立专门的合同机构，也可以将合同管理职责赋予相关部门，但必须明确其责任和义务。

1. 设计原则

1）集中领导与分级实施相结合

合同管理组织体系的建立应有利于从整体上理顺各方面的关系，调动各方面的积极性，提高合同管理效益和效率。应建立集中的装备采购合同管理领导机构，统一领导装备采购合同管理工作。同时，赋予具体的装备采购实施部门合同管理的一定权限。

2）权责明确

只有权责明确,才能保证合同管理的高效。反之,权力不明,职责不清,必然导致管理对象无所适从。如果军方多个部门的要求相互矛盾,做法千差万别,必然导致承制单位无所适从,最终导致合同的效力不高。

3)统筹协调

装备科研、购置、维修的各个环节,各级合同订立、合同履行监督和合同审计管理部门,在职能上应相互衔接,既不能出现多头管理,更不能出现相互交叉。在实施过程中,部门间要紧密联系,协调配合,提高管理效率。

4)监督制衡

权力的互相制衡和监督是保证合同管理工作客观、公正的重要手段。合同的订立、合同的履行监督、合同的审计、合同经费的支付等职能,应由不同部门承担,尽量减少可能出现的腐败和合谋现象。

2. 组织结构

我军装备采购合同在纵向上实行三级管理,自上而下分别是总装备部、总部分管有关装备的部门和军兵种装备部、军事代表机构。

我军装备采购合同在横向上实行合同订立、合同履行监督和合同支付相对分开的管理体系。目前横向的合同管理组织体系正在建立、调整和完善之中。

3. 职能划分

总装备部负责全军装备采购合同的管理工作,其主要职能包括:

(1)制定全军装备采购合同管理工作的有关规章。

(2)指导全军装备采购合同的订立和履行工作,审定重要装备采购合同。

(3)管理全军装备采购价格工作。

(4)负责全军装备采购合同经费的审核支付工作。

(5)归口管理全军装备采购合同信息管理工作。

(6)对装备采购合同管理工作进行监督检查。

总部分管有关装备的部门和军兵种装备部负责管理本系统装备采购合同管理工作,其主要职能包括:

(1)管理本系统装备采购合同的订立和履行工作,审定一般装备采购合同并负责编号、鉴章等工作。

(2)管理本系统装备采购价格工作。

(3)负责本系统装备采购合同付款意见审查。

(4)负责本系统装备采购合同信息管理工作。

(5)对本系统装备采购合同管理工作进行监督检查。

军事代表机构是装备采购合同履行监督的具体实施机构,其主要职能包括:

(1)参与装备采购合同的订立工作。

（2）参与采购装备价格的审查工作。

（3）开展质量监督、进度监督和费用监督,按规定权限处理合同履行中的问题。

（4）根据合同履行情况提出付款意见。

（5）协调、督促装备承制单位做好采购装备的交接发运和服务保障工作。

（6）收集、整理和上报装备采购合同管理信息。

第二节　装备采购合同订立

装备采购合同订立主要包括选定合同订立方式、确定承制单位、合同的谈判与起草、合同的审查与订立等工作。

一、合同订立的原则

1. 依法订立

合法性原则体现在以下几方面:

（1）订立主体必须合法。合同甲方是必须是装备采购机关以及其授权的机构,其他任何单位和个人都不许订立装备采购合同。合同乙方除总装备部批准的特殊情况外,应该从《装备承制单位名录》(以下简称《名录》)中选取。

（2）合同内容必须合法。订立合同时,要符合装备采购法规规定。任何组织和个人不得通过订立合同进行非法活动,不得损害军队和社会公共利益。

（3）订立程序要合法。要严格执行相关装备采购相关法规的具体程序要求,要严格依照装备采购程序性规定订立合同。装备采购部门不得违背规定的操作程式,不得以任何方式规避程序的适用。

2. 公平竞争

装备采购在有多种选择、多个装备承制单位可以承担采购任务的情况下,要通过公平竞争选择最优的承制单位,取得最好的采购效益。推行竞争性装备采购,是世界各国装备采购改革的主要方向,也是贯彻落实竞争机制的具体体现。通过公平竞争的方式采购装备,不仅可以降低装备采购费用,提高装备质量,而且可以培育合格的市场竞争主体,发挥市场在资源配置中的基础作用,实现资源的有效利用。

3. 公开透明

装备采购的有关法律、政策、程序和采购活动都要公开,并接受公众监督,装备采购记录也可以进行公开审议。通过公开透明,使采购活动尽可能置于公众监督之下,抑制可能出现的腐败。但是因为装备采购涉及国家国防战略和军队建设,加强安全保密是一个必须面对的现实问题。要在遵循保密性原则的基础上,适度公开。

4. 公正

装备采购的交易中要公允正当,不能以自己所处的地位优势,强迫对方接受不合理的条件,要对所有承制单位一视同仁。军方应以国家和军队利益需要为原则,不能利用自己所处的地位优势进行不公正交易。强调装备采购遵循公正原则,目的在于保证装备采购工作依法实施和执法公正,保护承制单位的合法利益和参与装备采购的积极性,促进装备采购活动健康有序地进行。

5. 诚实信用

装备采购活动中的甲乙双方,都应当诚实,讲究信用,不能有任何欺骗和欺诈的情况发生。市场经济既是法制经济也是信用经济,强调装备采购工作遵循诚实信用原则,是装备采购工作适应社会主义市场经济的需要,也是约束装备采购人员行为、保障装备采购工作规范有序实施的基础。

二、合同订立方式

推行竞争性采购,积极建立以竞争为核心的装备采购制度,是适应社会主义市场经济要求,优化资源配置的重要手段。为最大限度的体现竞争,并结合装备采购特殊性,装备采购合同订立采用多种方式,主要五种类型:公开招标、邀请招标、竞争性谈判、询价和单一来源方式。装备采购合同订立方式也称装备采购方式。

1. 公开招标

公开招标是指按照规定的程序,通过发布招标公告的方式,邀请不特定的承制单位投标,依据确定的评标标准和方法从所有投标中择优评选出中标承制单位,并与之签订合同的合同订立方式。

公开招标通过公开采购信息,广泛邀请承制单位,形成公开竞争,最终实现获取质优价廉的装备的目的。采用招标方式订立合同,有助于开展竞争,打破垄断,促使承制单位努力提高装备质量、缩短周期、降低成本。

2. 邀请招标

邀请招标是根据承制单位的资信与业绩,在一定范围内选择若干承制单位向其发出投标邀请书,由被邀请的承制单位投标竞争,军方从中选定中标单位,并与之签订合同的合同订立方式。

公开招标在其公开程度、竞争的广泛性等方面具有较大优势,但也存在着周期较长、费用较高、保密性差等缺点。邀请招标方式能够较充分地发挥招标的优势,并能在一定程度上弥补公开招标的不足。

3．竞争性谈判

竞争性谈判是指通过与多家承制单位进行谈判，最后确定最优承制单位的合同订立方式。

在一些情况下，由于采购对象的性质或采购情势的要求，招标方式并非实现装备采购经济有效性目标的最佳方式，必须采用其他采购方式予以补充。竞争性谈判采购既能体现竞争，又具有谈判灵活的优点。

4．单一来源采购

单一来源采购是指由于拟采购的装备项目来源渠道单一，或者紧急情况下的采购，以及为保证原有采购项目一致性或服务配套的要求需要继续从原承制单位购买等特殊情况，只能从一家承制单位采购装备的合同订立方式。

单一来源采购是一种没有竞争的采购方式，不利于提高装备采购效益，只在特殊情况下采用。

5．询价采购

询价采购是指向有关承制单位发出询价单让其报价，在报价的基础上进行比较并确定最优承制单位的合同订立方式。

询价采购是一种相对简单而又快速的采购方式，邀请报价的承制单位数量应至少有三家，而且只允许承制单位提供一个不得更改的报价。

三、装备承制单位资格审查

装备采购实行承制单位资格审查制度。装备承制单位资格审查是指军方为确定申请承担装备承制任务的单位是否持续满足要求所进行的系统的、独立的、客观的检查、资格评价并形成文件的过程。通过审查的单位，注册编入《名录》)。除特殊情况外，订立装备采购合同的承制单位，应从《名录》中选取。

1．实行装备承制单位资格审查制度的必要性

1）有利于推行竞争

推行资格审查制度，建立标准统一的装备市场准入机制，有利于打破军民界限和部门界限，鼓励和吸引包括民营企业在内的更多优秀企业进入竞争行列，为装备采购提供一个公平、公正和适度公开的竞争基础，把装备采购建立在国家最先进的科学技术和工业基础之上。

2）有利于提高采购效益

军队的主要装备基本是由各军工集团来供应，但不少配套产品，是由民营或其他所有制结构的企业来承担的。在这种情况下，对企业进行资格审查就显得更为重要，有利于准确识别和评价承制单位的性质、技术能力和现实状况，降低装备采购风险。同时也有利于规范装备采购行为，避免利益驱动下的乱配套、乱定点和无原则转包生产等问题。

3）有利于促进承制单位持续提高综合能力

通过对承制单位的全面审查，并将审查认定结果与研制生产任务挂钩，实行有进有出的动态管理，可以极大地激发承制单位加强自身建设的积极性和自觉性。

4）有利于缩短装备采购合同订立时间

统一组织审查对装备承制单位是否具备承担装备采购合同的资格，并对资格保持情况进行统一管理，可以简化合同订立过程的资格审查工作。合同订立部门直接从《名录》之中确定候选的承制单位即可，大大缩短了合同订立的时间。

2. 装备承制单位应具备的资格条件

装备承制单位的应具备以下资格条件：

（1）法人资格。

（2）具有与申请承担任务相适应的专业技术资格。

（3）健全的质量管理体系，具备与申请承担任务相当的质量管理水平和质量保证能力。

（4）健全的财务会计制度、良好的资金运营状况，具备与申请承担任务相适应的资金规模。

（5）在近三年内无严重延期交货记录，产品、服务无重大质量问题，无虚报成本等违纪、违法行为。

（6）具有与申请承担任务相当的保密资格等级。

3. 装备承制单位资格审查程序

1）受理申请

申请单位须向相关军事代表机构或其他授权机构提交《装备承制单位资格审查申请表》及有关证明材料。军事代表机构或其他授权机构对申请材料的完整性进行确认后，及时上报各系统装备采购主管部门。

2）制定审查计划

各系统装备采购主管部门制定本系统分管装备承制单位资格审查工作计划安排，上报总装备部批准。总装备部审批下达全军装备承制单位资格审查计划。

3）实施审查

根据总装备部下达的装备承制单位资格审查工作计划，各系统装备采购主管部门组织审查员组成审查组。审查组按审查内容和要求，制定审查实施方案，并及时通知申请单位。

审查组依据审查实施方案，对申请单位进行审查。审查结束后，审查组将审查意见通报申请单位,并对发现问题向申请单位提出整改要求。

4)整改验证

军事代表机构或其他授权机构督促申请单位按审查组要求进行整改,验证整改效果,并将整改验证情况上报组织审查部门。

5)做出审查结论

组织审查部门依据审查情况报告和整改验证情况报告,做出审查结论。

4.《名录》管理

各系统装备采购主管部门根据对申请单位资格审查结论,对符合要求的申请单位填写《装备承制单位资格注册申报表》,提出资格注册意见,上报总装备部。

总装备部对各系统装备采购主管部门上报的资格注册意见进行审查,编制全军《名录》。总装备部按规定方式定期向军队、国家有关部门发布,并向注册的装备承制单位颁发证书。

装备承制单位资格从《名录》发布之日起生效,有效期限4年。装备承制单位在注册期满前3个月申请重新注册。

装备承制单位在注册有效期内出现下列情况之一的,应注销资格:

(1)泄露国家和军队秘密,严重危害国家军事利益的。

(2)提供的有关资料严重失实的。

(3)注册的基本条件发生重大变化,导致装备承制能力严重下降的。

(4)产品、服务及质量管理体系出现重大问题的。

(5)出现虚报成本、骗取合同等欺诈行为的。

四、合同订立过程

装备采购合同订立主要有五种方式,不同的合同订立方式,采用不同的合同订立程序。

1. 招标方式

招标方式包括公开招标和邀请招标两种方式,二者的程序基本相同,只是邀请招标向特定的承制单位发出邀请。

1)成立招标小组和评标委员会

装备采购合同订立部门组织或者委托招标机构成立招标小组和评标委员会。

2)拟制招标文件

招标小组拟制招标公告、招标装备价格标底、评标标准和方法等招标文件。

3)报批招标文件

招标文件由装备采购机关审定。其中,总装备部规定的重要装备采购合同的招标文件,由总装备部审定。

4)发标

招标文件经审定后,由招标小组通过指定的发布渠道发布招标公告。

5)投标

投标人的投标申请书、有关资格证书、技术和质量以及进度承诺、报价等投标文件,在规定的截标日期前送达招标小组。

6)开标

开标在招标文件规定的时间、地点公开进行。开标由招标小组主持。开标时,由投标人检查各自投标文件的密封情况,经确认无误后,由招标小组当众拆封,宣读投标人名称、报价等投标文件内容。

7)评标

评标委员会按照招标文件确定的评标标准和方法,对所有投标人的投标文件进行评审和比较。经过评定,评标委员会向招标小组推荐中标候选人,并提交书面评标报告。

8)定标

招标小组根据中标候选人的投标文件和评标委员会的书面评标报告,确定中标人,并报装备采购机关备案。招标小组向中标人发中标通知书,并同时将中标结果通知所有未中标的投标人。

9)签订合同

合同订立部门与中标的承制单位签订合同。

2. 竞争性谈判方式

1)成立谈判小组

装备采购合同订立部门负责组织成立谈判小组。

2)拟制谈判文件

谈判小组拟制谈判文件。谈判文件一般包括谈判人员、谈判程序、谈判内容、合同文本草案以及评定成交的标准等内容。

3)报批谈判文件

谈判文件由装备采购机关审定。

4)确定邀请参加谈判的承制单位名单

谈判小组从符合相应资格条件的承制单位名单中,确定不少于两家的承制单位参加谈判,并向其提供有关谈判文件。

5)谈判

谈判小组与承制单位分别进行谈判。

6）确定承制单位

谈判结束后,谈判小组要求所有参加谈判的承制单位在规定时间内进行最后报价,并根据采购需求、质量、服务和报价等因素的综合评定结果,提出候选成交承制单位,报装备采购机关审定。

谈判小组将审定结果通知所有参加谈判的承制单位。

7）签订合同

合同订立部门根据谈判结果与承制单位签订合同。

3．单一来源方式

1）成立谈判小组

合同订立部门负责组织成立谈判小组。

2）拟制谈判文件

谈判小组拟制谈判文件,内容包括装备的采购数量、质量、价格、交付进度及售后服务等要求。谈判小组依据有关规定,对承制单位提出的报价方案进行核算,提出价格方案。

3）报批谈判文件

装备采购机关审定谈判文件。

4）谈判

谈判小组根据谈判文件的要求与承制单位进行谈判。

5）报批谈判结果

谈判结束后,谈判小组将谈判结果报装备采购机关审定。

6）签订合同

合同订立部门根据谈判结果与承制单位签订合同。

4．询价方式

1）成立询价小组

合同订立部门负责组织成立询价小组。

2）确定被询价的承制单位名单

询价小组根据采购需要,从符合相应资格条件的承制单位名单中确定不少于三家的承制单位,并向其发出询价单让其报价。

3）询价

询价小组要求被询价的承制单位在规定的时间内一次报出不得更改的价格。

4）确定承制单位

询价小组依据评定成交标准进行综合评审,提出成交承制单位,报装备采购机关审定。

询价小组将审定结果通知所有被询价的承制单位。

5）签订合同

合同订立部门与成交的承制单位签订合同。

五、合同价格确定

不许订立无价格合同。合同价格必须经装备采购主管部门批准,才能订立装备采购合同。无论采用何种方式采购装备,采购装备的价格未经批准而订立合同,都容易引起价格管理失控,造成装备价格的上涨,进而影响到装备采购经费的使用效益。

第三节　装备采购合同履行管理

合同履行指的是合同规定义务的执行。由于装备采购的特殊性,关系到国防利益能否顺利得到实现,军方制定了专门的法规用于规范装备采购合同履行过程的管理。一般都建立专门的合同履行管理机构,有些甚至常驻在装备承制单位,直接介入装备研制生产过程,对装备承制单位合同履行过程实施严格的监督。

一、合同履行的原则

1. 国防利益第一

装备采购合同双方都要以确保国防利益不受损害作为首要原则。在承制单位的利益与国防利益发生冲突时,必须坚持国防利益至上。

2. 全面履行

装备承制单位必须按照合同规定的要求,全面履行合同,不能采用任何其他方式代替全面履行。

3. 亲自履行

订立装备采购合同的装备承制单位必须亲自履行合同,不得转包给其他装备承制单位或个人代为履行。

二、合同履行监督

装备采购合同履行监督工作,是指按照合同条款,依据有关法律、法规、规章,对承制单位合同履行过程中的质量、进度和经费等实施监督的一系列活动。合同履行监督工作应当遵循统一领导、分级管理,依法监督、注重实效的原则。合同履行监督工作在装备采购主管机关的领导下,主要由军事代表机构具体执行。合同履行监督的内容主要包括质量监督、费用监督和进度监督。

1. 质量监督

装备采购合同的质量监督是军方为了确保合同规定的质量要求得到满足，对装备承制单位资格、质量形成过程和产品的状况进行监视、验证、分析和督促的活动。

装备质量监督的原则是：

（1）坚持质量第一。

（2）注重满足部队使用需求。

（3）预防为主、防检结合，系统管理，突出重点。

（4）依法监督，注重客观证据。

装备质量监督过程应按 GJB 5708－2006《装备质量监督通用要求》执行。

2. 进度监督

装备采购合同的进度监督是军方为了确保合同规定的进度要求得到满足，对装备承制单位资格、进度安排过程和执行情况进行监视、分析和督促的活动。

进度监督要以实现合同约定的总进度为目标，通过及时掌握、分析相关信息，对照合同约定的进度节点实施控制。

军事代表机构对承制单位编制的进度计划的符合性、完整性、可行性、科学性进行审核确认。对审核批准的进度计划执行情况进行检查，建立进度信息收集、传递制度，明确进度监督工作内容、重点及流程，对进度实施动态监督。

3. 经费监督

装备采购合同的经费监督是军方为了确保合同规定的成本要求得到满足，对装备承制单位资格、费用控制计划和执行情况进行监视、分析和督促的活动。

合同经费监督坚持尊重事实、客观公正、讲求实际、注重实效的原则。

军事代表机构对预先研究、研制经费的专款专用情况实施监督，对购置经费的预付款、进度款等使用管理情况实施监督，提高经费的使用效益。经费使用监督的方式通常包括成本监督和会计核算监督。成本监督是对有关成本费用的支出情况进行监督，会计核算监督是对有关财务会计资料的合法性、完整性、准确性进行监督。开展经费监督的时机通常在合同约定的支付节点前，结合节点考核组织实施，也可以根据合同履行的实际情况适时单独组织实施。

三、合同经费支付

装备采购合同经费支付采用集中支付的方式进行。在装备承制单位完成合同约定的任务后，由军事代表机构审查装备承制单位的经费支付申请。审查合格后，上报装备采购主管机关。经装备采购主管机关审查，满足合同支付条件后,上报总装备部,由总装备部装备财务结算机构,向装备承制单位支付合同经费。

四、合同变更与中止

1. 基本要求

装备采购合同订立后,不得擅自变更、中止或解除。当存在确需变更、中止或解除合同的情况时,装备采购部门应当向总装备部提出变更、中止或解除装备采购合同的建议;经批准后,办理装备采购合同变更、中止或解除事宜,并将办理情况报总装备部备案。

对于装备采购部门的原因变更、中止或解除装备采购合同而给装备承制单位造成损失的,装备采购部门应当报总装备部批准后,向装备承制单位支付合理的补偿费用。

因装备承制单位的过错而变更、中止或解除装备采购合同而给军队造成损失的,装备采购部门应当依法向装备承制单位提出索赔要求。

2. 军方单方面变更、中止或解除合同的情形

1)装备采购计划被修改或被取消的

装备采购计划是订立装备采购合同的依据。装备采购合同各项条款的制定以及装备采购合同的履行,都是以装备采购计划特别是年度装备采购计划为主要依据的。装备采购计划被修改或被取消,装备采购合同也必须随之变更、中止或解除,确保装备采购目标的实现。

2)装备采购合同的继续履行将损害国家和军队利益的

装备采购关系到装备采购经费的使用效益,关系到国家和军队的利益,在合同履行过程中一旦出现损害国家和军队利益的情形,而不作必要的变更、中止或解除,势必违反订立装备采购合同的目的。装备采购合同中的国防利益具有相对于其他组织、部门利益的优越性,国防利益的优越性构成采购部门具有单方面变更、中止或解除合同权利的合法性基础。因此,当装备采购合同履行中出现损害国家和军队利益的情形,装备采购部门有权单方面变更、中止或解除合同。这种变更、中止或解除合同是强制性的要求,装备承制单位必须服从。

3)装备采购合同履行条件发生重大变化使主要条款无法履行的

为了实现装备采购目的,必须使装备采购合同的履行始终保持良好的状态,具备履行合同的必要条件。合同的履行条件发生重大变化,必然会影响到合同顺利履行,使合同的主要条款无法履行。发生这种情形,装备采购部门有权单方面变更、中止或解除装备采购合同。

装备采购部门只能基于上述三种情形变更、中止或解除装备采购合同,而且

必须严格按照程序实施。装备采购部门向总装备部提出变更、中止或解除装备采购合同的建议;经批准后,办理装备采购合同变更、中止或解除事宜,并将办理情况报总装备部备案。变更、中止或解除装备采购合同,由装备采购部门订立书面协议并经原合同审批部门批准。

3. 合同变更、中止或解除的法律责任

因装备采购部门的原因变更、中止或解除装备采购合同而给装备承制单位造成损失的,装备采购部门报总装备部批准后,向装备承制单位支付合理的补偿费用。装备承制单位因采购部门行使单方面变更、中止或解除合同的权利而受到损失,可以请求采购部门给予补偿。但补偿的范围一般只以全部实际损失为限,不能要求可以期待的利益。

因装备承制单位的过错而变更、中止或解除装备采购合同而给军队造成损失的,装备采购部门依法向装备承制单位提出索赔要求。

第四节 装备采购合同管理监督

建立健全装备采购合同管理的监督机制,可以预防装备采购合同管理工作中可能出现的腐败现象,保证装备采购活动健康有序地进行。

一、监督的内容

监督检查的内容包括:
(1) 有关装备采购合同管理工作法规的执行情况。
(2) 装备承制单位的选取情况。
(3) 合同订立方式的选择和程序执行情况。
(4) 配套设备、材料和器材选定点情况。
(5) 价格确定和经费支付情况。
(6) 装备采购人员行为和职责履行情况。

二、监督的方式

1. 装备承制单位监督

装备承制单位可以对装备采购合同订立和履行中存在的问题提出询问、质疑与投诉。装备采购主管机关(部门)应当依法受理装备承制单位对装备采购合同管理工作的询问、质疑与投诉,并在规定的时间内对当事人的询问、质疑与投诉做出答复。但答复的内容不得泄露军事秘密。对投诉事项需进行审查并做出处理决定的,应当及时将处理决定通知投诉人和相关当事人。

2. 纪律检查部门监督

从事装备采购合同管理工作的人员应当依照有关规定接受军队纪律检查部门的监察。

3. 社会监督

任何单位和个人对装备采购合同订立、履行等活动中的违法行为,有权控告和检举。军队有关机关和部门应当依据各自的职责权限,依法查处装备采购合同订立、履行等活动中的违法行为。

三、对合同管理人员的处罚

在装备采购合同管理过程中,对于违反有关规定的人员给予处分,构成刑事犯罪的,依法追究其刑事责任。应予以处罚的情况包括:

(1)在装备采购合同管理工作中玩忽职守,造成损失的。

(2)在确定装备承制单位和装备价格工作中与承制单位恶意串通、透露重要信息的。

(3)侵吞、挪用、截留装备采购经费的。

(4)对装备重大质量问题隐情不报,或者由于主观原因监督不到位造成重大损失的。

(5)其他妨碍装备采购合同管理工作的。

第十五章　装备采购风险管理

现代武器装备技术含量高、耗资大、研制生产周期长,在装备采购过程中面临着许多不确定性。装备采购任务不能顺利完成,将直接导致装备建设计划得不到落实,进而影响到国防利益的实现。既要认识到风险是客观存在的,更要认识到风险一旦发生将产生的严重后果。开展风险管理,可以有效遏止装备采购中普遍存在的"进度拖、指标降、费用涨"问题,有利于实现"更好、更快、更省"的目标。

第一节　概　　述

一、基本概念

1. 装备采购风险

装备采购风险是指在装备采购项目确定的费用、进度和性能约束下,实现项目目标和目的过程中对未来不确定性的一种度量。风险存在于项目的环境、期望的性能、技术成熟度和承制单位能力等各个方面,而且这些方面与项目工作分解结构和综合总体进度紧密联系。风险表征的是所选方法与预期结果之间的偏离,这些偏离既可能带来积极的影响,也可能带来负面影响。

风险由三个部分组成:

(1)导致将来出现问题的风险因素。这个风险因素现在还没有发生,如果被消除或者纠正,则不会产生可能的后果。

(2)现在评估的风险因素发生概率(或可能性)。

(3)风险因素发生带来的后果(或影响)。

正是由于风险因素的存在才导致风险的发生,因此风险要与风险因素和它所带来的后果联系在一起。风险与问题不同,千万不能混淆。如果一个风险因素已经发生了,就是一个需要解决的问题,而不是风险。问题管理虽然也是项目主任的主要职能,但是问题管理是需要应用资源去应对和解决当前的问题或难题,而风险管理则是应用资源去减轻导致将来出现问题的风险因素的发生可能性和影响。

2. 装备采购风险管理

风险管理是识别和分析风险、制定风险减轻计划并执行和跟踪风险的整个过程。

风险管理始于项目计划的早期阶段,贯穿项目的整个寿命周期,而且是一个连续的过程。风险管理如果能作为一项基础工作,完全综合到系统工程和项目管理过程之中,将会收到更好的效果。往往有这样一种误解,认为风险管理就是为了识别和跟踪问题(而不是风险),然后管理这些后果(而不是风险因素),甚至有的项目管理办公室也错误地按此执行。这种做法导致掩盖了真正的风险,并且它只是跟踪风险而不是解决或减轻风险。风险管理的重点是制定风险减轻计划并且加以执行,而不是避免、转移或承担风险。

风险管理采用有组织的、系统的方法,来持续地识别和测量未知的风险,寻找减轻风险的方法,选择、计划和实施合适的减轻风险方案,跟踪风险减轻计划的实施以确保成功地降低风险。

风险管理过程包括以下几个连续的主要活动:风险识别、风险分析、风险减轻计划制定、风险减轻计划实施、风险跟踪。其中,风险识别和风险分析统称为风险评估,风险减轻计划制定和风险减轻计划实施统称为风险处置。装备采购风险管理框架见图15-1。

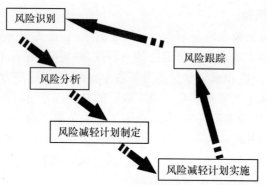

图 15-1　装备采购风险管理框架

二、装备采购风险管理的目标

风险管理的目标是在项目资金范围内,提供一个反复的平衡费用、进度和性能目标的方法。对于那些使用接近或超出成熟技术的研制项目、有很严格限制条件的项目以及对费用、进度、性能目标比较乐观的项目尤其如此。如果没有有效的风险管理,项目管理办公室将一直是在处理危机,而且可选择方案非常有限,可用资源也非常紧张。成功的风险管理建立在对项目各方面进行评估所得知识的基础之上,并且针对风险因素及其后果来减轻风险。

项目管理办公室负责为用户提供可用的、可保障的装备,可以同承制单位一起分担风险,但不能把所有的风险都转移给承制单位。对于所有的项目风险,不论主要是由项目管理办公室管理还是由承制单位管理,项目管理办公室都要予以关注、评估和管理。一旦项目管理办公室决定了与承制单位分担某些风险,并明确了每个风险的分担程度,那么必须评估由承制单位(包括分承制单位)承担的总风险。项目管理办公室和承制单位要建立共同的风险管理程序,使用共同的风险数据库,就所有的项目风险进行及时沟通以获得共同的判断。军方和承制单位不一定总是能够对风险概率等达成共识,此时军方的项目主任要保留对风险最终定义和风险分配的批准权。另外,由于减轻风险的行动涉及对性能和费用进行权衡,如果调整进度也对项目经费直接产生影响,因此在装备整个寿命周期中,在选择减轻风险的方法时,可以有短期方法和长期方法之分。

为确保项目成功,军方和承制单位都应承担起相应的任务。在实施风险管理过程中可能会存在许多障碍,例如,因担心得不到决策者对项目的支持,不愿在一开始就识别真正的项目风险;因缺少足够的资金,不能很好地开展减轻风险工作等。项目团队要通过共同努力来克服这些障碍,因为如果资源得以保证,风险减轻活动得以实施,风险管理工作则可以为制定和实现最好的费用、进度和性能目标提供重要的支撑,并且可以尽早发现需要特别关注的风险和采取风险减轻行动。

三、装备采购风险管理的基本要求

风险管理是为了确保在整个寿命周期的各个阶段,项目费用、进度、性能目标能够得到满足,并且与项目利益相关方在确定项目范围和控制项目的不确定性方面保持沟通。军方和承制单位在整个采购过程都应该有效地管理项目风险。而且,由于风险可能存在于项目的各个方面,所以要将识别风险看做是所有项目相关人员工作的一部分,包括合同管理人员、试验管理人员、装备综合保障人员以及团队中其他的所有人,而不单单是项目主任的责任。

风险管理不是某个项目管理办公室的任务,它需要其他一系列项目管理办公室的支持。与此同时,某个项目风险管理的结果也有利于其他项目管理办公室任务的完成。装备采购中其他许多重要的任务也需要与风险管理工作综合在一起才能取得更好的效果,包括需求形成、制定逻辑解决方案和设计解决方案、进度设计和全寿命费用估算等。制定一个好的风险管理计划并与整个项目管理过程综合在一起,可以确保风险在合适的管理级别上得到相应处理。重视对风险的管理和军方为降低装备采购的全寿命费用的所有努力是一致的。定义、实施和记录一个合适的风险管理计划和风险减轻方案对项目是非常有必要的。风险管理方法的选择应有利于提高项目管理的有效性，并能为项目主任提供一个降低全寿命费用的关键工具，增加项目成功的概率和对费用不确定性的评估。因此，有效的风险管理取决于风险管理计划、早期的风险识别和分析、早期对风险的正确处置、持续的监督和再评估以及沟通、记录和合作。

为使风险管理活动科学高效，在项目生命周期中应尽早通过技术评审手段来对风险进行评估。要将减轻风险的活动与项目计划和经费预算紧密结合起来，使关键的性能、进度和全寿命费用风险得到解决。细化的要求如下：

（1）在每个采购阶段都要评估项目风险的风险因素，制定管理这些风险的策略。

（2）承制单位要参与风险管理。承制单位应在投标书中提供如何开展风险管理的说明，要识别出风险因素并制定风险管理计划草案。这样做不仅有助于军方尽早识别风险，而且有助于承制单位进一步深入理解项目要求。

（3）采用超前的、结构完整的方法来识别和分析风险产生的根本原因。在技术评审中要使用风险评估清单，对已识别风险的状态进行评审，并且充分应用以前评审结果来分析将来评审中可能存在的风险。制定风险减轻计划并获得所需要的资源。在项目寿命周期的每个阶段都进行周期性风险评估。

（4）建立一系列风险评估事件，用于截止到项目某个节点，对所开展的减轻风险活动的有效性进行评审。而且，在技术评审和阶段性项目审查中，都需要对这些风险评估事件进行评审。风险评估事件要与各个层次的项目总体计划联系在一起。

（5）军方和承制单位对项目内在风险进行联合评估。评估承制单位在整个项目约束内实现预计进度或最终费用的概率。制定风险等级评估标准，用于对识别的风险因素确定风险等级。根据风险优先次序选择项目途径，以便将风险控制在一个可接受的水平，并为进度和资金留有余地。

四、装备采购风险管理的基本方法

在风险管理过程中，要使用经过实践检验证明有效的管理方法，不需要采用专门的方法或工具。要重视风险减轻计划的制定与执行，而不是避免、转移或承担风险。要将制定风险管理计划过程与风险管理过程分开。风险管理计划的作用是决定如何开展风险管理，但本身并不对风险采取行动。

不论项目规模大小，风险管理都可采用以下基本方法：

（1）获得可行、稳定、充分理解的用户要求，得到领导层和利益相关方的支持,并与项目决策过程综合在一起。

（2）与用户、承制单位和其他利益相关方紧密合作。

（3）将经过充分计划的风险管理过程,综合到整个采购过程,而且与项目管理的其他活动相互配合。

（4）通过持续的、事件驱动的技术评审来帮助定义项目目标,确保在可接受的风险范围内满足用户需求。

（5）风险得到识别并进行了充分分析。

（6）编制了风险减轻计划,资源得到保障,计划得以实施。

（7）选择的采购策略和保障策略与风险级别和减轻风险方案相一致。

（8）建立了衡量是否有效执行风险减轻计划的标准。

（9）进行持续并迭代反复的风险评估。

（10）风险分析职能独立于项目主任。

（11）对性能、进度和费用制定了成功的标准。

（12）风险管理过程有正规记录。

要将以下方面作为风险管理的重点：

（1）明确风险因素的作用并加以管理。

（2）区别风险管理与问题管理。

（3）将风险概率与风险因素而不是与结果联系在一起。

（4）像跟踪风险一样去跟踪风险减轻计划的执行情况。

（5）关注于事件驱动的技术评审以帮助识别风险区。

（6）关注为减轻风险所做努力的效果。

第二节　装备采购风险管理计划

装备采购风险管理计划过程也称装备采购风险管理的准备过程。风险管理是项目主任进行决策的重要的一部分。风险管理必须是有预见性的、结构完整的、持续的和有信息支持的,风险管理成功的关键是尽早计划、有资源保障以及积极的执行。好的计划可以为管理风险因素提供有组织的、全面的和互动的方法。只有在军方与承制单位之间进行充分协作,得出最好的理念、技术、方法和信息,才能帮助项目团队改进风险管理。

一、风险计划过程

风险计划过程制定和记录有组织的、全面的、交互的策略和方法,用于识别和跟踪风险因素、制定风险减轻计划、为确定风险及其风险因素的变化而进行的持续风险评估和分配合适资源。

风险计划过程是管理项目风险因素的规范化方式。风险计划过程及最终形成的计划应当回答"是谁、是什么、在哪里、什么时候和怎么办"的问题，即

（1）确保风险管理原则在项目中得到应用。

（2）制定和保存有组织的、全面的和交互式的风险管理计划。

（3）确定执行风险管理计划所使用的方法。

（4）计划合适的资源包括人员安排。

风险计划过程是反复迭代进行的，贯穿于项目生命期的始终，不断说明风险识别、风险分析、风险减轻计划制定、风险减轻计划执行、风险跟踪以及资源分配等活动的情况，并做出相应的工作安排。因为承制单位设计和制造装备的能力影响着项目风险，所以承制单位应被视为风险计划过程中的一个有价值的伙伴。风险计划过程的结果是风险管理计划。

风险管理计划过程始于风险管理策略的制定和保存。早期工作包括明确目的和目标、为具体的领域分配责任、识别需要参加的技术专家，描述需考虑的评估过程、阐述风险减轻计划的考虑、定义计划等级、规定报告和文件需求、建立报告要求等。计划过程还应当说明对潜在资源能力的评估以及早期涉及的工业部门。项目主任管理风险因素的策略为项目团队提供了计划过程的方向和基础。

二、风险管理计划

风险管理计划一般应与整个项目计划过程或系统工程规划综合在一起，也可以是独立的一个文件，但要与其他文件相互协调一致。

风险管理计划确立了风险管理中应采用的全面、一致、基础的方法和工作结构，可以确保对项目的所有方面可能存在的风险都能进行充分检查。风险管理计划包含了成功的项目风险管理需要的最超前活动。在每个采购阶段结束时，风险管理计划都是下一阶段准备工作的核心。风险管理过程应当反映到项目的系统工程规划和采购策略中。风险管理计划明确了军方和承制单位团队怎样从今天的项目发展到未来项目主任希望的状况。

风险管理计划的基本内容包括项目概要、风险管理策略和过程、责任/执行组织、风险管理过程和程序、风险识别、风险分析、风险减轻计划、风险减轻计划执行和风险跟踪等。

通常，在合同授予之前，文件和报告程序被定义成风险管理过程计划的一部分，但是只要这些努力在合同范围以内或是被批准为合同变更的一部分，它们也可能在合同执行期间增加或修改。项目管理办公室应周期性地审查风险管理计

划并在需要时加以修改。

三、风险管理组织

从系统工程角度来说,风险管理过程检查了项目从论证到处置的各个阶段、每个方面可能存在的风险,综合了设计要求与全寿命周期中的生产、使用和保障等所有方面的问题。因此,项目主任应当制定将全部风险管理活动综合在一起的程序,并在项目中持续应用。

有效的风险管理需要整个项目团队的参与,有时在关键风险区还需要来自于外部的专家的知识。另外,风险管理过程应当覆盖硬件、软件、人力、接口以及其他综合性问题。外部的专家可能包括用户、实验室、合同管理、专业工程、试验与评估、工业和保障团体的代表。最终产品用户,是项目权衡分析的基本参与者,应作为评估过程的一部分,从而在性能、进度、费用之间可以达到可以接受的平衡。军方与工业部门、承制单位建立紧密的关系,有利于提高对项目风险的理解,并可以帮助制定和执行管理行动。

在许多项目中都采用建立风险管理委员会的方式来加强风险管理。授权风险管理委员会为高级项目小组,可以对所有项目风险和它们的风险因素、不利的事件征兆、已计划的减轻风险活动进行评估。

项目管理办公室应当为风险识别和风险分析制定工作结构,指定有经验的军方人员和承制单位人员以及在合适的时候获取来自于外部的专业事务专家的帮助。

四、风险评估方法

风险评估的方法主要有以下几种:

(1) 作为一项正常工作由项目办公室承担。

(2) 组建临时性或永久性的项目风险评估组。

(3) 组建军方和工业部门的联合风险评估组。

(4) 从外部聘请或项目管理办公室内部与外部聘请相结合。每个选择都有其优点,也要付出相应费用。这些选择彼此间并不冲突,项目管理办公室可以利用其中的两个或更多选择来针对项目的不同方面,但项目管理办公室内部人员必须熟悉这些风险。

如果项目管理办公室内部无法满足开展评估所需资源要求,那么最好从项目管理办公室以外聘请评估人员。在项目管理办公室没有将风险评估作为正规采购程序的一部分时,可以组建一个核心风险评估组。核心风险评估组人员通常由系统工程、生产、试验、装备保障、进度分析和费用估计等方面的专家组成。

不论选择的是哪种方法,应当邀请承制单位加入并包括在最终的评估人员中。如果项目还没有订立合同,风险评估组也应当在不泄露竞争秘密和对个人数据予以保护的范围内,尽力获得工业部门对风险的看法。

五、风险管理培训

对项目团队进行组织和培训,使其能够按照有关要求持续进行风险评估是非常关键的,因为在项目的生命周期中需要周期性评估来支持主要的项目决策。有经验的团队不一定在每个评估过程实施的时候都要进行广泛培训,但是尽快吸取早期评估中获得的经验,并按规定的风险管理程序开展工作,避免评估工作一开始就出现错误。

项目的专职风险管理人员或外部专家,可以对项目办公室进行培训,培训重点内容包括风险管理计划、风险策略、定义、建议采用的技术、记录和报告要求。

对于从事风险评估的核心人员和有关专家,则可以采用风险评估培训包的方式。该培训包通常应包括风险评估程序、分析标准、记录要求、团队的基础准则和项目概况等。

第三节　装备采购风险评估

装备采购风险评估过程包括两个阶段,即风险识别和风险分析。

一、风险识别

1. 风险识别的作用

风险识别通过以下活动来回答"什么将会出错?"的问题:

(1)查看目前的和提议的人事安排、程序、设计、承制单位、操作人员、资源、相互依赖关系等。

(2)监视试验结果特别是当试验失败时的结果。

(3)审查预期中的潜在缺陷。

(4)分析消极的趋势。

风险识别是通过检查项目所有组成部分来识别风险因素并记录下来,为成功地管理风险打下基础。风险识别应当尽可能早地开始,并贯穿项目始终。风险识别的信息可从多方面获得,如技术性能数据、进度数据、资源数据、全寿命费用的信息、关键路径的进展、技术成熟度和安全信息等。

2. 风险识别的内容

项目办公室所有成员都要对风险加以识别,而不单是项目主任的责任。因为风险可能存在于项目的各个方面,如作战需求、约束条件、性能参数、威胁、技术、设计程序或者工作分解结构单元,项目组每个成员的参与对于识别出所有的风险非常重要。

项目办公室需要将项目分解成若干相关组成部分或区域,可以按照需求、过程、功能区域、技术基线或采购阶段等多种方式进行分解,但详细程度要能够使具体领域的专业人员可以使用工作分解结构或项目总体计划排列项目号来识别风险因素。至于为风险识别需要的信息,可随着项目的寿命周期阶段不同而不同。

可以利用以往工作经历、头脑风暴法、从类似项目中总结的经验等渠道识别项目风险,也可以按照风险管理计划规定的方法进行。通常以风险来源或风险区的形式,对所有工作分解结构的组成单元进行对照检查,识别风险因素并记录。

3. 识别风险因素

项目管理办公室应当将项目组成部分简化到一定的程度,以使风险评估人员能够理解风险的重要程度,识别风险因素。

风险评估人员根据风险来源或风险区,对工作分解结构的每个产品单元和过程单元进行检查,确定可能会在装备寿命周期的任一时间影响项目成功的风险因素。识别和列出风险因素清单的程序如下:

(1)列出工作分解结构的产品单元和过程单元。

(2)检查每个单元的风险来源和风险区。

(3)确定什么将会出错。

(4)不断问为什么直到发现风险因素。

风险识别活动应当在采购过程中尽早开始并持续进行,通常应当从性能和作战成熟度需求形成时就开始。项目管理办公室应当形成并采用一套正式的风险识别程序,所有的工作人员应当负责使用这些程序来识别风险。同时,也不应忽视那些专门识别风险的时机和根据目标测量来识别风险因素。如果技术评审已经成为进度表,代替了事件驱动,那么它作为风险评估工具的有效性将会受到影响,达不到风险评估的全部作用。尽早识别和评估关键风险,有利于制定减轻风险的方法,并且可以针对那些关键产品风险和过程风险来提供项目定义和意见征求书编制的效率。风险识别应当随着任何主要的项目变更或结构调整而反复进行,如重要的进度调整、要求的变更或项目合同的范围变更等。

典型的风险来源包括威胁、需求、技术基线、试验与评价、建模与仿真、技术、保障、生产/设施、并行过程、工业能力、费用、管理、进度、项目外部因素、预算。

二、风险分析

1. 风险分析的作用

风险分析通过以下活动来回答"风险有多大?"的问题:

(1)判断风险因素发生的可能性。

(2)识别在性能、进度、费用方面可能的后果。

(3)使用风险报告矩阵来识别风险等级。

2. 风险报告矩阵

对影响到项目成功(性能、进度和费用任一方面)的每一个风险因素都要进行识别,并评估其发生的可能性和对项目的影响。通过建立标准的风险报告矩阵,规定评价风险和报告评估结果的格式,可以使所有项目相关人员在相应的管理层次上对风险有一个共同的理解。

1)制定风险因素的可能性等级标准

可能性等级标准示例见图 15-2。

	等级	可能性	发生概率
可能性	1	不大可能	约10%
	2	低可能性	约30%
	3	可能	约50%
	4	高可能性	约70%
	5	几乎肯定	约90%

图 15-2　可能性等级标准示例

2)制定风险因素的后果等级和类型标准

后果等级和类型标准示例见图 15-3。

3)建立风险报告矩阵

风险报告矩阵示例见图 15-4。将每个分析结果对应到不同风险等级的方格里,并且标明风险名称(S 表示进度)、风险产生原因和减轻风险方法。因为概率和后果的等级都是"3",则相应的风险表示为"中"。

3. 风险分析的内容

风险分析是一项检查每一种已识别的风险,以便更好地对风险进行描述、区

等级	技术性能	进度	费用
后果			
1	对技术性能影响很小或没有影响	很小或没有影响	很小或没有影响
2	对技术性能或可保障性有轻微影响，对项目有可以忍受的很少影响或没有影响	可以满足关键日程拖延<*月	预算上升或单位生产费用上升<**(预算的1%)
3	对技术性能或可保障性有中等程度减轻，对项目目标有限影响	进度有很小拖延，可以满足关键里程碑，没有进度变化拖延（*月）子系统拖延>*月进度拖延在可用的偏差范围内	预算上升或单位生产费用上升<**(预算的5%)
4	技术性能有明显减轻或保障性有主要缺陷，可能危害项目的成功	项目的关键路径受到影响拖延<*月	预算上升或单位生产费用上升<**(预算的10%)
5	技术性能有严重的减轻，不能满足关键性能参数或关键性能/保障性门限值	不能满足项目关键里程碑拖延>*月	超出采办项目基线的门限值>**(预算的10%)

图 15-3　后果等级和类型标准示例

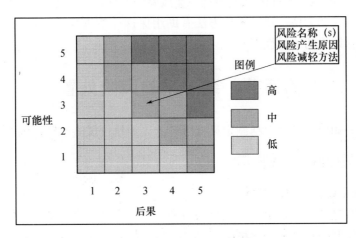

图 15-4　风险报告矩阵示例

别产生原因、确定风险影响和帮助确定减轻风险优先次序的活动。风险分析进一步明确每一种风险的可能性、后果和同其他风险区或过程的联系。分析活动以对已识别风险的详细研究开始,目标是收集关于未来风险的足够的信息来判断风险因素、可能性和后果。

风险分析的任务包括:

(1) 根据工作分解结构或以其他方式分解的结果,通过分配风险后果的门限值来确定发生概率和后果的范围。

(2) 确定每一个风险发生可能性。

(3) 在性能、进度、费用方面确定后果的影响。

(4) 将分析结果记录在项目风险数据库中。

采用工作分解结构方法,风险是对单个工作分解结构单元在它们各自的等级上(主要是对费用、进度和性能的影响)识别、评估、跟踪的,并说明对整个项目的影响。由于装备采购项目基本上是基于工作分解结构来确定的,因此每个产品单元的相关费用和进度都可以容易地做出基线,并且它的风险后果可以用对基线的偏离来测量。按照对费用、进度、性能目标的分配,将工作分解结构分解到较低等级,有助于保证所有要求的产品单元都能够进行充分的风险辨识。

将对性能、进度和费用等方面的风险分析综合为一个过程,对于项目可以带来切实的好处。可以使项目很好地定义要求、建立在稳定的技术基础之上,制定现实的项目进度,将项目费用评估的资源需求加以保存等。项目风险因素的识别与分析综合了基于风险评估技术的技术性能评估、进度评估和费用评估。对费用风险、进度风险和性能风险中每一类风险的评估都有侧重,但也需要另外两类风险的输入和支持。这种评估方法有助于保持评估过程综合在一起,并且确保最终评估结果的一致性。

第四节　装备采购风险处置

装备采购风险处置包括制定风险减轻计划和执行风险减轻计划两个内容。

一、风险减轻计划制定

1. 风险减轻计划的作用

风险减轻计划是在给定的项目约束和目标下,识别、评价并选择最优的办法以使风险控制在可接受的等级,最终促使项目成功。

制定风险减轻计划的目的是回答"项目应采取什么方法来解决潜在的不希望发生的后果?"。减轻风险的方法主要有:

（1）通过消除风险因素和／或后果来避免风险。

（2）控制原因或后果。

（3）转移风险和／或承担该风险并继续当前的项目计划。

风险减轻计划应包括做什么、什么时候完成、谁负责以及实施风险减轻计划的资金要求等细节。实现项目目标的最佳途径也就是风险减轻计划中列出的最佳减轻风险办法。

风险的详细程度取决于项目的寿命阶段和需要满足的需求特点。但是，根据项目复杂程度，也必须足够详细，以使对所需的努力和技术能力有一个基本的估计。

2. 风险减轻计划的编制

对于每一个风险因素，都要确定风险减轻的办法，并且要详细加以说明。一旦对可供选择的方案进行了认真分析，那么减轻风险的方案应当与项目计划很好地结合起来。无论是包括在项目整个计划当中，还是作为单独的风险减轻计划保存，而且特别注意不要与风险管理计划混淆。风险减轻计划应当现实、可实现、可测量并加以存档。

风险减轻计划应包含下列内容：

（1）已识别风险的描述性标题。

（2）制定计划的日期。

（3）控制已识别风险因素的相关责任部门或人员。

（4）不论风险是否在项目的控制范围内，都要对风险将对性能、进度、资源等产生的影响以及发生可能性和后果进行简要说明。

（5）导致风险存在的原因。

（6）减轻风险的方案。

（7）明确减轻风险的行动、每个行动成功的标准以及随后的"如果成功，风险等级是多少"。

（8）对风险状态进行简要的讨论。

（9）反馈办法，包括具体方法和预期决策日期。

（10）管理建议。

（11）合适的批准等级。

（12）已识别的资源需求。

二、风险减轻计划执行

1. 执行风险减轻计划的作用

执行风险减轻计划的目的是确保减轻风险的行动得到落实，它回答了"有

计划的风险减轻计划怎样被执行?"的问题,其作用在于:

（1）确定需要什么样的计划、预算、要求和合同变更。

（2）提供管理层和其他利益相关方的交流手段。

（3）指导团队执行已定义和批准的风险减轻计划。

（4）为现在的监测提供风险报告要求的概要。

（5）将变更历史保存。

2. 执行风险减轻计划的内容

风险识别和风险分析是通过风险分类来完成的。每一类风险(如性能、进度、费用)包括一组核心的评估任务,并且与其他两类是相联系的,因此需要彼此间支持配合以确保评估的全面性。风险减轻计划执行过程也需要对风险分类,因此采用项目办公室的这种工作方式对于执行风险减轻计划非常重要。每一个工作分解结构层次上的项目办公室都要负责减轻更低层次的风险,而且在工作传递到高一级工作分解结构等级之前减轻风险。另外,每一个项目办公室必须与所有级别的管理层就潜在的费用增加或进度拖延进行沟通。项目办公室应确保在项目评审和技术评审过程中,风险减轻计划得到有效实施,风险管理过程的结果被正式的、简短地记录下来。

当决定采用减轻风险后果的处理方法时,需要经过认真考虑后再做出判断,包括准确识别在最初的风险后果评估和当前的风险状态之间发生的变化,以证明风险评估的准确性。

第五节　装备采购风险跟踪

为保证风险处置的效果,必须加强风险跟踪。而且,由于装备采购风险存在于采购活动的方方面面、存在于采购过程的始终,通过跟踪可以掌握风险的变化情况,为及时采取相应措施提供依据。

一、风险跟踪的作用

风险跟踪的作用是确保风险得到成功减轻,它回答了"事情是如何进行的"的问题,包括:

（1）就风险与所有受影响的利用相关方进行沟通。

（2）监督风险减轻计划实施情况。

（3）检查正常的状态更新。

（4）利用风险报告矩阵跟踪风险变化情况。

（5）当实施或调整风险减轻计划时,在管理方面发出警示。

好的项目管理都非常重视风险跟踪。作为最高级别、周期性的项目管理审查和技术评审工作，为识别任何性能、进度和费用问题提供了丰富的信息，从而满足项目目标和项目节点要求。

风险跟踪的文件主要包括技术报告、观察单、进度执行报告、技术评审记录／报告和关键风险过程报告等。

一个事件的可能性和后果可能随着采购过程的进行和不断获得更新的信息而变得更加明确。所以，项目管理办公室应在贯穿于项目的过程中不断周期性地重新评估已知的风险，并针对新出现的风险因素对项目进行检查。成功的风险管理项目需要项目团队之间，执行及时的、详细的报告程序来提供交流的有效性。

二、风险跟踪的任务

风险跟踪是在整个采购过程中，针对已建立的项目结构，系统地跟踪和评估减轻风险行动效果的活动。风险跟踪为风险识别、风险分析、风险减轻计划制定和风险减轻计划执行等过程提供反馈信息。

风险跟踪的主要任务是在整个项目过程中建立管理指示系统。项目主任利用这一系统来评估项目在其寿命周期中的状态。设计风险跟踪方式时，要保证在风险发生的可能性或后果的严重性超出了先前制定的门限值，或者具有超出门限值的趋势时，能够尽早报警，以便及时采取减轻风险的行动。

项目管理办公室应当经常检查风险评估和减轻风险的方法。随着项目设计逐步成熟，会有更多信息可用于评估风险等级。如果风险发生明显改变，减轻风险方法也应随之进行调整。如果发现风险较先前评估有所减轻，一些具体的减轻风险活动就应被缩减或取消，从而可以重新调整资金用于其他方面。如果风险变得更高了，或者发现了新的风险因素，那么就要实施更加合适的减轻风险行动。

除了重新评估风险，项目管理办公室应寻找新的减轻风险方法。其他可供选择的技术可能已成熟、新的产品可能在市场上已经出现、在未预料的地方发现了信息等情况都会对项目管理办公室的减轻风险活动有所帮助。同时，投入一些时间对实验室和市场研制情况进行周期性审查，对于改进风险管理也非常有益。

三、风险跟踪的报告

风险报告的目的是为了确保风险管理工作能够获得所有必需的信息做出及时和有效的决定，采取协调一致的行动，合理分配资源和采用一致并严密的办法。风险报告的主要目标是为项目主任提供有效的早期风险变化预警。

风险文件用于记录、保留和报告风险识别、风险分析、风险减轻计划及执行和跟踪的结果。风险跟踪应作为技术评审、周期性的项目审查的一部分。文件包括所有给项目主任以及决策者的计划和报告，还有项目管理办公室内部的报告、表格。风险文档应该与风险减轻计划合并起来。

风险报告应当根据风险报告矩阵的要求，提交标准的可能性和后果数据。有关费用、进度和性能的详细情况应当在每一个风险减轻计划中加以保存。风险报告矩阵的图示位置应说明项目主任对当前风险可能性的评估以及对减轻计划失败给项目带来的影响的严重程度的评估。如果项目的减轻计划有效，那么在风险报告矩阵中高风险的位置将会在后续的评估中由当前位置转向中等风险或低风险区域。每个风险说明应包括三个主要内容：

（1）对风险名称和类型（性能、进度、费用）的简短描述。

（2）风险产生原因。

（3）按照关键日期列出处置风险因素及其影响的风险减轻计划。

基础建设篇

- 装备采购法规管理
- 装备采购人员管理
- 装备采购信息管理

第十六章　装备采购法规管理

依法治国、依法治军和依法治装是我国、我军和装备建设领域的一项长期的战略任务。装备采购涉及国家和军队诸多部门，必然需要靠大量的法律、法规和规章去调整和规范军地之间、军队内部部门之间的关系。要将加强装备采购法治化建设，作为一项提高装备采购管理水平的基础性工程抓紧抓好，真正实现依法采购、规范采购和科学采购。

第一节　概　　述

一、基本概念

1. 装备采购法律

装备采购法律是指由全国人民代表大会及其常务委员会制定的有关装备采购方面的法律。

装备采购法律在全国范围内或全国一定范围内适用。虽然我国目前还没有制定专门针对装备采购的法律，但在《中华人民共和国刑法》、《中华人民共和国国防法》和《中华人民共和国国防动员法》中，也包括了与装备采购有关的条款。

2. 装备采购法规

装备采购法规是指由国务院和中央军委联合制定的有关装备采购方面的军事行政法规、国务院单独制定的有关装备采购方面的行政法规和中央军委单独制定的有关装备采购方面的军事法规。

由国务院和中央军委联合制定的有关装备采购方面的军事行政法规在全国全军或全国全军某一领域范围内适用，如《中国人民解放军驻厂军事代表工作条例》、《武器装备科研生产许可管理条例》和《武器装备质量管理条例》等。

国务院单独制定的有关装备采购方面的行政法规在全国范围内或全国一定范围内适用，如《中华人民共和国产品质量认证管理条例》、《中华人民共和国认证认可条例》和《中华人民共和国核材料管理条例》等。

中央军委单独制定的有关装备采购方面的军事法规在全军范围内或全军一定范围内适用，如《装备条例》、《装备采购条例》和《装备科研条例》等。

3. 装备采购规章

装备采购规章是指由国务院有关部（委）和中央军委各总部、军兵种联合制定的有关装备采购方面的军事行政规章、国务院有关部（委）单独制定的有关装备采购方面的行政规章和中央军委各总部、各军兵种单独或联合制定的有关装备采购方面的军事规章。

装备采购规章在全国和/或全军的某一领域适用，如由工业和信息化部与总装备部联合颁布的《武器装备科研生产许可实施办法》、由工业和信息化部颁发的《国防科研生产安全事故报告和调查处理办法》和由总装备部颁发的《装备承制单位资格审查管理规定》等。

4. 装备采购法规体系

法律体系是由一国现行的全部法律按照不同的法律部门分类组合而形成的一个体系化的有机联系的统一整体。就我国现在的法律而论，它包括了作为根本法的宪法、法律、法规和规章等。

对于装备采购活动而言，采购主体是军队，而军队只具有制定法规和规章的权限。因此，本书只是从装备采购法规管理的实际出发，将与装备采购有关的所有法律、法规和规章构成的体系称为装备采购法规体系。在国家层面上，只能称法律体系，而不能称法规体系。而且，本书为阐述方便，如无特殊强调，将装备采购法律、法规和规章统称为装备采购法规。读者在阅读过程中要根据语境加以区分。

装备采购法规体系从纵向上分为三层，即法律、法规和规章。虽然在我军装备采购实际工作过程中，总部分管有关装备的部门和军兵种装备部为贯彻装备采购法规，根据本部门需要制定了大量的规范性文件，但根据《中华人民共和国立法法》（以下简称《立法法》）和《中国人民解放军军事法规军事规章条例》（以下简称《军事法规军事规章条例》）的有关规定，总部分管有关装备的部门和军兵种装备部不具有立法权，尽管其制定和颁布有关法规性文件具有法规的特征，也在实际装备采购工作中发挥着重要作用，但不属于装备采购法规体系的范畴，也不具有法律效力。

装备采购法规体系在横向上的划分可以有多种方法，而且是一个开放的体系。目前主要有以下方法：

（1）按调整对象范围分类，分为规范军地双方的装备采购法规和只规范军队的装备采购法规。

（2）按照装备采购法规调整的采购管理关系分类。由于装备采购法规包括了装备采购行政法规、规章和装备采购军事法规、规章，而行政法规、规章的分类是按照行政管理关系分类的。由于行政法规、规章分为行政主体、行政行为、行政程序、行政检查与监督以及国家公务员制度等五类。因此,装备采购法规体系分为:采购主体、采购行为、采购程序、采购检查与监督以及采购人员职业规范等。

（3）按照装备采购过程和管理活动的特殊性分类,分为需求管理、计划管理、项目管理、试验管理、合同管理、人员管理和信息管理等。

三种分类方法各有利弊。第一种分法实施主体明确,但对装备采购活动区分不够详细,彼此间易产生交叉、矛盾或重复。第二种分法主要是按采购管理关系划分的,每个方面都有自己的调整对象,符合法规自身的特点和内在的规律,也能反映装备采购关系的实际情况,但也存在与当前的采购实践结合不紧密、不直观的问题。第三种分法虽然比较直观,也比较符合目前装备采购管理的情况,但是各类法规之间容易交叉重复,没有充分反映出我国法规分类的特点。本书倾向于采用第二种分类方式。

二、装备采购法规管理的内容

装备采购法规管理是对装备采购法规制定(立法)、法规的遵守(守法)、法规的执行(执法)、法规的适用(司法)和法规的监督等一系列活动的总称。

根据装备采购法规管理的实际情况,本书将装备采购法规管理分为两大类活动,即装备采购法规制定和装备采购法规实施。装备采购法规实施包括法规的遵守(守法)、法规的执行(执法)、法规的适用(司法)和法规的监督等。

第二节　装备采购法规制定

制定装备采购法规,不断健全装备采购法规体系,是依法开展装备采购的前提。装备采购法规的质量高低决定着装备采购管理的规范化程度。本节所指的法规制定包括了法规的初次制定和后续的修改以及废止。装备采购法律的制定、装备采购行政法规的制定,按《立法法》的有关要求执行,本节只重点阐述军队立法部门制定装备采购法规和装备采购规章的基本原则、立法权限、制定程序和体例规范。而且,限于本书未将军区的装备采购纳入研究范围,也不阐述军区装备采购法规制定。

一、制定装备采购法规的原则

制定装备采购法规应当以宪法和相关法律为依据,遵循《立法法》和《军事法规军事规章条例》确定的立法原则,符合法定权限、程序和立法体例规范的要求。由于装备采购法规规范内容和调整对象的特殊性,装备采购法规的制定还要紧密结合国家和军队的实际情况，着眼于维护国家军事利益和促进装备采购制度建设的需要，注重以下原则。

1. 要与国家经济技术状况相适应

装备采购的运行模式和管理方式，都与经济技术的发展密切相关。装备采购法规作为装备采购工作的规范性文件，法规内容和相关要求都会涉及经济、技术上的问题。经济体制和国防科学技术管理体制对装备采购的影响更是显而易见，装备采购法规必须与经济技术管理体制相适应。

2. 要与装备采购实际相结合

制定装备采购法规不能主观臆造，必须从规范装备采购工作实际出发。法规不是发明的，制定装备采购法规固然要有一定的超前性，但主要是要考虑现实情况，解决现实问题。如果立法条件不成熟，不应急于制定法规。

3. 要注重法规体系建设

装备采购法规任何一部法规都与其他法规有着广泛联系，只有形成了法规体系才能发挥出法规应有的作用。制定装备采购法规要注重门类齐全、结构严谨、内在协调。调整不同关系的基本法规应该具备，不能缺漏。基本法规要有一系列配套规章以至实施细则做支撑，下位法不能与上位法相抵触，同位法之间也不能重复和存在冲突。

二、制定装备采购法规的权限

1. 中央军委

中央军委根据宪法和法律，制定装备采购法规，主要规范以下事项：装备采购的管理体制、总部和军兵种以及相当等级单位的任务和职责、装备采购的基本制度和装备采购的奖惩制度等。

2. 总部

总部可以根据装备采购法律、法规、中央军委的决定和命令，制定适用于全军的装备采购规章，主要规范以下事项：为执行装备采购法律、装备采购法规、中央军委的决定和命令，需要制定总部装备采购规章的事项；属于总部职权范围的事项。

涉及两个以上总部职权范围的事项，由有关总部联合制定总部规章或者提请中央军委制定装备采购法规。

3. 军兵种

军兵种可以根据装备采购法律、装备采购法规、中央军委的决定和命令、总部制定的装备采购规章，制定适用于本军兵种的装备采购规章。军兵种制定的装备采购规章，主要规范以下事项：为执行装备采购法律法规、中央军委的决定和命令、总部制定的规章,需要制定军兵种装备采购规章的事项;属于本军兵种职权范围的事项。

三、制定装备采购法规的程序

1. 制定计划

中央军委、总部、军兵种于每年年初编制年度立法计划。总部、军兵种认为需要制定装备采购法规的,向中央军委提出列入下一年度中央军委立法计划的立项建议。总部的有关部门和军兵种的机关认为需要制定装备采购规章的,向所隶属的总部、军兵种提出列入下一年度本单位立法计划的立项建议。

装备采购法规规章的立项建议包括:装备采购法规规章的名称、立法依据、规范的主要事项、发布机关、装备采购法规规章草案的报送时间、起草单位及起草负责人。

中央军委法制机构和总部、军兵种负责法制工作的部门,对报送的装备采购法规规章立项建议综合研究,拟订本级年度立法计划,分别报中央军委、总部、军兵种审批。年度立法计划经批准后,以批准机关文件的形式下发执行。总部、军兵种的年度立法计划,由各单位法制工作部门报中央军委法制机构备案。

年度立法计划一经制定,各有关单位必须严格执行。中央军委法制机构、各单位法制工作部门对年度立法计划执行情况进行监督检查。

中央军委编制中央军委立法规划。总部、军兵种可以根据立法工作的需要,编制本级立法规划。立法规划通常每5年编制一次。

2. 起草

列入年度立法计划的装备采购法规规章,由年度立法计划确定的起草单位负责起草。

起草装备采购法规规章,要广泛听取有关单位和部门的意见。听取意见可以采取座谈会、研讨会、论证会等多种形式。涉及重大事项需要上级机关决策的,起草单位应当组织专题论证,提出解决方案,按照规定的权限和程序报上级机关决定。

草案拟出后,起草单位将草案连同说明印发有关单位和部门征求意见。有关单位和部门提出书面意见,经本单位、本部门负责人审定后,加盖公章,按期回复。

呈报装备采购法规规章草案,由呈报单位负责人签署;两个以上单位联合呈报的装备采购法规、装备采购规章草案,由联合呈报单位负责人共同签署。重要的装备采购法规规章草案呈报前,须经呈报单位负责人主持会议讨论审定。

3. 审查

呈报中央军委的装备采购法规草案,由中央军委法制机构负责审查。呈报总部、军兵种的装备采购规章草案,由各单位法制工作部门负责审查。

中央军委法制机构、各单位法制工作部门,将呈报审查的装备采购法规规章草案分送有关单位和部门征求意见。有关单位和部门提出书面意见,经本单位、本部门负责人审定后,加盖公章,按期回复。

装备采购法规规章草案涉及重大问题的,中央军委法制机构、各单位法制工作部门通过座谈会、研讨会、论证会等多种形式,广泛听取意见,充分研究论证。

中央军委法制机构、各单位法制工作部门对装备采购法规、装备采购规章草案审查后,按照下列规定处理:(1)立法条件成熟、草案的内容符合《军事法规军事规章条例》的规定,有关单位和部门对草案的意见基本一致的,提出审查报告,报装备采购法规规章制定机关审议。(2)立法条件成熟,但草案的部分内容需要修改或有关单位和部门对草案有分歧意见的,应当与有关单位和部门协商或组织协调,会同起草单位进行修改,并将修改意见送呈报单位征求意见后,提出审查报告,连同草案修改文本,一并报装备采购法规规章制定机关审议。(3)立法条件不成熟的,或者有关单位和部门对草案有重大分歧意见,经协商、协调未达成一致意见的,提出退回呈报单位的建议,按照规定的权限报批后,连同草案文本一并退回呈报单位。

中央军委法制机构各单位法制工作部门提出的装备采购法规、装备采购规章草案审查报告,简要说明立法的必要性、可行性和草案的质量,与有关单位和部门协商以及进行修改的情况,并提出提请审议或审批的建议。

4. 决定与发布

装备采购法规草案由中央军委常务会议审议决定;有特殊情况时也可以由中央军委审批。装备采购规章草案由总部、军兵种首长办公会议审议决定;有特殊情况时也可以由总部、军兵种审批。

审议决定装备采购法规规章草案时,呈报单位或者起草单位负责人到会作起草说明,中央军委法制机构、各单位法制工作部门负责人到会报告审查意见。审议决定装备采购法规规章的程序,分别依照中央军委和总部、军兵种的有关规定执行。

装备采购法规由中央军委主席签署命令予以发布,或者经中央军委批准,由有关总部、军兵种的最高首长签署命令予以发布。装备采购规章由总部、军兵种最高首长签署命令予以发布。两个以上单位联合制定的装备采购规章,由联合制定单位最高首长共同签署命令予以发布。

发布装备采购法规规章的命令,应当载明制定机关、序号、装备采购法规规章名称、施行日期、首长署名以及发布日期；装备采购法规规章由会议审议通过的，还应当载明通过日期。装备采购法规规章的内容涉及军事秘密的，应当在发布命令中标明秘密等级。

不涉及军事秘密的装备采购法规规章发布后，经制定机关批准，可以在全军性的报刊或者军兵种的报刊上刊登。

5. 备案

装备采购规章的制定机关，自装备采购规章发布之日起 30 日内，将装备采购规章正式文本和备案报告与说明，报送中央军委备案。两个以上单位联合制定的装备采购规章，由主办单位报送备案。

报送中央军委备案的装备采购规章由中央军委法制机构进行审查。

依据总部规章制定的军兵种规章，在报送中央军委备案的同时，还应当报送有关总部备案。

6. 修改与废止

装备采购法规规章出现下列情形，应当修改：所依据的上位法修改或废止需要作相应修改的、规定的主管机关（部门）或执行机关（部门）发生变更的和适用的实际情况发生较大变化的。

修改装备采购法规规章，根据修改情形的需要，可以由制定机关做出决定对该法规或规章的部分规定进行修改，也可以重新制定新的法规或规章取代原法规或规章。对装备采购法规规章做出修改决定的，应当将修改决定与修改后的法规或规章文本一并发布；重新制定新的法规规章取代原法规或规章的，应当在新的法规规章中明确规定废止原法规规章。

装备采购法规规章出现下列情形，应当废止：所依据的上位法修改或废止需要废止的、规定的事项已经执行完毕的、实际已经停止适用的和被新的装备采购法规规章取代的。

废止装备采购法规规章，应当以专门的决定宣布或在新的法规、规章中明确。

7. 适用范围

装备采购法规的效力高于装备采购规章。总部规章的效力高于军兵种规章。总部规章之间、军兵种规章之间具有同等效力，在各自的权限范围内施行。

同一机关制定的装备采购法规或同一机关制定的装备采购规章，对同一事项的特别规定与一般规定不一致的，适用特别规定；新的规定与旧的规定不一致的，适用新的规定。装备采购法规之间对同一事项的新的一般规定与旧的特别规定不一致，难以确定如何适用时，由中央军委决定。

同一机关制定的装备采购规章之间对同一事项的新的一般规定与旧的特别规定不一致，难以确定如何适用时，由制定机关决定。不同机关制定的总部规章之间对同一事项的规定不一致,难以确定如何适用时,由中央军委决定。

军兵种规章之间对同一事项的规定不一致,难以确定如何适用时,由中央军委或者主管该事项的总部决定。

四、制定装备采购法规的体例规范

装备采购法规规章应当名称准确、结构合理、逻辑严密、规定明确、语言简练、具有可操作性。

装备采购法规规章的内容通常包括名称、立法目的和依据、适用范围、主管机关或主管部门、行为规范、奖惩规定和施行日期。

1. 对名称的要求

名称应当准确反映其调整对象和效力等级。装备采购法规的名称为条令、条例、规定、办法。装备采购规章的名称为规定、规则、办法、细则、标准等。装备采购法规和总部规章的名称中通常应当冠有"中国人民解放军"字样;军兵种规章的名称中应当冠有制定机关的名称。

2. 对格式的要求

具体内容应当分条表述。每一条可以由若干款组成,款下可以分项、目。条文较多的,根据内容需要和各项规定之间的逻辑关系,可以分篇、章、节。篇、章、节、条的序号用中文数字依次表述,款不编序号,项的序号用中文数字加括号依次表述,目的序号用阿拉伯数字加实心句号依次表述。

3. 对用语的要求

用语应当准确、简洁、规范,符合语法规则。对含义复杂或者涉及适用范围的重要词语,应当在条文中对其含义或适用范围予以明确界定。

第三节　装备采购法规实施

实施装备采购法规是装备采购法规管理的出发点和落脚点。只有装备采购实际工作中,严格按照装备采购法规的要求行事,才能把法规规定的权利和义务转化为现实的权利和义务。只有法规实施过程中的每个环节都能按照既定的要求进行,装备采购法治秩序才能形成,制定法规的价值才能得到实现。装备采购法规实施过程包括法规的遵守(守法)、法规的执行(执法)、法规的适用(司法)和法规的监督等。

一、装备采购法规的遵守

装备采购法规的遵守是指装备采购机关、组织和个人依照法规规定行使权利(权力)和履行义务(职责)的活动。守法的主体是行使权利和履行义务的人员。

所有装备采购人员都要严格按照法规规定行事,既要依法享有并行使法规规定的权利,也要依法承担并履行法规规定的义务。

在行使权利过程中,不能超出法规的范围行使权利或滥用权利。在履行义务过程中,既要严格遵守法规的禁止条款,不做出法规禁止的行为,也要严格遵守法规的命令性条款,做出法规规定的行为。

二、装备采购法规的执行

装备采购执法的概念有广义和狭义之分。广义的装备采购执法包括一切执行法规和适用法规的活动。狭义的装备采购执法是指装备采购机关及其管理人员,在装备采购事务中依照法定职权和程序,贯彻和实施法规的活动。本书采用狭义的装备采购执法概念。装备采购法规执行的主体是装备采购机关及其管理人员。作为装备采购机关及其管理人员,遵守法规的过程同时也是执行法规规定、行使装备采购管理职权的过程,即守法和执法是一体的。装备采购执法主体的设立及其职权设定要有法规依据,执法行为必须遵守法规规定的程序,执法结果必须符合法规规定的标准。

1. 严格执法

装备采购法规一旦颁布,任何部门或个人都不得以任何借口加以更改或违抗。各级装备采购机关和管理人员不仅要带头贯彻实施,而且在实施过程中要做到公平合理、不徇私情,做到法律面前人人平等。

2. 准确执法

各级装备采购机关和管理人员在执行装备采购法规过程中,要正确理解法规的要求,深入把握法规的实质。不允许故意歪曲法规,搞上有政策,下有对策,更不能对本部门有利的就积极执行,对本部门不利的就拖延执行甚至不执行。

3. 一致执法

每项法规都有其明确的调整对象和调整范围。同一对象都应按照同一法规的要求执行,同一空间内也应执行同一法规。同一项法规,不论什么时候,也不论由谁来执行,必须有一致的解释和理解,用统一的尺度和标准来检查和衡量。

4. 高效执法

执法过程要注重效率,要迅速高效。装备采购工作时效性要求高,执法过程也要服从时效性要求。规范装备采购工作是装备采购法规应该发挥的重要作用,规范本身不是目的而是过程,最终要为提高装备采购效益和采购效率服务。

三、装备采购法规的适用

装备采购法规适用也称装备采购司法,是指司法机关及司法人员,依照法规规定职权和法定程序,具体运用法规处理装备采购活动中违法案件的专门活动。关于装备采购司法权,多数人认为只有审判机关和检察机关才有司法权。但在《装备采购条例》中也规定:"装备采购主管机关(部门)应当依法受理装备承制单位或者投标人的询问、质疑与投诉,并在规定的期限内对当事人的询问、质疑与投诉做出答复。"

装备采购法规的适用是一种以国家和军队的名义进行的具体强制性活动,而不是国家行政机关和军事领导机关的一切活动。从一定意义上讲,装备采购法规的适用,也就是装备采购法规执行机关和执法人员运用装备采购法规,通过发布决定、指示、通报、批复等形式,确认或禁止某种行为。

装备采购法规的适用是直接关系到维护军队合法权益、保障装备建设和树立法规权威的根本问题。因此,装备采购司法机关及其司法人员在适用装备采购法规时必须做到正确、合法、及时。在适用装备采购法规的具体问题时,要做到事实清楚、定性准确、处理得当。在适用装备采购法规的过程中,必须严格依法办事,严格按照装备采购法规规定的权限和程序司法。在正确、合法的前提下,装备采购司法机关要抓紧时间,提高工作效率,认真而又及时地解决问题。

四、装备采购法规的解释

法规解释是指为执行或适用法规,根据有关法规规定,对现行法规条文的内容、含义和具体应用问题等所作的各种说明。法规解释是装备采购法规实施和运行中的重要实践问题,也是世界各国立法的通行做法。法规解释是法规的实施和适用的前提,对于保证法规的统一性、稳定性和与装备采购实际相适应具有重要的作用。

《立法法》第四十二条对法律解释明确规定:"法律有以下情况之一的,由全国人民代表大会常务委员会解释:①法律的规定需要进一步明确具体含义的。②法律制定后出现新的情况,需要明确适用法律依据的。"

《军事法规军事规章条例》将军事法规、军事规章的解释分为立法解释和应用解释两种。通常情况下,对于军事法规、军事规章需要明确其含义和适用依据等问题的,由该军事法规、军事规章的制定机关负责解释;对于军事法规、军事规章的具体应用问题,则由军事法规、军事规章规定的该事项的主管机关或者主管部门负责解释。

装备采购法规出现下列情况的,由制定机关解释:

(1) 法规的规定需要进一步明确具体含义的。

(2) 制定后出现新的情况,需要进一步明确适用法规依据的。对于装备采购法规的解释,由中央军委法制机构研究拟制法规解释草案,报中央军委审定后,由中央军委或者中央军委授权的机关发布。对于装备采购规章的解释,由制定机关法制工作部门研究拟制解释草案,报制定机关审定后发布。

装备采购法规制定机关对法规的解释,与被解释的法规具有同等效力。

装备采购法规的具体应用问题,由法规规定的该事项的主管机关或者主管部门解释。对法规的解释,应当符合被解释的法规的立法原意。

五、装备采购法规的监督

列宁曾经指出:"一般是用什么来保证法律的实行呢? 第一,对法律的实行加以监督。第二,对不执行法律的加以惩办。"因此,必须对装备采购法规的实施进行强有力的监督,才能保证装备采购法规发挥出应有的作用。

装备采购法规的监督有多种分类方式。按监督主体划分,可分为装备采购立法机关的监督、装备采购执法机关的监督、装备采购司法机关的监督和社会监督。按监督客体划分,可分为对执法机关及其人员的监督和对所有装备采购参与人员的监督。按监督内容划分,可分为对立法活动的监督、对执法活动的监督和对司法活动的监督。按监督方式划分,可分为装备采购组织内部监督和装备采购组织外部监督。

装备采购组织内部监督主要表现为行政监督,其目的是要确保军事行政的合法性和正确性。

装备采购组织外部监督主要表现为社会监督,所有装备采购人员、装备承制单位的人员以及全社会的人员,都可以对装备采购法规的制定、遵守、执法和司法进行监督。社会监督是最全面最有效的监督方式,也是最能体现装备采购法治化要求的监督方式。

六、装备采购法规的宣传

为保证装备采购法规的贯彻执行,必须加强装备法规的宣传教育。通过宣传教育,增强装备采购人员的法规意识,使其知法、守法、用法。装备采购法规宣传,是一项长期性的工作,也是一项基础性的工程,要广泛采用多种措施手段,全面提高装备采购人员的法规素养。

1. 开展法律基础知识的培训

装备采购法律、法规、规章是我国、我军法律体系的重要组成部分,其制定和实施都应遵循依法治国、依法治军和依法治装的基本要求,也要符合法学的基本原理。装备采购是一种特殊的采购活动,依法行事是对采购人员的最基本也是最根本的要求。因此,掌握基本的法律知识至关重要,不能只注重对某部或几部装备采购法规的学习。只有打牢法律知识的功底,才能深入地理解、严格地执行装备采购法规。要把对法律基础知识的培训,作为采购人员的必修课、基础课、入门课,夯实依法采购的基础。

2. 扩大装备采购法规的知晓范围

在每项重大采购法规颁布实施后,发布机关要组织召开法规宣贯会,对法规涉及的人员进行宣贯。同时,也可以充分利用网络、电视、报纸和书刊等多种媒介,在装备采购法规的发布后,及时对其作用、内容和实施办法进行宣传。

3. 加强对先进典型的宣传

在装备采购法规实施中,应注重对立法、守法、执法和司法先进事迹的报道。通过充分发挥榜样的示范和带头作用,促进建立依法采购的文化环境。建立对违法行为的通报制度,通过发挥警示作用来达到宣传装备采购法治的目的。

第四节　装备采购法治化建设

任何国家都有法,但不一定实行了法治。不是制定了装备采购法规,就得实现装备采购法治化。装备采购法治化需要一定的经济、政治和文化基础做支撑,也需要经历一个非常复杂漫长的过程。装备采购法治化的目标与我国的依法治国的目标一致,就是要实现装备采购的"有法可依、有法必依、执法必严、违法必究。"

一、装备采购法治化的定义

"法治"与"法制"不同。"法制"一词主要用来指法律和制度,即法律制度的简称。"法治"与"法制"虽一字之差,但其内涵和外延是有区别的。"法治"强调的是通过法制对国家和社会事务的管理,不仅要有完备的法律和制度,而且要树立法律的权威,它与"人治"直接对立。"法制"是静态的,强调是法律和制度的存在。"法治"比"法制"有更多的价值内涵。我国长期以来,用"法制"代替"法治"。在我国的《国民经济和社会发展"九五"计划和2010年远景目标纲要》中,使用的是"依法治国,建设社会主义法制国家"的提法。而在1999年3月,九届全国人大二次会议通过的宪法修正案则明确规定:"中华人民共和国实行依法治国,建设社会主义法治国家"。这种从"法制"到"法治"的转变表明了我国对"法治"认识的不断深化。

装备采购法治化既可指实现装备采购法治的过程,也可指实现了装备采购法治的最终状态。

装备采购法治化具有以下特征:

(1)形成法律至上的理念。在装备采购工作中,一切以法规为准绳,任何人都要树立依法行事的理念,坚持法律面前人人平等。

(2)具有科学完备的法规。装备采购法规体系要健全,相互间要协调配套。各项法规要具有统一性、一般性和稳定性。

(3)法规得到普遍遵守。任何人都要依法办事,接受法规的约束,按照法规的规定开展采购。

(4)违法行为得到处理。对于违反装备采购法规的行为,应由独立的审判机关进行审理。在装备采购中出现了争议,有高效顺畅的解决渠道。

二、装备采购法治化的作用

通过推进装备采购法治化建设,可以使装备采购管理水平得到显著提高。具体体现在以下几方面:

(1)装备采购主体能够坚持依法办事的原则,接受法规的约束。

(2)装备采购部门普遍采用法治的方式管理装备采购行为。

(3)装备采购管理过程具有规范的秩序。

三、装备采购法治化的途径

1. 加强立法工作,提高立法质量

"有法可依"是装备采购法治化的前提。装备采购的各个方面和领域都要纳入法治的轨道,都要有法规,都要有章可循。应当将装备采购的一系列技术方法、协调手段、行为方式、步骤和程序法规化,为装备采购活动提供法规依据和法规保障。

2. 加强执法司法,确保法规实施

装备采购所涉及的所有部门和人员都要严格遵守法规,都要严格依法办事,即做到"有法必依"。

装备采购管理人员,特别装备采购主管机关的人员,既是装备采购法规约束的对象,同时也是装备采购的执法人员,既要守法,做到依法行事,也要严格、严肃执法,要正确行使执法权力,即要做到"执法必严"。

所有装备采购管理机关、检察机关和审判机关,应依照法定职权和程序,贯彻实施装备采购法规,查处装备采购违法行为,即要做到"违法必究"。

3. 加强法治宣传,提高法律素质

深入持久地开展普法教育工作,不断增强装备采购人员的法治意识。推进装备采购法治化,普法是基础,普法的重点是各级领导干部。应明确要求各级领导干部依靠法律手段、按法律程序办事,发表言论要同法律保持一致,做出决策要符合现行法律规定。通过领导干部的率先垂范,唤起所有装备采购人员对装备采购法治的认同。要创新普法形式,针对不同的采购组织的特点开展普法宣传教育活动。要充分利用多种载体广泛普及装备采购法规,大力提升装备采购人员的法治意识,彻底转变权力至上的观念,树立法律高于一切的理念。

第十七章　装备采购人员管理

装备采购人员是装备采购中最重要、最活跃的部分,也是最具有决定作用的因素。装备采购人员代表国家行使权力,使用的是国家财政支出经费,提供的是国防服务,提高采购人员的素质无疑是最重要的。加强装备采购管理首先是加强对装备采购人员的管理,提高采购管理水平也要着重于提高采购人员的水平。要在装备采购人员管理制度上创新,积极推进装备采购职业化建设,夯实装备采购队伍可持续发展的基础。

第一节　概　　述

一、装备采购人员的构成

装备采购人员是指从事装备采购工作的专业人员。从不同的角度可以对装备采购人员进行不同的分类,但无论按哪种方式划分,彼此之间都存在着交叉。

1. 按照装备采购管理层次划分

管理层次的划分一般分为决策层、管理层和执行层,但管理层次也具有相对性。任何一个单位,都存在着决策、管理和执行的行为,只是所占比例不同而已。因此,装备采购人员层次的划分与装备采购管理组织层次的设立是一致的。

决策层人员主要是指对制定各项装备采购大政方针、采购项目立项与节点决策和处理其他重要问题起决策作用的人员,一般是指总部机关的领导层人员和各下属单位的主要领导,类似于美军的采购军团。

管理层人员主要是指根据总部机关的决策,对装备采购事务负有管理责任的人员,一般是指总部机关的参谋人员及各下属部门的领导层人员,如总部参谋、各级装备采购机关管理人员、研究所的中层领导和军事代表室的领导等。

执行层人员主要是指从事具体装备采购业务的人员,不承担管理中的领导责任,一般工作在装备采购的基层单位,如一线军事代表、军内研究所的研究人员、试验基地的试验人员、装备采购中心和招投标机构的具体工作人员等。

不同的装备管理层次的人员,可以属于不同的专业领域,工作在不同的装备采购机构。

2. 按照所在装备采购机构划分

装备采购机构是根据装备采购管理的需要而建立,不同的国家、不同的时期和不同的管理方式,决定了部门的设置方式,也决定了采购人员的部门归属。我军的装备采购人员主要分布在总装备部机关、各系统装备采购主管部门机关以及装备采购执行机构。装备采购执行机构是指装备采购中心、军事代表机构、研究院所、试验基地和军事院校等。

属于不同的装备采购机构的人员,可以属于不同的专业领域,承担着决策、管理和执行职责。

3. 按照从事工作的专业领域划分

所谓从事的专业领域,是根据装备采购活动的不同所要求的知识和能力不同来区分的,是最能体现装备采购规律的一种划分方法,但不同的装备采购理念、不同的装备采购模式和不同人员管理模式都会对专业领域有不同的理解。

我军目前对装备采购人员没有制定明确的划分标准,但从工作特点来看,也形成了以下主要专业领域:计划管理、合同订立、合同履行监督、审价、财务管理、科技管理、试验和审计等。

属于某个专业领域的人员,可以工作在不同的装备采购部门,承担着决策、管理和执行职责。

二、装备采购人员管理的内容

装备采购人员管理分为宏观管理和微观管理。装备采购人员宏观管理是国家或军队对装备采购人员整体的计划、组织、控制,从而调整和改善装备采购队伍状况,使之适应装备采购工作的要求,保证装备采购工作的高效运行和顺利完成。装备采购人员微观管理是具体装备采购组织对人员的各种活动予以计划、组织、指挥和控制,通过对人和事的管理、处理人与人之间的关系、促进人与事的配合等活动,充分发挥人的潜能,以实现组织的目标。本书只阐述装备采购人员宏观管理,装备采购人员微观管理可参见本书第九章。

1. 制定人员发展规划

根据装备建设长远规划,评估装备采购队伍现状及发展趋势,收集和分析装备采购人员供给与需求方面的信息和资料,预测装备采购人员供给和需求的发展趋势,制定装备采购人员长远发展的政策、规划和措施。

2. 制定岗位任职标准

对装备采购工作的业务内容和工作岗位进行分析,确定每种业务工作和岗位对人员的资格要求。

3. 招收选拔人员

根据岗位任职标准和装备采购队伍状况,利用多种方法和手段,招收和选拔人员进入装备采购队伍。

4. 组织任职培训

对进入装备采购队伍的人员,组织岗位任职培训。对于初次进入装备采购队伍的人员进行从业资格的培训,对于已在装备采购岗位工作的人员开展装备采购技能的继续教育。

5. 开展绩效考核

对照岗位职责和工作任务,对装备采购人员的工作态度、业务能力和工作效果等进行评价。根据考核结果,对装备采购人员予以奖惩和采取晋升、留任和淘汰等措施进行调控。

三、装备采购人员管理的要求

中央军委在《关于深化装备采购制度改革的若干意见》中,对装备采购制度改革中人员队伍建设提出了"按照装备采购工作职能和专业要求,科学设置装备采购工作岗位,合理确定各类专业技术职务设置范围和结构比例,制定岗位任职标准,完善考试与考核相结合的人员评价和使用机制。充分利用军内外教育资源,建立健全教育培训体系"的总要求。这一要求,虽然是从装备采购制度配套改革的角度提出的,但对装备采购人员管理也同样适用。要将装备采购队伍建设作为装备采购制度建设的基础工程,加大投入,加强管理,促进装备采购队伍的全面、协调和可持续发展。

1. 要与装备建设需求相适应

我军装备建设进入了由机械化向信息化跨越发展的新阶段。装备采购队伍的整体素质和业务能力,只有适应武器装备发展的新形势,才能担当起落实装备建设计划、提高装备采购效益和加快转变战斗力生成模式的历史重任。

2. 要与军队干部政策相一致

装备采购人员既是我军装备队伍的一支重要力量,也是我军军官队伍特别是专业技术军官队伍的重要组成部分。加强装备采购人员管理,既是装备采购管理的重要内容,也是我军干部队伍管理的组成部分。不仅要按照装备采购制度建设的要求做好纵向协调,而且还要根据我军干部管理制度的要求搞好横向衔接和协调。

3. 要完善装备采购队伍准入制度

装备采购人员管理的重点是建立一整套的任职资格要求和从业准入机制来确保从业人员的业务素质满足装备采购工作的需要。装备采购人员肩负着向军队按时提供质量优良、性能先进、价格合理的武器装备这一重任。由于武器装备好坏直接关系到作战人员的生命安全、战斗胜利乃至战局成败和国家安全,装备采购人员工作责任重大,必须严格准入标准,把好装备采购人员的入口关。

4. 要保证装备采购队伍持续发展

装备采购人员管理既要确保装备采购队伍的稳定,也要着眼于长远发展。装备采购人员任职标准的制定、教育培训内容的选择以及人员的进退去留,都应将工作现实需要和人员职业生涯发展紧密联系起来,予以综合考虑,使装备采购队伍始终保持生机和活力。

第二节　装备采购人员任职培训

装备采购人员是装备采购重要的资源,也是第一资源。装备采购队伍建设是装备采购资源的开发过程,也可称为使能过程(Enable Process)。提高采购人员的素质和能力,既是完成采购任务的需要,更是推动装备采购创新发展的保证。要把装备采购人员的培训放在非常重要的位置,制定装备采购人员培训的法规制度,完善培训体系,采用多种手段和措施,不断提高装备采购队伍的整体水平。装备采购人员培训包括学历教育和任职培训,本书阐述装备采购人员任职培训。

一、装备采购人员资格标准

建立健全采购人员的资格标准是采购队伍建设的基础,也是队伍建设的核心。只有具备了相应资格标准,才能承担相应的工作或担任某个组织的领导者,这既是对采购人员的基本要求,也是保证采购过程不出问题的根本保证。没有资格标准作保证,采购队伍建设管理效果必然受到影响,采购人员任职培训质量也很难得到保证。

1. 职种划分

装备采购人员职种是指装备采购人员所属的业务领域,一般可分为需求管理、计划管理、科技管理、项目管理、合同管理、试验与评价、综合后勤保障、采购审计等领域。

2. 岗位划分

装备采购人员岗位是指在某一职种中,装备采购人员所处的管理层次或岗位,一般可划分为初级岗位、中级岗位、高级岗位和核心岗位。

3. 资格要求

装备采购人员的资格标准由基本要求、培训要求、经历要求和业绩要求组成。

1）基本要求

装备采购人员一般应同时满足以下基本要求：

（1）中国人民解放军现役军人。

（2）能够正确执行法律、法规、规章和制度。

（3）忠于职守、作风正派、廉洁奉公。

（4）具有大学本科以上学历。

2）培训要求

从事初级、中级、高级岗位的工作，一般应经过相应的培训，并取得合格证书。

3）经历要求

晋升上一级岗位一般应具有同职种下一级岗位 2 年～4 年的任职经历或相关岗位的任职经历。

4）业绩要求

任职期间，能够认真履行职责，全面完成各项业务工作。出现下列任一情况，均不得晋升上一级岗位，直至取消装备采购人员的任职资格：

（1）滥用职权、徇私舞弊的。

（2）玩忽职守，给装备工作造成重大责任事故或重大损失的。

（3）与承制单位串通造成国家、军队利益损害的。

（4）对装备质量问题弄虚作假、隐情不报的。

二、培训体系

装备采购人员培训体系包括培训管理体系和承训单位体系。

1. 培训管理体系

建立高度集中统一的装备采购人员任职培训管理体系，建立顶层协调机制。采购人员的培训主要涉及到干部部门、训练部门和装备采购部门，三者的协调配合是确保采购人员培训效果的关键。干部部门应侧重管理装备采购人员培训的基本要求，训练部门应侧重管理装备采购人员培训的资源建设和培训实施，装备采购部门负责提出装备采购人员资格标准、培训需求和培训内容。干部部门和装备采购部门共同选定培训对象，但应由装备采购部门提出，干部部门予以确认。

2. 承训单位体系

装备采购人员的培训涉及多个专业，应建立由多个军队院校和地方院校组成的培训体系。在总部机关设置装备采购人员承训院校协调机构，负责统一编制招生培养计划、制定培训大纲、分配培训任务、组织院校协作和监督检查培训效果等。各承训院校根据总部机关的安排,具体组织开展培训。

三、培训规划

在总部的统一领导下,通过充分的协调和沟通,编制全军装备采购人员各专业、各层次、各岗位培训的统一规划。通过制定培训规划,对培训资源进行统筹,对多个承训院校的学科专业方向进行整合,对任务进行统一安排。明确装备采购人员培训的管理体制及职责分工,确定人员培训的统一管理机构,明确采购人员的具体培训方式和程序。

四、课程体系

课程体系分为两大类,即资格课程和继续教育课程。

资格课程应根据装备采购业务特点,进行分类分级。装备采购资格课程类别一般可划分为:需求管理、计划管理、科技管理、项目管理、合同管理、试验与评价、综合后勤保障、采购审计、采购法规等。资格课程等级一般可细分为四级,第一级课程是采购基础知识,培训后使学员具有从业资格。第二级则强调特定工作知识,用以提高某一业务领域或工作岗位的专业能力。第三级课程关注于采购过程的管理,重点是所在业务领域的最新工作方法。第四级课程主要是研究探讨装备采购管理中的重大现实问题。

继续教育课程可结合工作实际需要,重点培训新颁布的法规和标准、新理论、新方法和适用工具等。可以结合资格课程进行分类,也可以建立独立的继续教育课程体系。

五、教员队伍建设

装备采购教员队伍应实行专职与兼职相结合的形式。专职教员是指列入承训院校正式编制、长期从事教学工作的人员,主要负责基础理论的授课任务和教学组织工作。兼职教员是装备采购任职培训教员队伍的主体,主要由临时抽调的一线优秀装备采购人员组成。兼职教员实行短期轮岗制,完成规定的教学任务仍然返回装备采购岗位。

六、装备采购知识共享

装备采购任职培训除了资格课程培训和继续教育以外,还应建立装备采购人员的自我学习机制。应建立装备采购知识共享环境,开发专门的"装备采购网站",为采购人员及时获取采购知识提供一站式服务。该网站应具有以下功能：

（1）采购人员可以及时获取需要的采购政策法规、装备采购基础知识、各类实用工具和模板。

（2）采购人员可以直接向专家或有关部门提问，来解答工作中遇到的实际问题。

（3）按采购业务、学科领域和热点问题划分若干个模块，采购人员之间可以进行协作与信息沟通。

第三节　装备采购人员调控

为保证装备采购队伍满足装备采购工作要求，需要对装备采购人员进行调控。通过对装备采购人员的工作绩效进行考核评价，根据评价结果对采购人员进行相应的奖惩、提升或解聘等，保证装备采购队伍的个体素质高、群体结构优和人员数量充足。装备采购人员调控的重点是对采购人员的客观评价和采用有效的奖惩措施，提高人员调控的科学性，减少人员调控的随意性，防范装备采购人员使用上的腐败发生。

一、装备采购人员调控机制

装备采购人员的调控机制包括监督机制、评价机制和激励机制。三种机制彼此之间紧密相关，互相渗透，共同发挥对采购人员的调控作用。

对装备采购人员进行监督可以为人员评价提供大量真实、客观的数据资料，保证评价结果的科学性。对人员的监督侧重于装备采购工作过程的合法性和规范性，是过程性的。而对人员的评价则是人员工作效果的衡量，是节点性的。

对装备采购人员做出客观评价，是实现有效监督和激励的重要手段。只有在客观、公正、准确的评价基础上，才能保证监督的公正性和权威性。评价也是建立有效激励的前提，只有对人员履行职责的状况和业绩进行客观、公正的评价和确认，才能真正做到赏罚分明。

对装备采购人员的有效激励是为管理目标服务的，如果激励无效，评价、监督的对象就将拒绝或者放弃施加给自己本身的监督与评价。监督落实到具体工作上的结果，也是一种激励作用，或奖或罚，约束采购人员为实现自身价值而自觉接受监督。

二、装备采购人员监督

对装备采购人员的监督主要包括装备采购组织内部监督和装备采购组织外

部监督。

装备采购组织内部监督主要表现为行政监督,这种监督主要是指按照行政隶属关系和区域管辖权而形成的监督。它一方面表现为自上而下的监督,如上级装备采购机关及领导对下级装备采购部门及其所属人员的监督。另一方面表现为自下而上的监督,如下级装备采购人员,按照民主集中制的原则,对上级装备采购机关和人员的监督。行政监督主要通过领导对部属工作进行检查、考核、接受或听取下级的报告等形式进行。同时,所有装备采购人员也可以对其领导及其他装备采购人员的违法行为,采用检举、申诉和控告等方式进行监督。

装备采购组织外部监督主要表现为军队纪律检查部门监督和全社会监督。

军队纪律检查部门应对从事装备采购工作的人员,依照有关规定进行监察。

所有装备承制单位的人员以及全社会的所有人员,都可以对装备采购人员进行监督。全社会监督是最全面、最有效的监督方式,也是最能体现装备采购法治化要求的监督方式。要完善社会监督机制,畅通社会监督渠道,真正实现依法采购和阳光采购。

三、装备采购人员绩效评价

装备采购人员工作的好坏、绩效的高低直接影响着装备采购的效益。装备采购人员评价就是通过运用科学的评价标准,对采购人员的工作绩效进行定期或不定期的考评,为装备采购人员的使用、奖惩和培训提供依据。

1. 装备采购人员绩效的特点

装备采购人员的绩效是指装备采购人员的工作行为、工作表现及其结果。对于装备采购组织而言,装备采购绩效是装备采购任务在数量、质量及效率等方面的完成情况。而对装备采购人员而言,则体现为个人完成采购任务的工作状况。

装备采购人员绩效具有以下特点:

(1) 受多种因素影响。装备采购人员的绩效高低受制于主观、客观的多种因素影响,主观因素主要是指个人的技能和装备采购人员激励措施;客观因素主要包括采购环境和机会。

(2) 多维性。对装备采购人员绩效需要从多个方面进行分析,既有对具体任务完成情况等硬性指标的评价,也有对其职业道德等软指标的评价。

(3) 动态性。随着时间的推移,工作表现好的有可能转变为不好的,而原来表现好的也可能因为某些因素变得不好。

2. 装备采购人员绩效评价的内容

我军对干部的考评通常包括德、能、勤、绩、体等五个方面。鉴于身体素质是对军事干部考核通用要求,下面重点阐述德、能、勤、绩等四个方面。德,即思想品德,主要包括价值观念、行为取向和工作态度等。能,即专业能力,主要包括学历、培训经历和工作经历等。勤,即工作量,主要包括承担的工作任务量、勤奋程度和工作积极性等。绩,即工作成绩,主要包括工作数量、工作效果和工作效率等。

3. 装备采购人员绩效评价的程序

装备采购人员绩效评价可以由专门机构和专业人员,根据特定的目的,依据有关政策、法规,按照客观、公正、可行的原则以及规定的程序和专业化标准,对被评价对象进行研究、分析、判断。评价过程一般按以下程序进行:

(1) 识别个人素质、知识和技能,以满足装备采购工作的需要。在确定适宜的知识和技能时,应当考虑承担任务的规模、性质和复杂程度。

(2) 设立评价准则。准则可以是定量的,如工作经历和教育的年限、任务量、工作复杂程度,也可以是定性的,如在培训或工作中已经证实的个人素质、知识或技能表现。

(3) 选择适当的评价方法。评价应由一个小组采用多种方法进行。尽量使用综合的方法,保证评价结果客观、一致、公正和可信。

(4) 实施评价。根据收集到的信息,对装备采购人员的工作能力和工作表现做出结论,并提出加强培训、提高工作经历以及使用建议。

四、装备采购人员激励

激励是激发人员使之振作和形成生机活力。装备采购人员激励是装备采购管理工作中实施奖惩和给予风险补偿的功能体系,是促进采购人员完成装备采购任务必不可少的条件。充分发挥装备采购人员的智慧和积极性,必须建立健全装备采购人员激励机制。既要科学地实施物质激励和精神激励,也要努力创造尊重知识、尊重人才的良好环境。

1. 与装备采购目标紧密结合

在装备采购人员激励机制中,设置工作目标是一个关键环节。工作目标设置必须体现装备采购工作的总体要求,否则激励将偏离实现装备采购目标的方向。目标设置还必须能满足装备采购人员的个人需要,否则无法达到满意的激励强度。只有将装备采购组织目标与个人目标很好的结合起来,使装备采购组织目标包含较多的个人目标,使个人目标的实现离不开为实现组织目标所做的努力,才会收到良好的激励效果。

2. 物质激励与精神激励相结合

物质激励是基础,精神激励是根本。虽然物质激励的作用是表面的,激励深度有限,但也不能忽视人对物质的基本需求。虽然精神奖励可以产生更深远的影响,但也不应片面地强调精神奖励。科学激励一定要将二者紧密结合起来,坚持具体情况具体对待,确保激励的公平、合理、有效。错误的激励往往比没有激励带来的后果还要严重。

3. 奖励与惩罚相结合

除按照《中国人民解放军纪律条令》,对装备采购人员进行奖惩外,还应突出装备采购工作的特殊性,在装备采购法规中对奖惩做出明确规定。设立装备采购人员专项奖励,如各装备采购业务领域的先进个人、专项任务的先进个人等。实行装备采购工作通报制度,对装备采购人员的表现和奖惩,及时向有关部门和人员通报,以达到鼓励先进和惩戒落后的目的。

第四节　装备采购职业化建设

军官职业化建设是军事人事管理的重要方面,是稳定军心、吸引人才的有力举措。外国军官职业化始于 19 世纪初,目前世界主要国家已经将军官职业化作为军队建设的一项普遍原则固定了下来。我军在《2020 年前军队人员发展规划纲要》中,提出要积极稳妥地推进中国特色军官职业化,完善以职业化为目标的军官服役制度。我军的装备采购人员是以军官为主体的,也应开展职业化建设。

一、装备采购职业化的定义

1. 职业

职业(Profession)一词的最初含义是声明或宣誓(Professing)的行为与事实,它意味着职业的从业者们声称对某些事务具有较他人更多的知识,尤其是对其客户的事务具有较客户本人更多的知识。

《中华人民共和国职业分类大典》对职业的定义为:职业是指从业人员为获取主要生活来源所从事的社会工作类别。

职业作为社会劳动的具体形式,是由特定的职责、职能和劳动岗位这三者有机构成的。职业具有群体性、技能性、规范性、稳定性和竞争性等特征。

2. 职业化

职业化是指在特定范围、特定时期,过程达到一定水平,保障从业人员长期从事某类职业的社会劳动制度,是对某种职业及其工作状态的标准化、规范化、制度化。

职业化具有同质化、专业化和技术化等特征。

3. 军官职业化

军官职业化是指国家根据军队职能使命的需要，着眼于稳定军官队伍，依法建立相应的选拔、培养、激励和退役等机制，确保军官为国防和军队建设长期服役直至退休，使军官在服役期间享受各种优惠待遇和社会报偿，退役后得到基本生活保障的一种职业军官制度。

4. 装备采购职业化

装备采购人员职业化是军官职业化的组成部分，是为保障装备采购人员长期从事装备采购工作，对装备采购职业及其工作状态的标准化、规范化、制度化。本书将装备采购人员职业化简称为装备采购职业化。

装备采购职业化，既指装备采购职业的形成过程，也可指实现了将装备采购工作作为职业进行管理的最终状态。

二、装备采购职业化的作用

1. 有利于装备采购制度改革的顺利推进

美军著名国防采办专家、前国防部主管采办与技术的国防部副部长雅克·甘斯勒认为："提高采购人员素质，显然是最重要的因素。如果没有高素质、富有经验的采购管理人员，一切改革都不可能取得成功。"装备采购人员管理活动运行在武器装备建设的大环境中，其最终目的是为实现装备采购战略目标服务的，因而装备采购人员管理应服从和服务于装备采购制度建设与改革。我军目前正处在深化装备采购制度改革的重要时期，正在着力推进制度创新、机制创新和管理创新，全面贯彻装备全系统全寿命管理的基本原则，大力加强装备采购的科学化、正规化和信息化建设。在新形势下，现行装备采购人员管理制度既不能满足当前装备采购工作的要求，更与装备采购制度改革发展不相协调，存在较多的问题，甚至已经制约了装备建设的进步，迫切需要以改革促发展，建立起新型的以装备采购职业化为核心的装备采购人员管理制度，充分调动采购人员的积极性和能动性，培养和造就一支高素质的采购队伍。

2. 有利于提高装备采购效益

装备采购是靠装备采购人员来完成的。只有建设高素质的队伍，才能交付一流的装备。现代武器装备，不仅技术密集、系统复杂，而且耗资巨大，这是高技术需要高投入的客观规律所决定的。有限的国防经费与日益昂贵的武器装备全寿命费用矛盾十分突出，如何实现"走出一条投入较少，效益较高的军队现代化建设的路子"的目标，成为我们面临的一个现实问题。而且，随着信息时代的来临，武器装备更新换代的速度明显加快，如何提高武器装备的采购效率，尽快新装备形成战斗力，在尽可能多的时间内发挥其应有的作用，也是需要解决的重要问题。解决上述问题可以有多种途径,但不论哪种途径,都离不开采购人员素质的提高。通过推行装备采购职业化,可以全面提高装备采购人员的敬业精神和业务能力,保证各种新政策、新原理、新方法和新手段的高效实施。

3. 有利于提高装备采购队伍水平

推进装备采购职业化建设是培养专业化装备采购人员,提高装备采购队伍整体水平的有效途径。开展职业化建设,针对不同类别的采购人员,设立相应的职业发展道路,可以总结人才成长的客观规律,结合装备采购工作要求建立起系统的、分层的任职资格标准,为各类采购人员指明发展方向与阶段目标。通过开展任职资格培训和继续教育,可以不断提高各类各级人员的专业知识和技能,促进整个采购队伍水平的提升。

4. 有利于解决装备采购人员管理的现实问题

由于我军现行装备采购人员管理制度本身存在不足,再加上装备采购制度改革对采购队伍建设提出了新的更高的要求,暴露出许多采购人员管理问题,已经成为发展的"瓶颈"。例如,装备采购队伍入口把关不严、装备采购干部培训资源浪费严重、基层装备采购人员职业发展受限等。总部有关部门和相关院校不同程度地对这些问题进行了研究,但由于缺乏对装备采购人员管理的基础研究与总体谋划,各方面的改革工作还没有有机地联系起来,存在不系统、不全面和不深入的问题。装备采购人员管理问题看似分散,互不相干,实则是立于共同根基之上的一个系统问题,不可能通过各个击破的办法予以解决。只有通过开展装备采购职业化建设,构建出符合我军实际的装备采购职业化道路,才能一举解决上述各种现实矛盾。

三、装备采购职业化的途径

装备采购职业化建设是一个长期的过程,开展职业化建设首先要立法先行,重在开展装备采购职业教育,并在装备采购管理人员的选拔、使用和评价中,贯彻职业化的相关要求,使装备采购职业发展步入健康轨道。

1. 制定相关法规

根据装备采购人员职业化的要求,制定相关的法律法规,用以明确装备采购人员职业资格标准、培训、选拔、使用、考评、奖惩和退出等方面的要求。装备采购人员的职业化相关法规,应与整个军队军官服役政策保持一致,但可以根据装备采购职业特点,增加相应的具体要求。

2. 开展职业教育

装备采购职业化的基础是装备采购职业教育。装备采购人员有自己的职业价值取向,应当通过提高自身装备采购素养来实现装备采购人员的升迁。否则,装备采购人员就不会追求提高自身素质,不能按照职业标准晋升,整个装备采购人员队伍素质就会严重退化。

装备采购人员的职业教育主要包括:

(1) 军事教育,培养基本的军人素质。

(2) 职业精神教育。许多国家军队都紧紧围绕装备采购核心价值观开展教育,如美军国防合同管理人员的"忠诚、责任、尊重、无私服务、荣誉、正直、个人勇气"价值观教育,英军采购人员的"采办愿景与目标"(Acquisition Vision and Goals)和"采办价值观"(Defence Values for Acquisition)教育等。

(3) 职业技能培训。建立完备的院校培训、在职培训和演练培训等机制,对采购人员进行业务技能和管理知识的教育训练,全方位提高装备采购人员职业素质。

3. 依法进行管理

严格按法规要求选拔使用装备采购人员是正常合理发展的可靠保证,也是装备采购职业化的本质要求。不按法规程序办事,装备采购职业化无从谈起。

在装备采购人员选拔方面,应该通过接收军事院校和地方高校毕业学员,从部队选调人员和招聘文职人员等正规渠道进行,严格按照法规程序办事。在装备采购人员考核方面,应采取按制度定期考核和按标准全面考核等方式方法,为人员使用提供客观准确的依据。在装备采购人员晋升方面,应设立装备采购人员晋升审查机构,对拟晋升上一级别的人员从学历、经历、技能、工作表现等方面进行考察和推荐。在装备采购人员任免方面,干部部门应根据装备采购人员各项成绩,综合评估后确定任免对象。

第十八章　装备采购信息管理

装备采购人员对装备采购活动的有效控制,必须依靠来自组织内外的各种信息。信息被视为组织生存发展的重要资源,成了管理活动赖以展开的前提,一切管理活动都离不开信息,实行有效的装备采购管理也离不开对信息的管理。装备采购信息管理涉及的内容众多,装备采购信息化建设也是一个漫长的过程和基础工程,需要做好顶层设计,并且要加大投入,长期坚持,真正发挥信息优势,提高装备采购效率。

第一节　概　述

一、基本概念

1. 信息

信息是一个非常广泛的概念,它是与物质和能量相并列的,在自然界、人类社会和人们的认识中,信息是普遍存在的。不同的事物有不同的特征,这些特征可以通过各种物质形式,如文字、符号、图像,声、光、电磁波等进行传递。

各种文字、符号、图像等传递的消息、数据、指示等都是信息。

关于信息的定义有很多,本书不过多地阐述,关键是对信息的理解,重点把握以下几点:

(1) 信息是客观世界中各种事物的特征和变化的反映。

(2) 信息是客观事物之间相互作用、相互联系的表征。

(3) 信息的范围极其广泛。

(4) 信息是人类能够接收和使用的信息。

(5) 接受信息和利用信息是一个过程。

2. 信息资源

信息资源是信息生产者、信息和信息技术的有机体。

信息管理的根本目的是控制信息流向,实现信息的效用与价值。但是,信息并不都是资源,要使其成为资源并实现其效用和价值,就必须借助"人"的智力和信息技术等手段。因此,"人"是控制信息资源、协调信息活动的主体,是主体要素,而信息的收集、存储、传递、处理和利用等信息活动过程都离不开信息技术的支持。没有信息技术的强有力作用,要实现有效的信息管理是不可能的。由于信息活动本质上是为了生产、传递和利用信息资源,信息资源是信息活动的对象与结果之一。信息资源是构成信息系统的基本要素,也是信息管理的主要对象。

3. 信息活动

信息活动是指人类社会围绕信息资源的形成、传递和利用而开展的管理活动与服务活动。

信息资源的形成阶段以信息的产生、记录、收集、传递、存储、处理等活动为特征,目的是形成可以利用的信息资源。信息资源的开发利用阶段以信息资源的传递、检索、分析、选择、吸收、评价、利用等活动为特征,目的是实现信息资源的价值,达到信息管理的目的。单纯地对信息资源进行管理而忽略与信息资源紧密联系的信息活动,信息管理的研究对象是不全面的。

4. 信息管理

信息管理是指对人类社会信息活动的各种相关因素进行科学的计划、组织、控制和协调,以实现信息资源的合理开发与有效利用的过程。它既包括微观上对信息内容的管理,即信息的组织、检索、加工、服务等,又包括宏观上对信息机构和信息系统的管理。

信息管理是人类为了收集、处理和利用信息而进行的社会活动,它是科学技术的发展、社会环境的变迁、人类思想的进步所造成的必然结果和必然趋势。信息管理的对象是信息资源和信息活动。

5. 装备采购信息

装备采购信息是指反映装备采购活动状况的数据和资料的总称。

根据装备采购信息管理需要,应对采购信息进行分类。常用的分类方法有以下几种:

(1) 按来源分类,分为装备采购部门信息、装备使用部队信息、装备试验部门信息、国家相关部门信息和装备承制单位信息等。

(2) 按装备寿命周期阶段区分,分为计划阶段信息、论证阶段信息、方案阶段信息、工程研制阶段信息、定型阶段信息、生产阶段信息、使用阶段信息和退役阶段信息等。

(3) 按信息性质区分,可划分为装备政策法规信息、装备采购出版物信息和采购装备信息等。

(4) 按管理需要区分,可分为装备试验信息、装备质量信息、装备采购合同信息、装备采购人员信息、装备成本与价格信息和装备培训信息等。

(5) 按采购信息的密级区分,分为绝密信息、机密信息、秘密信息、内部信息和一般信息。

装备采购信息具有以下特征：

（1）很强的时效性。装备采购信息因其与军事直接关联，所以失去了时效性，信息就丧失了使用价值。

（2）保密性要求高。装备采购信息反映了军事战略和装备发展战略，反映了装备的规模和能力，必须严加保密。

（3）很强的系统性。装备采购信息不是零星的、个别的、紊乱的信息集合，而是在时间、空间、内容上都具有内在的联系，能全面、完整、连续地反映装备采购的状态。此外，装备采购信息也具有一般信息的可传递性和直观性等特征。

6. 装备采购信息管理

装备采购信息管理是对装备采购信息的需求分析、获取、处理和使用的计划、组织与控制等一系列活动的总称。装备采购信息管理的对象是装备采购信息资源和装备采购信息活动。

7. 装备采购信息系统

装备采购信息系统是由人员、机构以及计算机和配套设施、设备、软件等组成的，并能够按照规定的程序和要求，完成装备采购信息需求分析、获取、处理和使用任务的人机系统。

二、装备采购信息管理的主要内容

装备采购信息管理的目的是充分开发和有效利用装备采购信息资源，为装备采购管理提供决策依据和信息服务，提高装备采购管理水平，确保装备采购目标的实现。

装备采购信息管理的主要内容包括：

（1）建立信息机构和管理规程，规划、计划和实施信息的管理。

（2）进行信息需求分析，确定信息的来源和输出要求。

（3）确定信息的获取、处理、使用的程序和要求。

（4）开发与维护装备采购信息系统。

（5）为装备采购过程提供决策依据和信息服务。

三、装备采购信息管理的作用

1. 保证装备采购顺利进行

在装备采购管理系统中，始终贯穿着三种"流动"，即人员流动、装备流动和信息流动。伴随着人员流动和装备流动而产生的大量数据、图表、文件等，形成信息流。人员流动和装备流动是管理活动的主体流动，一切其他活动都必须从属于主体流动的要求,但要使这些流动符合客观规律的运动,并使之达到最好的效果,就必须加以科学的计划、组织、指挥、协调和创新,这些都离不开信息。信息流一方面伴随着人员流动、装备流动而产生;另一方面又要引导人员流动、装备流动有规律地进行。装备采购的过程,就是装备信息的传递和处理过程。加强装备采购信息管理是装备采购顺利进行的基础。

2. 保障决策和计划编制

决策是装备采购工作的一个重要问题。决策是否正确,组织、执行是否有效,关系到装备采购工作能否正常运行,效益是否显著。信息不灵、情况不明、反应迟钝,必然导致决策低效。因此,科学的决策必须以反映客观实际的信息为依据。只有掌握了充分可靠的信息,才能适应形势和环境的变化,做出正确的决策。从一定意义上说,装备采购决策水平的高低和决策质量的好坏,取决于装备采购信息掌握的完备性。计划是装备采购工作的一项重要内容,编制好计划的关键是要有可靠的信息,这些信息包括使用部队的需求、装备的发展水平、科学技术的发展、企业的工艺水平、国家财政支撑能力等。缺乏信息或信息不准确,同样无法制订出切实可行的计划。获取可靠的信息是编制好计划的关键。

3. 有效控制装备采购过程

在装备采购业务活动中,为了使计划能够顺利的实现,控制必不可少。装备采购过程的各个阶段、各个环节,都涉及内部、外部的许多部门,随时会受到一些意想不到因素的影响,导致计划不能完全实施,这就需要及时进行控制。通过搜集有关的信息,并对采购信息进行加工、分析,找出计划不能完全实施的主要原因,然后适时进行控制,使计划得以顺利实施。

四、装备采购信息管理的基本原则

装备采购信息管理应遵循如下原则:

(1)集中领导、统筹规划、分级管理、部门负责。

(2)遵循装备全系统全寿命管理原则,充分运用系统工程方法。

(3)以提高装备采购管理水平为目标,以装备采购信息需求为牵引,充分开发和有效利用信息资源。

(4)实施信息的闭环管理,实现信息的共享。

(5)确保信息的准确、及时、完整、规范、安全和可追溯。

第二节 装备采购信息管理过程

装备采购信息管理应按国家和军队有关法规和标准,在装备采购信息内容、分类、格式和编码和装备采购信息需求分析、获取、处理、使用、上报、交换和反馈的过程中,实行标准化管理,确保信息资源的有效利用。

一、装备采购信息需求管理

1. 信息需求管理的原则

各级信息机构应根据所承担的任务和主管部门、上级信息机构的要求,按规定的程序和要求合理确定信息需求,并按信息需求确定所收集信息的用途、内容、范围、来源、分类、项目和格式等。

2. 信息需求的提出

信息需求一般由信息用户根据装备采购工作要求提出。信息用户包括装备需求部门、装备计划部门、装备业务部门、装备财务部门、军事代表机构、使用部队、国防工业有关部门及装备承制单位等。

3. 信息需求分析

信息需求分析的任务是对所需信息的必要性和信息收集的可行性进行论证,确定信息的用途、内容、范围、来源、分类、项目和格式,设计采购信息收集表格,提出信息输出要求和标准化要求。

有关信息机构应协助信息用户进行需求分析,提出信息需求分析报告,经上级信息机构审查确认后,报主管部门批准实施。

4. 信息需求分析报告的审批

审批信息需求分析报告时,应对信息的有效性、系统性和经济性进行审查,以保证收集的信息既能满足工作的需要,又能避免因重复收集而造成的资源和人力浪费。报告一经批准,信息机构即应按其要求开展工作,如需对其进行修订,必须经上级信息机构审查确定,并报主管部门批准。

二、装备采购信息的获取

1. 信息获取的要求

信息机构应根据信息需求,拟订信息获取计划并提出具体要求。

装备采购信息的获取,包括对采购信息的识别、收集和录入,应当正确运用管理和技术手段,做到信息准确、完整、及时和规范。

2. 确定获取信息的内容、范围和来源

应在需求分析的基础上,按照信息收集和分析处理的任务目标,确定需要收集的信息内容、范围和信息量。

根据需要收集的信息内容和来源,确定信息收集单位和收集要求,并将需要收集的信息单元事先设置到信息收集单位的业务报表中。

3. 确定信息获取的方法和时限

按照信息需求和标准化要求,确定信息收集的方法,明确信息收集表格,规定信息记录方法和要求。

信息收集人员通过规定的手段,从信息收集单位的业务报表、自动采集装置或其他信息系统提取所需要的信息,并将信息录入预定的信息表格。

按信息需求确定信息收集时限,包括实时、定期和不定期等。

4. 信息的审核和提交

信息收集单位对信息收集人员提取和收集的信息进行审核,在确认信息符合要求后,按规定的时限,及时将信息向上级信息机构提交。

各级信息机构对下级信息机构提交的或来自于其他信息系统的信息进行审查,确认符合要求后,将信息分类汇总并录入数据库。同时,保存下级信息机构提交的原始信息以备查询。

三、装备采购信息的处理

1. 信息处理的要求

各级信息机构应制定采购信息分析处理指导文件,对收集到的原始信息应按信息处理程序和方法进行加工处理。对装备采购信息的加工处理应做到及时、准确、实用、完整和安全。

2. 信息处理程序

1）信息的审查与筛选

对收到的原始信息应按信息处理的要求进行审查,以保证信息的真实性、实用性,对错误或不符合要求的信息应向提供单位提出质疑或根据需要进行必要的筛选。但应妥善保存原有的信息记录,以备查询。

2）信息的分类与汇总

对经过审查和筛选的信息,应按对信息进行分析处理的需要进行分类与汇总,并存放到相应的数据库中。

3）信息的统计分析

各级信息机构对需分析处理的各类采购信息,应按需求分析确定的内容、范围和输出要求,进行统计、评估和分析工作,并将分析结果,用规范的格式予以存储或输出。

通过汇总集成,形成系统的信息资源,存储到相应的数据库中。信息的集成应做到分类清楚、表达规范、便于添加、易于使用。

4）信息的综合分析

各级信息机构应定期或适时地利用各类信息进行综合分析,评价装备采购工作的质量水平和发展趋势,分析存在的主要问题和薄弱环节及其可能造成的后果,并提出改进建议。

3. 信息的存储

1) 信息存储的要求

各级信息机构应用计算机等信息载体妥善地存储采购信息,以备查询和利用。信息的存储应按集中与分散相结合的原则进行,即各级信息机构应按其采购信息管理范围,对获取的和处理过的信息进行存储。基层信息机构应将获取到的原始信息经整理后进行存储。在信息的存储期内,应安全、可靠和完整地保存各类采购信息,并能方便地进行查询和检索,以保证信息的可追溯性。

2) 信息的存储期限

凡对装备建设有长期利用价值的采购信息应列为长期存储信息,如装备的主要作战使用性能及其论证报告、装备的定型资料、重大质量问题及其分析与纠正措施报告等。凡在一定时期内对装备研制、生产和保障工作有利用价值的采购信息应列为定期存储信息,其存储期限的长短可参照档案管理规定确定。

4. 信息的修改和删除

对产品故障和质量问题记录的源文件,不得进行修改。对长期存储的信息进行补充和修改时,应得到主管部门的批准,但要妥善保存补充和修改前的信息。对定期存储的信息进行修改和删除时,应经本部门主管领导批准。信息的修改和删除应由授权的信息管理人员实施,并由专人进行校核。

四、装备采购信息的传递

装备采购信息的传递包括信息的上报、反馈与交换过程。各级信息机构应按规定的程序和时间要求,及时、真实和安全地上报、反馈与交换采购信息。

1. 信息的上报和反馈

对不同的采购信息,应根据其重要性和紧迫程度确定上报和反馈的时限要求,一般可分为定期、适时和实时三种,对重大问题应及时进行反馈。各级信息机构对经汇总的反馈信息应定期或适时地以采购信息简报或专题报告的形式上报给主管部门。各级信息机构对装备采购状况及所发现的问题以及所采取的纠正措施应按有关规定上报和反馈给有关单位和主管部门。各有关部门之间应制定采购信息反馈制度或协议,信息反馈应严格地按其规定的信息流程和要求予以实施。

2. 信息的交换

部门内部及其与相关部门之间应按有关规定做好采购信息交换工作,以实现信息的共享。相关部门之间应签订采购信息交换协议,并由其信息机构负责具体实施。信息用户提出的信息需求，如超出有关规定的信息交换范围时，应经主管部门批准后再提供。各级信息机构应定期或适时地按密级编制采购信息索引，在规定的范围内发布，供有关人员查询和咨询。

五、装备采购信息的安全保密

要加强装备采购信息的安全保密工作，执行国家和军队安全保密规定，按照国家和军队有关信息网络安全保密技术体制和管理要求，制定采购信息管理安全保密制度。按国家和军队有关信息安全和保密规定，对装备采购信息和信息载体划分密级，按密级管理和使用。综合运用管理和技术手段，提高安全保密防范能力，严格落实安全保密措施，杜绝出现安全漏洞。

第三节　装备采购信息系统建设

装备采购信息系统建设是一项复杂的系统工程，必须综合考虑各方面的因素，才能使信息系统的建设取得预期效果。装备采购信息系统可以从部门、业务领域进行划分，如军事代表局业务管理信息系统、装备采购合同管理信息系统、装备价格管理信息系统等。本节只从宏观角度阐述装备采购信息系统建设的基本问题。

一、装备采购信息系统的体系结构

开发装备采购信息系统，需要协调好三个体系，即技术体系结构、法规标准体系结构和组织体系结构组成。

1. 技术体系

技术体系结构可以分为基础层、中间层和应用层三部分。

基础层是装备采购信息系统的基础，主要是指国家信息基础设施、国防信息基础设施、军队信息基础设施和装备采购部门、国防工业部门的基础设施。基础层主要用于保证数据信息数字化，在存储、管理、传递和使用过程中数据信息的安全、正确和快速。

中间层是指在网络环境中按照装备采购信息标准实现数据信息共享、方便交换的一些硬件设施和软件工具，如承制单位集成技术信息服务、产品数据管理和标准通用标置语言等文件格式转换软件。

应用层是指为了完成诸如合同签订、产品设计制造、人员培训、编写技术手册以及举行视频会议等具体工作任务，所必需的硬件和应用软件。这些硬件和软件大部分是通用产品，可以用于一般工程应用、办公室自动化。

2. 法规标准体系

法规标准从总体上可以分为两大类：一类是军方有关装备采购信息管理的法规和标准，如《装备条例》、《装备采购条例》、GJB 1686A—2005《装备质量信息管理通用要求》等；另一类是技术标准和技术管理标准，包括技术数据标准以及对各种计算机文件格式的规定等。

3. 组织体系

组织体系分为军方装备采购信息系统建设的组织体系和国家特别是国防工业部门装备采购信息系统建设的组织体系。军方的组织体系包括总装备部、总部分管有关装备的部门和军兵种装备部、军事代表系统、国防科研试验系统和装备使用部队等。国家的组织系统包括工业和信息化部、国防科工局、军工集团和装备承制单位等。只有对各单位职责均做出明确规定，才能为装备采购信息系统建设提供强有力的组织保障。

二、装备采购信息系统的开发

1. 装备采购信息系统开发的一般要求

装备采购信息系统开发的一般要求包括：

（1）装备采购信息系统的顶层规划应与装备建设紧密结合，信息系统开发须坚持一体化发展、科学组织、确保质量、注重效益的原则，并与装备其他信息系统相协调。

（2）依托现有信息基础设施，建立高效、灵活，覆盖装备全系统全寿命信息管理的闭环网络系统。

（3）系统应具有开放性和可扩展性。

（4）信息系统开发应综合利用管理和技术手段，注重提高系统的自动化和智能化水平。

（5）系统开发过程中的软件开发和各类文档应符合相关标准的要求。

2. 装备采购信息机构的设置与管理

1）信息机构的设置

装备采购机关（部门）和相关行业，根据管理体制和业务流程等，统筹规划本系统、本部门及所属各单位信息机构的设置。根据需要也可设置行业、地区或专项装备采购信息机构，负责管理相应装备采购信息工作。信息机构可专门设置，也可由有关业务部门兼管，但须有专人负责。各级信息机构具体负责装备采购信息的需求分析、获取、处理、使用等管理活动。

2）信息机构的管理

各级信息机构要建立健全管理制度，制定信息工作办法。主管部门应对信息机构在人员、经费和技术手段建设等方面提供支持和保障。各级信息机构应建立信息员队伍,制定培训大纲和计划,对信息员进行业务培训,并定期进行工作总结和经验交流。各级信息机构之间,应按有关文件、合同或协议的要求,准确、完整、及时和规范地相互提供信息,在不同层次和不同范围内实施信息的闭环管理。

3. 装备采购信息系统的开发过程

基于用户的装备采购信息系统开发流程包括确定需要的数据类型(按功能划分)及具体的数据、确定数据的用户、确定数据的用途、确定用户的基础设施、确定交互数据类型、确定数据的格式、确定数据的交换标准、确定数据交付和访问的机制和媒体的类型。

1)确定数据的内容与范围

根据产生数据的种类,装备采购数据可分为行政事务管理数据、产品描述数据、装备保障数据和技术资料。

行政事务管理数据主要包括项目总体计划、系统工程管理计划、试验与评价总计划、技术状态管理计划、财务数据、通知和活动记录等。

产品描述数据主要包括设计数据、试验数据、各种规范以及软件报告等。

装备保障数据主要包括装备综合保障计划、保障性分析计划、保障性分析记录、可靠性与维修性数据、试验与评价报告、全寿命费用估算报告和质量保证计划等。

技术资料主要包括技术手册、用户手册、培训资料、使用手册及其他技术出版物等。

2)确定数据的用户

确定对该系统数字数据进行存取的用户。例如,总装备部、各级装备采购主管部门、各职能主管部门、装备使用单位、装备维修单位以及国防工业有关部门等。

3)确定用户的数据使用要求

装备采购信息系统中,用户对使用数据的使用方式概括起来,包括查看信息、评论与批复、摘录、处理及修改、更新和维护、归档五种数据处理方式。

4)确定信息基础设施要求

在数据传递或存取时用户数据的生成、存储、传输、保护及完整性的数字数据处理与通信技术和已批准的标准等的有效性是采购决策的重要准则,为此必须对装备承制单位和军方的当前基础设施进行调查并对规划的能力实施进度进行评估。基础设施评估包括硬件、软件、网络、计算机保障人员及通信等。

5)确定数字数据的类型与格式要求

数字数据类型包括复合数据产品和可处理的数据文件两大类。复合数据产品文件是以数字图像格式表示的完整的、已发布的文件。这类数据产品通常不再进行处理，并由人工判读。可处理的数据文件是将技术数据做成机器可读的动态源数据形式，使得这些数据既可以被编排和格式化为某种自动数据处理系统以不同的方式进一步构建或重构，也适合于自动设计系统或技术保障系统直接进行处理。

6）确定数据交换的标准

为使建立的信息系统保证数字信息能在不同系统之间共享与交换，必须规定统一的数据交换标准来规范数据类型与数据格式。这些数据交换标准要包括文档图像标准、文本标准、图形标准、特殊应用数据标准等。

7）确定数据的传递及存取方式

数字数据传递及存取方式有两种选择：①实物媒体传递。采用磁带、磁盘或光盘数据项目向用户传递。②联机存取和传递。数字数据的联机存取和传递是利用远程计算机通信网络来实现的。

8）对系统总体方案其他方面的考虑

对系统总体方案的其他方面的考虑包括：①用户对数字数据的使用频次和向每个用户存取与传递数据的及时性。②数据存取的授权与保密限制。③为保障全寿命周期内装备的功能，对数据的使用及审查与批准过程的要求。④对包括数据格式、数据内容及对验收的产品、可处理数据的处理过程的数据验收要求等。

三、装备采购信息系统的安全保密

建设装备采购信息系统涉及我军整个装备采购组织、国防工业系统以及众多装备的信息，所以必须高度重视信息安全保密建设。

1. 观念层面

加强信息安全保密建设，首要的是树立正确的信息安全保密建设观念。要把信息安全提高到关系国家安全和装备建设成败的高度来考虑。要把保密建设切实纳入装备采购信息系统开发中，紧紧围绕国防和军队信息化建设的全局，搞好信息安全保密建设，有效地构筑信息安全屏障。

2. 法规层面

装备采购信息安全事关重大，保密工作不能掉以轻心。应从法规制度上明确信息主体、用户和其他有关系统操作人员的权利和职责，对奖励与处罚、违法与犯罪的惩治等做出明确规定。从制度上明确装备采购管理信息系统的安全机制，在已有保密条例的基础之上制定有关系统安全、网络安全等方面的法规制度，为网络安全提供有力的法律保障。

3. 技术层面

系统设计时,应注重操作系统安全与数据库系统安全,从减少不必要的程序设计、约束用户接口、共享信息系统设备、备份与恢复、有效控制的使用、设计复审等角度对系统进行安全设计。运用网络安全技术,如防火墙、数据签名技术、入侵检测技术和防病毒技术等,对系统安全进行管理。对网络系统实行分区安全控制,对访问对象制定相应的控制策略,对防火墙进行合理的架构,形成分区隔离,运转高效的防火墙系统。建立安全检测系统,具备对识别到的进攻和事件做出反应的能力。

4. 人员层面

加强对系统操作人员的保密安全教育,纠正操作习惯,制定细致的包括口令管理、文件管理、备份管理、机房管理以及意外事故处理等一整套措施。在具体的实践工作中,要高度重视安全保密工作,但也不能只顾安全,而无限制地缩小信息资源的共享范围。

第四节　装备采购信息化建设

实现四个现代化,离不开信息化。《中共中央关于国民经济和社会发展第十个五年计划的建议》指出:"大力推进国民经济和社会信息化,是覆盖现代化建设的战略举措,以信息化带动工业化,发挥后发优势,实现社会生产力的跨越式发展。"这是国家对信息化重要意义的高度概括。同样,国防现代化特别是实现装备跨越式发展的目标更需要信息化的支撑。在装备采购管理中,应提高对装备采购信息资源的重视,研究信息资源开发利用的发展模式和有效途径,确立装备采购信息化建设的核心地位,不断提高装备采购信息化水平。

一、装备采购信息化的定义

在我国《2006 年—2020 年国家信息化发展战略》中,对信息化做出了如下描述:信息化是充分利用信息技术,开发利用信息资源,促进信息交流和知识共享,提高经济增长质量,推动经济社会发展转型的历史进程。

装备采购信息化是指充分利用信息技术,开发利用装备采购信息资源,促进装备采购信息交流和装备采购知识共享,提高装备采购工作质量,推动装备采购制度建设的历史进程。

二、装备采购信息化的作用

实现装备采购信息化可促进装备采购公开,提升装备采购工作能力,规范装备采购工作程序,辅助装备采购决策。

1. 促进采购公开

促进装备采购工作的法律、法规、规章、新闻等信息的发布和公开。

2. 提升管理水平

信息化使各部门、单位获取信息更便利和可能,同时打破时空和部门分隔的限制,促使工作流程整合和优化,提升办事的能力和管理水平。

3. 规范工作程序

计算机软件的应用使工作程序规范化。

4. 辅助领导决策

信息是决策的重要基础,信息化使获取信息变得便利。

三、装备采购信息化的途径

实现装备采购信息化需要建立和完善五个要素,即信息基础、信息资源、人才队伍、规则体系和运行机制。

1. 信息基础

信息基础设施是实现装备采购信息化建设的基本条件,主要包括信息网络、信息技术基本设备和信息安全设施、信息交换体系等。信息网络主要有计算机网络、通信网络和广播电视、报刊杂志、宣传栏等信息传播网络。信息技术基本设备主要指信息技术研发设备和推广应用所必需的设施设备。信息安全设施指为保障网络运行安全的设施设备和系统。信息交换体系指为满足各层级实时信息汇集、传递、交换与共享、服务的体系。信息服务要与装备采购实际工作相结合,与现有的信息化基础条件相结合。应用系统必须做好顶层设计和统筹规划,防止重复开发建设,讲求科学、实用,注重贴近基层、贴近一线采购人员的需求。

2. 信息资源

信息资源开发是装备采购信息化建设的重要内容。从形态上划分,涉及装备采购初始信息和经整理、分析的信息。从来源上划分,有国家、军队、采购部门和其他相关机构有关采购活动信息。从内容上分,有军事、经济、科技、市场和政策法规等信息。

3. 人才队伍

人才队伍是装备采购信息化建设的主要支撑。要培养一支理念先进的管理队伍,推进管理方式创新,保证信息化建设的快速、有序推进。要打造一支善于攻关的科研队伍,加强信息技术创新,提供强有力的技术支持。要建设一支实用高效的服务队伍,加强信息服务模式创新,提高面向装备采购过程信息服务的适用性、有效性和科学性。

4. 规则体系

规则体系是装备采购信息化建设的关键环节。规则体系是确保系统互联互通的技术基础,是装备采购信息系统规划设计、建设运行、绩效评估的管理规范,主要包括法规体系和标准体系。法规体系应涵盖涉及装备采购信息资源开发共享、网络(站)建设管理、信息服务、信息技术开发应用、安全防护、投入保障等内容。标准体系主要由总体标准、应用标准、安全标准、基础设施一体化建设标准、管理服务标准等组成。

5. 运行机制

运行机制是装备采购信息化建设的根本保障。运行机制的构建要与装备采购管理方式紧密结合起来,形成装备采购信息化发展与深化装备采购制度改革相互促进、共同发展的机制。要与国家和军队信息化建设发展模式紧密结合起来,促进装备采购信息化的可持续发展。

参 考 文 献

[1] 哈罗德·孔茨,海因茨.韦里克.管理学.10 版.张晓君,等译.北京:经济科学出版社,1998.

[2] 周三多,等.管理学——原理与方法.上海:复旦大学出版社,2002.

[3] 徐国华,等.管理学.北京:清华大学出版社,2005.

[4] 魏宏森,曾国屏.系统论.北京:清华大学出版社,1995.

[5] 曾小华.文化、制度与社会变革.北京:中国经济出版社,2004.

[6] 王志伟.宏观经济学.大连:东北财经大学出版社,2003.

[7] 杨志勇,张馨.公共经济学.北京:清华大学出版社,2004.

[8] 柯武刚,史漫飞.制度经济学.北京:商务印书馆,2004.

[9] 袁庆明.新制度经济学.北京:中国发展出版社,2005.

[10] 张维迎.博弈论与信息经济学.上海:上海人民出版社,1996.

[11] 李爱伶.管理经济学.兰州:甘肃人民出版社,2002.

[12] 陈钊.信息与激励经济学.上海:三联出版社,2005.

[13] 张文显.法学概论.北京:高等教育出版社,2004.

[14] 杨海坤.中国行政法基本理论.南京:南京大学出版社,1992.

[15] 张树义.行政合同.北京:中国政法大学出版社,1994.

[16] 徐杰.经济法论丛.北京:法律出版社,2000.

[17] 于安.政府采购制度的发展与立法.北京:中国法制出版社,2001.

[18] 楼继伟.政府采购.北京:经济科学出版社,1998.

[19] 朱少平,张通.中华人民共和国政府采购法释义.北京:中国财政经济出版社,2002.

[20] 黄冬如.中国公共采购理论与实践.北京:经济科学出版社,2011.

[21] 邹昊,等.政府采购体系建设研究.北京:清华大学出版社,2011.

[22] 马海涛,姜爱华.政府采购管理.北京:北京大学出版社,2011.

[23] 军事科学院.中国人民解放军军语.北京:军事科学出版社,1997.

[24] 刘继贤.军事与军事科学.北京:中国大百科全书出版社,2011.

[25] 张万年.当代世界军事与中国国防.北京:军事科学出版社,1999.

[26] 苏志荣.国防体制教程.北京:军事科学出版社,2000.

[27] 钱海皓.军队组织编制学.北京:军事科学出版社,2001.

[28] 钱海皓.武器装备学.北京:军事科学出版社,1998.

[29] 刘飘楚.军品采购系统工程.北京:兵器工业出版社,1998.

[30] 马国惠,等.武器装备全寿命管理研究.北京:海潮出版社,1999.

[31] 余高达,赵潞生.军事装备学.北京:国防大学出版社,2000.

[32] 总装备部军事训练教材编辑工作委员会.军事装备采办管理.北京:国防工业出版

社,2003.

[33] 康学儒. 装备论. 北京:军事科学出版社,2004.

[34] 李霖. 军事装备学概论. 北京:解放军出版社,2006.

[35] 焦秋光. 军事装备管理学. 北京:军事科学出版社,2003.

[36] 曲炜,郑绍钰. 军事装备采办概论. 北京:解放军出版社,2003.

[37] 孙延东,樊恭高. 军事采办概论. 北京:军事科学出版,2005.

[38] 果增明,孙超. 装备采办. 北京:海潮出版社,2003.

[39] 果增明,杨学义. 装备采办论纲. 北京:中国统计出版社,2006.

[40] 刘佐太,牟方本. 军品采办论. 北京:军事科学出版社,1999.

[41] 李鸣,等. 装备采购管理理论与实践. 北京:国防工业出版社,2003.

[42] 李鸣,等. 装备采购与先进制造技术. 北京:国防工业出版社,2004.

[43] 王建国,李鸣. 装备采购基础理论研究. 北京:国防工业出版社,2009.

[44] 毛景立. 装备采购合约化质量理论研究. 北京:国防工业出版社,2008.

[45] 李鸣,等. 装备采购经济问题研究. 北京:国防工业出版社,2008.

[46] 王汉功,等. 装备全系统全寿命管理. 北京:国防工业出版社,2003.

[47] 魏刚,等. 武器装备采办文化综论. 北京:国防工业出版社,2010.

[48] 魏刚,等. 武器装备采办制度概论. 北京:国防工业出版社,2008.

[49] 张福兴. 中国军事百科全书. 军事装备总论. 北京:中国大百科全书出版社,2007.

[50] 屠恒章. 中国军事百科全书. 军事装备发展. 北京:中国大百科全书出版社,2007.

[51] 中国国防科技信息中心. 国防采办辞典. 北京:国防工业出版社,2001.

[52] 林日其,程勇. 军事装备商务英语应用指南. 北京:国防工业出版社, 2002.

[53] 张连超. 美军高技术项目管理. 北京:国防工业出版社,1997.

[54] 吕彬,等. 美军国防高技术项目管理概览. 北京:国防工业出版社,2011.

[55] 程享明,等. 英国武器装备采办管理. 北京:国防工业出版社,1997.

[56] 辜希,等. 美国武器装备采办要览. 北京:航空工业出版社,2004.

[57] 白凤凯,方家银. 世界主要军事强国军事装备采办管理. 北京:兵器工业出版社,2005.

[58] 白凤凯. 外军装备采办比较研究. 北京:国防工业出版社,2011.

[59] 朱庆林,冯长德,等. 国防需求论. 北京:军事科学出版社,1999.

[60] 赵全仁. 武器装备论证导论. 北京:兵器工业出版社,1998.

[61] 仲晶. 武器装备形成战斗力研究. 北京:国防大学出版社,2002.

[62] 王凯,孙万国. 武器装备军事需求论证. 北京:国防工业出版社,2008.

[63] 王及平. 一体化联合作战研究. 北京:军事科学出版社,2005.

[64] 李明,刘澎. 武器装备发展系统论证方法与研究. 北京:国防工业出版社出版,2001.

[65] 施门松. 论海军装备发展宏观论证一体化. 北京:海潮出版社,2005.

[66] 牛新光. 武器装备建设的国防系统分析. 北京:国防工业出版社,2007.

[67] 李明,等. 武器装备发展系统论证方法与应用. 北京:国防工业出版社,2000.

[68] 姜鲁鸣. 现代国防经济学导论. 北京:国防大学出版社,2002.

[69] 于连坤. 中国国防经济运行与管理. 北京:国防大学出版社,2002.

[70] 徐留平. 国防工业管制. 北京:机械工业出版社,2003.

[71] 孙广运. 中国国防科技工业的改革和发展问题. 北京:航空工业出版社,2003.

[72] 库桂生,沈志华. 国防经济学. 北京:国防大学出版社,1999.

[73] 张连超. 美国国防工业转轨. 北京:国防工业出版社,1998.

[74] 邱菀华,等. 现代项目管理导论. 北京:机械工业出版社,2002.

[75] 沈建明. 国防高科技项目管理概论. 北京:机械工业出版社,2004.

[76] 沈建明. 中国国防项目管理知识体系. 北京:国防工业出版社,2006.

[77] 张玉华. 现代武器项目管理. 北京:国防工业出版社,2006.

[78] 项目管理协会. 项目管理知识体系指南. 4 版. 王勇,张斌,译. 北京:电子工业出版社,2009.

[79] 翟源景. 装备采购项目管理. 北京:国防工业出版社,2010.

[80] 武小悦,刘琪. 装备试验与评价. 北京:国防工业出版社,2008.

[81] 杨榜林,岳全发. 装备试验学. 北京:国防工业出版社,2002.

[82] 常显奇,程永生. 常规装备试验学. 北京:国防工业出版社,2007.

[83] 宋太亮. 装备保障性系统工程. 北京:国防工业出版社,2008.

[84] 单志伟. 装备综合保障工程. 北京:国防工业出版社,2007.

[85] 徐宗昌. 装备保障性工程与管理. 北京:国防工业出版社,2006.

[86] 冯静,等. 装备可靠性与综合保障. 长沙:国防科技大学出版社,2008.

[87] 徐宗昌. 保障性工程. 北京:兵器工业出版社,2002.

[88] 佘汉评,等. 经济性论证. 北京:海潮出版社,2005.

[89] 佘汉评,等. 装备实用技术经济分析. 北京:兵器工业出版社,2000.

[90] 罗云,等. 装备全寿命费用方法及其应用. 北京:海洋出版社,1992.

[91] 曲炜,刘汉荣. 装备价格理论与应用. 北京:解放军出版社,2005.

[92] 朱松山,等. 武器装备经济基本理论. 北京:国防工业出版社,2002.

[93] 任俊生. 中国公用产品价格管制. 北京:经济管理出版社,2002.

[94] 郭志斌. 论政府激励性管制. 北京:北京大学出版社,2002.

[95] 张玉华. 装备价格学. 北京:国防工业出版社,2004.

[96] 白海威,等. 装备合同管理理论与实务. 北京:国防工业出版社,2010.

[97] 魏刚. 武器装备采办合同理论研究与实证分析. 北京:国防大学出版社,2003.

[98] 魏刚. 武器装备采办合同管理导论. 北京:国防工业出版社,2005.

[99] 吕建伟,等. 装备研制的风险分析与风险管理. 北京:国防工业出版社,2005.

[100] 吕彬,等. 装备采购风险管理理论和方法. 北京:国防工业出版社,2011.

[101] 白凤凯. 军事装备采办风险管理. 北京:国防工业出版社,2010.

[102] 陈维政,等. 人力资源管理. 北京:高等教育出版社,2004.

[103] 方振邦. 战略性绩效管理. 北京:中国人民大学出版社,2007.

[104] 周宏. 防务采办知识管理策略研究. 北京:解放军出版社,2007.

［105］袁文先. 军事信息学. 北京:国防大学出版社,2008.

［106］王利勇. 军队指挥信息系统研究. 北京:国防大学出版社,2007.

［107］张国锋. 管理信息系统. 北京:机械工业出版社,2006.

［108］甘利人. 企业信息化建设与管理. 北京:北京大学出版社,2002.

［109］封志华,等. 现代武器装备持续采办与全寿命支持－CALS. 北京:航空工业出版社,2007.

后　记

十年思考,三年编撰,及至一朝付梓之际,没有历经艰辛后如释重负的快意,却生出对研究过程不舍的恋情。蓦然回首,感慨良多,收获颇多。

"板凳要坐十年冷,文章不写半句空。"正是因有了对学术研究坚定的求真务实信念,本书才得以完成。编撰此书的过程是我进一步端正学风的过程。我始终认为,书是写给读者的,不是用来沽名钓誉的。书籍是人类进步的阶梯,来不得半点含糊。专业性书籍是先进理论和科学方法的归纳、总结和提炼,要用"心"去思考,不能只用"手"去写,更不能只用鼠标去剪切、复制和粘贴。装备采购管理既是一个系统、庞大的理论研究领域,涉及军事学、管理学、经济学和法学等众多学科门类,又是一项涉及面广、政策性强的全局性工作,事关国防利益的实现、军事实力的提高和公共支出的效益,写出来的每一段话、每一个字都要慎之又慎,不能误导读者,更不能给装备采购工作带来负面影响。撰写此书虽然是我多年以来的夙愿,虽然也经过十多年的积累,但仍不敢有丝毫懈怠,花费三年之功对理论进行深挖细究,对法规标准进行反复求证,对形成的文字进行仔细推敲。虽如此,书中仍然会存在不准确、不适用和值得商榷之处,敬请读者热心指正,我将不胜感激。

"衣带渐宽终不悔,为伊消得人憔悴。"正是因葆有对装备采购事业的激情和为之减去十斤体重的付出,本书才得以完成。编撰此书的过程也是我坚定目标、不懈奋斗的过程。装备采购是事关国防建设的大事,能为装备采购事业尽一些绵薄之力既是我不懈的追求,也使我为之感到无限荣光。但是,我军的装备采购制度还不够完善,与转变战斗力生成模式的要求、全系统全寿命管理的要求和市场经济体制的要求还有许多不适应之处,需要研究和解决的问题很多。为了探寻装备采购的理论基础,为了吸纳装备采购领域的最新研究成果,为了掌握装备采购实践的先进经验,我常在节假日奔波于各大书店,常在夜深人静之时沉浸在网络链接之中,期间既有"疑无路"的苦闷,也有"又一村"的喜悦。对我而言,研究过程较最终成果更为珍贵,它使我的人生目标更加远大,使我的工作目的更加明确,也使我的生活更加充实。

"一个篱笆三个桩,一个好汉三个帮。"正是因各级领导的关怀、同事的支持和家人的理解,本书才得以完成。编撰此书的过程更是我学会感恩、积聚情商的过程。在此,我首先要感谢总装备部机关对我的培养和器重,聘任我为全军装备采购管理专家组成员,使我得以参加装备采购制度改革重大现实和理论问题研究,使我有更多机会深入装备采购一线调研,使我开阔了视野,增加了思考,积累了经验。要感谢装备学院为我提供的教学科研平台,使我在多年的"装备采办管理"等课程的教学实践中不断成长,使我在 12 年的授课过程中得以倾听两千多名来自采购工作一线岗位的学员对装备采购的声音。感谢白海威教授、吕彬研究员、艾克武研究员等装备采购管理专家对我的热心指导和无私帮助,使我在开展装备采购研究中具有了更明确的方向,有了更多开展研究的渠道。感谢我的同事在工作中对我的帮助和理解,使我有更多的精力投入到学术研究中。我将时刻牢记为我成长进步提供了平台和舞台的各级组织,感恩为我奉献了关爱和关怀的每一个人,在装备采购理论研究上矢志不渝,回报国家和军队的培养,回馈你们的支持和帮助!

特别感谢我的爱人王黎,她不仅分担了所有家务劳动,还为我查找资料、录入手稿和校对文字。她不仅是本书艰难撰写过程的见证人,还是第一位读者。为了我的事业发展,她不仅毅然放弃了在湖北稳定而优越的生活条件,而且因我而失去了所热爱的职业,至今仍毫无怨言地支持我的工作。唯愿此书的完成能为她带来些许安慰。

白凤凯

2012 年 10 月